《国学经典藏书》丛书编委会

顾 问
　　许嘉璐

主 编
　　陈　虎

编委会成员

陆天华	李先耕	骈宇骞	曹书杰	郝润华	潘守皎
刘冬颖	许　琰	李勤合	金久红	宋　娟	郑红翠
房　伟	孙永娟	赵玉敏	高　方	周晶晶	何　洋
李振峰	李如冰	王红娟	王兴芬	黄　益	李忠良
陈树千	王守青	邱　锋	何　昆	米晓燕	赵　薇
原　昊	杨　栋	李　宝	付振华	王东峰	余　康
刘晓萱	邵颖涛	张　安	陈　虎	杨　刚	卜音安子

国学经典藏书

荀 子

张 安 译注

吉林大学出版社

长 春

图书在版编目（CIP）数据

荀子/张安译注.—长春：吉林大学出版社，2021.4
（国学经典藏书）
ISBN 978-7-5692-7716-6

Ⅰ.①荀… Ⅱ.①张… Ⅲ.①儒家②《荀子》-注释 Ⅳ.① B222.62

中国版本图书馆 CIP 数据核字（2020）第 223473 号

国学经典藏书：荀子
GUOXUE JINGDIAN CANGSHU: XUNZI

作　　者：	张　安 译注
策划编辑：	魏丹丹
责任编辑：	陶　冉
责任校对：	田　娜
装帧设计：	蒋宏工作室
开　　本：	880mm×1230mm　1/32
字　　数：	217 千字
印　　张：	10.5
版　　次：	2021 年 4 月第 1 版
印　　次：	2024 年 4 月第 2 次印刷

出版发行：吉林大学出版社
地　　址：长春市人民大街 4059 号（130021）
　　　　　0431-89580028/29/21
　　　　　http://www.jlup.com.cn
　　　　　E-mail:jdcbs@jlu.edu.cn
印　　刷：河北松源印刷有限公司

ISBN 978-7-5692-7716-6　　　　　定价：40.00 元

编者的话

经典是人类知识体系的根基,是人类的精神家园,是我们走向未来的起点。莎士比亚说过:"生活里没有书籍,就好像没有阳光;智慧里没有书籍,就好像鸟儿没有翅膀。"21世纪中国国民的阅读生活中最迫切的事情是什么?我们的回答是阅读经典!

中国有数千年一脉相传、光辉灿烂的文化,并长期处于世界文化发展的前列,尤其是在近代以前,曾长期引领亚洲乃至世界文化的发展方向。长期超稳定的社会发展形态和以小农生产为基础的、悠闲的宗法农业社会,塑造了中华民族注重实际、过分地偏重经验、重视历史的文化心理特征。从殷商时代的"古训是式"(《诗经·大雅·烝民》),到孔子的"述而不作,信而好古"(《论语·述而》),可以清楚地看出这种文化心理不断强化的轨迹。于是,历史就被赋予了神圣的光环,它既是人们获得知识的源泉,也是人们价值标准的出处。它不再是僵死的、过去的东西,而是生动活泼、富有生命力,并对现世仍有巨大指导作用的事实。因而就形成了这样一种固定的文化思维方式,也就是"以铜为鉴,可正衣冠;以古为鉴,可知兴替;以人为鉴,可明得失"(《新唐书·魏徵传》)。中国的文化人世代相承,均从历史中寻求真理,寻求"修身、齐家、治国、平天下"的崇高理想模式。

这种对于历史所怀有的深沉强烈的认同感，正是历史典籍赖以发展、繁荣的文化心理基础。历史上最初给历史典籍的研究和整理工作涂上政治、道德和伦理色彩的是春秋时期的孔子。当时的孔子因感"周室微而礼乐废，《诗》《书》缺"，于是乃删订了《诗》《书》《礼》《乐》《易》《春秋》等"六经"（见《史记·孔子世家》），寄托了自己在政治上"复礼"和道德上"归仁"的最高理想。孔子以后，历史典籍的编撰无不遵循着这一最高原则。所以《隋书·经籍志》总序中就说："夫经籍也者，机神之妙旨，圣哲之能事。所以经天地，纬阴阳，正纲纪，弘道德，显仁足以利物，藏用足以独善……其王者之所以树风声，流显号，美教化，移风俗，何莫由乎斯道？……其教有适，其用无穷，实仁义之陶钧，诚道德之橐籥也。……夫仁义礼智，所以治国也；方技数术，所以治身也。诸子为经籍之鼓吹，文章乃政化之黼黻，皆为治国之具也。"（《隋书·经籍志一》）由此可见，历史典籍的编撰整理工作，已不仅仅是文化技术问题，更重要的是它还负有"正纲纪，弘道德"的政治和道德使命。于是，在两千多年的历史发展过程中，先人们为我们留下了汗牛充栋的文化典籍。这些宝贵的精神财富，不仅是我们中华民族的骄傲，也是全人类的骄傲，并已成为世界文化宝藏的重要组成部分。

中国的先哲们一向对古代典籍充满崇敬之情，他们认为，先王之道、历史经验、人伦道德以及治国安邦之术、读书治学之法等等，都蕴藏于典籍之中。文献典籍是先王之道、历史经验、人伦道德等赖以传递后世的重要手段。离开书籍，后人将无法从前朝吸取历史经验，无法传承先王之道。在日新月异的当代，如何对待这份优秀的文化遗产？毛泽东同志早就指出："中国的长期封建社会中，创造了灿烂的古代文化。清理古代文化的发展过程,剔除其封建性的糟粕,吸取其民主性的精华,是发展民族新文化、提高民族自信心的必要条件。……中国现时的新文化也是从古代的旧文化发展而来,因此,我们必须尊重自己的历史,决不能割断历史。但是,这种尊重是给历史以一定的科学地位,是尊重历史的辩证法的发展,而不是颂古非今。"(毛泽东《新民主主义论》)古代典籍,不仅对中华民族的形成与发展历史地发挥了巨大的凝聚力作用,而且在当今中华民族伟大复兴中,依然会发挥无可替代的重要作用。

在科学技术迅猛发展的当代社会,人们的生活、观念正在发生着巨大而深刻的变革,面对蓬勃发展的现代科技和汹涌而至的各种思潮,人们依然能深切地感受到中国传统文化无所不在的巨大力量。人们渴望了解这种无形的力量源泉,于是绚丽多姿的中华典籍就成了人们首要的选择。它能够使我们在精神上成为坚强、忠诚和有理智的人,成为能够真正爱人类、尊重人类劳动、衷心地欣赏人类的伟大劳动所产生的美好果实的人。所以,在今天,我们要阅读经典;当数字化、网络化带来的"信息爆炸"占领人们的头脑、占用人们的时间时,我们要阅读经典;当中华民族迈向和平崛起和民族复兴的伟大征程时,我们更要阅读经典。因此,读经典,这个我们习以为常的平凡过程,实际上就成了人的心灵和上下古今一切民族的伟大智慧相结合的过程。但由于时代的变迁,这些经典对现代人来说已是谜一样的存在。为继承这份优秀的文化遗产,帮助人们更好地利用这些经典,在全国学术界诸多专家学者的支持下,我们策划了这套"国学经典藏书"丛书。

丛书以弘扬传统、推陈出新、汇聚英华为宗旨,以具有中等以上文化程度的广大读者为对象,从我国古代经、史、子、集四部典籍中精选50种,以全注全译或节选的形式结集出版。在书目的选择上,重点选取我国古代哲学、历史、地理、文学、科技、教育、生活等领域历经岁月洗礼、汇聚人类最重要的精神创造和知识积累的不朽之作。既注重选取历史上脍炙人口、深入人心的经典名著,又注重其适应现代社会的人文价值趋向。丛书不仅精校原文,而且从前言、题解,到注释、译文,均在吸收历代学者研究成果的基础上精心编撰。在注重学术性标准的基础上,尽量做到通俗易懂。我们相信,本丛书的出版,对提高人们的古代典籍认知水平,阅读和利用中华传统经典,传播中华优秀文化,提高人们的民族自信心和文化自豪感,进而为中华民族伟大复兴做贡献,均将起到应有的作用。高尔基说:"书籍是人类进步的阶梯。""要热爱读书,它会使你的生活轻松,它会友爱地帮助你了解纷繁复杂的思想、感情和事件;它会教导你尊重别人和你自己;它以热爱世界、热爱人类的情感,来鼓舞智慧和心灵。""当书本给我讲到闻所未闻、见所未见的人物、感情、思想和态度时,似乎是每一本书都在我面前打开一扇窗户,并让我看到一个不可思议的新世界。""每一本书是一级小阶梯,我每爬一级,就……更接近美好生活的观念,更热爱这书"(《高尔基论青年》,中国青年出版社1956年版)。流传千年的文化经典,让我们受益匪浅,使我们懂得更多。正如德国著名作家歌德所说:"读一本好书,就是和一位品德高尚的人谈话。"的确,读一本好书,就像是结交了一位良师益友。我们真诚希望,这套经典丛书能够真正进入您的生活,成为人人应读、必读和常读的名著。

陈　虎
庚子岁孟秋

前　言

荀子,姓荀,名况,时人尊称之为荀卿。荀子是战国末期赵国人,是先秦儒家学说的代表人物之一,也是先秦诸子思想之集大成者。有关荀子的记录,主要见于《史记·孟子荀卿列传》中,此外还零星散见于《韩非子·说难三》《战国策·楚策四》,《史记》中的《春申君列传》《儒林列传》和《盐铁论》中的《论儒》《毁学》,西汉刘向编订《荀子》后所作的《孙卿书录》中也对荀子其人其事做了论述。荀子的生卒年有争议,其活动的时间范围约在公元前336年到公元前238年之间。根据史料记载,荀子早年曾活动于燕国,后前往齐国,即"年五十始来游学于齐",此后又在楚、齐、秦、赵四国间奔走。在此期间,荀子第二次前往齐国时,因为"田骈之属皆已死",他凭借着自己的博学在稷下学官"最为老师",并三次担任祭酒的职位,为当时稷下学官的主事者。入秦,就秦昭王对儒生于国家是否有益等问题进行了回答;入赵,和临武君谈论兵事于赵孝成王前。晚年在楚国时,荀子被春申君封为兰陵令,又因谗言离楚去赵。离楚后他写下了"诡诗""小歌",表达了自己对楚国社会黑暗的忧虑和内心的愤懑。后春申君复任其为兰陵令。春申君死后,荀卿遭废,"卒不用于世,老于兰陵"。

据《史记·孟子荀卿列传》记载,春申君死后,荀子居于兰陵,因为不满于当时昏庸的君王不修美政,却汲汲营营于巫祝之事,而社会上又存在"鄙儒"宣扬自己"邪说"的混乱状况,所以"推儒、墨、道德之行事兴坏,序列著数万言而卒"。而现在传世的《荀子》,已经不可完全等同于当时荀子所写下的"数万言"。

目前所见的《荀子》一书,是经由西汉刘向编订而成的。据刘向《孙卿书录》记载,其当时所见的荀子作品足有三百二十二篇之多,后刘向"相校除复重二百九十篇,定著三十二篇",共十二卷,取名为《孙卿新书》。中唐时,杨倞为《孙卿新书》作注、改名,并分为二十卷,遂成了今日《荀子》之貌。有关《荀子》一书的真伪,也有许多争论。现在学界通常认为《荀子》中除《宥坐》《子道》《法行》《哀公》《尧问》这五篇遵从唐人杨倞的观点,是"荀卿及弟子所引记传杂事"外,其他的篇目大致都出自荀子之手,或者属于荀子弟子所记其老师的文章。《仲尼》《儒效》《议兵》《君道》等篇中可能有窜入其他文章段落的情况,要具体讨论。但可以肯定的是,这些篇章中都闪烁着荀子思想的光芒。先秦诸子之书多不是一人一时一地完成,需要用动态的眼光去审视。

荀子的思想博大精深,他虽然为先秦儒家代表人物之一,但思想中融合了道家、法家、名家等诸多学派的观点。下面就其思想中的重点做一大致介绍。荀子对于人性的认识,直接影响到了他思想中对于"人性本恶"的判断以及对于礼起源的认识。在《正论》篇中,荀子驳斥宋钘的观点时就曾认为,人的本性中欲望是占据上风的,正因为人的本性贪图最好的东西,所以先王才可以根据人们的本性来实行奖罚措施,引导人们去从事生产生活活动。荀子思想中对于人性的"性恶"判断,也是出自对于人贪欲的认识。《性恶》篇开篇便提出"人之性恶,其善者伪也"。而荀子提出这一观点的基础就是人的本性中"生而有好利焉""生而有耳目之欲,有好声色焉"。荀子认为如果人顺着自己的欲望去做事的话,那么就会多生争执之事,多生淫乱之事,而人与人之间的相互谦让、治理天下的礼义文理都会荡然无存。所以荀子提出,想要天下得治,就不能"从人之性,顺人之情",必须有"师法之化,礼义之道"来教化、规范人的行为。基于对人性的判断,荀子在《性恶》篇中多次驳斥孟子的"性善论",认为当下人所表现出的"善",不是人本性所具备的,而是来自"伪",即后天人的行为。而规范世人后天行为的礼义,是圣人根据人性而制定的,也并非出自人的本性。那么根据荀子"人性恶"的观点,君子与小人之间的差异岂不是如同天堑一般不可逾越?并非如此。荀子在《性恶》中还提出了一个观点"涂之人可以为禹"。他认为"凡人之性者,尧、舜之与桀、跖,其性一也;君子之与小人,其性一也"。这样的观点在《荣辱》中也曾出现,"材性知能,君子小人一也;好荣恶辱,好利恶害,是君子小人之所同也"。荀子认为无论任何人,他们都具有可以理解、可以执行"仁义法正"的资质和条件,但是"有条件,可以做到"和"有条件,做到了"二者是不同的,所以"涂之人可以为禹则然,涂之人能为禹则未必然也"。故荀子鼓励人们去专心致志地学习仁义法正,去思考问题,积累善行,日积月累就可以"通于神明,参于天地"。所以可以这么说,荀子提出"性恶论"的目的之一,是鼓励世人向善,成为君子。

对于礼的认识是荀子思想中的重要方面。荀子认为人性中的欲望如果不加以限制的话,那么一定会出现争斗,出现争斗就

前　言　|　3

会导致穷困。所以先王制定礼义,用来"养人之欲,给人之求。使欲必不穷于物,物必不屈于欲"。所以荀子认为礼也可以等于"养",即用来满足人的需求。而礼的核心在于"别",就是要通过礼来使得人的地位高贵或低贱、年长或者年幼、穷困或者富有都各自相称,有所区别。荀子有关礼的理论中,礼和情是有着密切联系的。这体现在三个方面:第一,要懂得礼有三个根本,即"天地""先祖""君师"。祭祀天地,尊崇祖先,尊敬君王和老师,要对三者有感情,明白没有天地,哪来的生命;没有祖先,哪来的氏族;没有君王和老师,哪来的天下安治。第二,首先要明白最完备的礼是"情文俱尽",即在礼中,人的情感和礼义形式都达到了完全体现;其次是"情文代胜",即人的情感流露超过礼义形式,或者礼义形式超过人的情感表达;再次就是"复情以归大一",指人的情感完全回归于上古时期的质朴纯一。第三,要平衡好礼义和情性的关系,二者如果能"一之于礼义",那么都可以获得满足;如果"一之以情性",那么二者都会丧失。基于上述认识,荀子提出,所谓礼,需要财物来供人之"养",需要不同的文饰、不同的数量来区别贵贱高低,亦需要礼和人感情之间的配合。而礼作为天下最重要的东西,"从之者治,不从者乱;从之者安,不从者危;从之者存,不从者亡",是天下得以太平的根本所在。

关于如何治国,荀子也有系统的认识。这主要体现在他的《王制》《富国》《王霸》《君道》《臣道》《致士》《强国》等篇中。荀子认为"国者,天下之大器也,重任也"。所以治理国家一定要选择正确的方法。在《王霸》篇中,荀子提出了国家"王""霸""亡"三种状态。荀子认为,能够称王天下的人,必定是"义立而王";能够称霸天下的人,必定是"信立而霸";而亡国者,必定是"不由礼义而由权谋"。故荀子在《王制》中提出了治国的三种方法,即"强道""霸道"与"王道"。三者中,荀子认为王道天下是君王的首选。而君王想要称王天下,最重要的就是效法后王,施行礼义法度,同时选贤举能,落实人才选拔。荀子提倡效法后王,认为"欲观圣王之迹,则于其粲然者矣,后王是也"。所以《不苟》篇中荀子就认为君子应当知晓"后王之道",并要将后王与历代君王相比较。效法后王最重要的就是效法他们的礼义法度。荀子产生这样的认识,和他当时身处战国时动荡不安的社会有直接的关系。他在《王霸》篇中提出,如果让今日天下显赫的诸侯效仿商汤王和周武王,用礼义来指导自己的思想,用礼义来配合各项法度,反复强调礼义,将之作为贵贱生杀的标准,那么诸侯的名气就会"如日月雷霆",最终王道天下,四海升平。此外,荀子还强调了任用贤能对于治理国家的重要性。《君道》篇中,荀子提出"君子者,治之原也。官人守数,君子养原,原清则流清,原浊则流浊",他认为君王的亲信、辅相、使臣应为"国具"之才,并且在《致士》篇中提出了君王要使用"衡听、显幽、重明、退奸、进良"的方法来选贤举能。在《君道》《致士》中,荀子还提出君王想要吸引贤能前来为自己效力,首先要修养自身的德行,同时还要懂得"明其德,则天下归之"的道理;其次,君王要明白"刑政平而百姓归之,礼义备而君子归之"的道理。自己国内注重礼义,那么就会吸引贤能前来;最后,君王还需要心口如一,不能口头上说要选贤举能,但在实际行动中却弃之不理。在《王霸》篇中,荀子提出了理想中"千岁之国"的概念,其所需要的条件就是在制度方面有

"千岁之信法",在用人方面有"千岁之信士",即可保证国祚延绵久远。

此外,荀子还论述了国家治理中的军事和经济方面。荀子的军事思想集中在《议兵》中,他认为用兵的要领在善于使民众依附自己,这是"仁人之兵",是可以王道天下的办法。同时,君王本身品德好坏是决定国家强弱的关键,而非全在兵事。《议兵》中还对将领的行为和军队制度提出了有效可行的建议。有关荀子的经济思想,集中体现在《王制》《富国》中。其主导思想是"节用裕民,而善藏其余"。荀子实行开源节流的经济政策,强调注重农业生产,保护山林和渔泽,减轻赋税,加强地区间的财物流通等,要达到"以政裕民"的目标,民众富裕,国家才能富强。

关于名和实的关系,是荀子思想中的重要部分。从师承关系上说,荀子的这一思想必定是受到孔子"名不正则言不顺,言不顺则事不成"思想的影响;从社会因素来说,这是荀子对当时"圣王没,名守慢,奇辞起,名实乱,是非之形不明"的社会情况不满而形成的。荀子认为,世间万物都有与之相应的名称,对事物命名缘起于人们不能清楚认知、分辨事物。先王对事物的正确命名,其目的是能够统率民众,从而使国家长治久安,即"名定而实辨,道行而志通,则慎率民而一焉"。而君王在确定名称时,除刑名、爵名、文名都有传统要遵循外,对于一般事物的命名则往往需要紧密结合人自身来进行,而且人们在区别事物异同时要以人的目、耳、口、鼻、形体、心的感受来作为判断标准。同时,对事物名称的确定也要注意"约定俗成"的作用,一定要使得事物的名称和它的实质相符合。这样的话,就算是远离中原的"异俗之乡",沟通起来也没有阻碍。在理解事物的本质时,人们还可以通过"期、命、辨、说"的方法来获取更清晰的认识。荀子强调,对事物的正确认识和命名,可以保证国家的正常运转。所以他严厉批评了当时"用名以乱名""用实以乱名""用名以乱实"三种奸言邪说,认为圣明的君王应当深知其中对与错的区别,而不去与之争辩。为了反抗这些邪说,荀子提出了正确的"圣人之辨说""士君子之辨说",并且描述了理想中"君子之言"的形态。

《荀子》一书自刘向整理后,就受到世人关注。西汉扬雄在《法言·君子》中认为自己和荀子属于"同门而异户"。南朝梁刘勰《文心雕龙》中的《诠赋》《才略》都曾提及荀子的《赋》篇。唐代除杨倞为《荀子》作注外,同时期的韩愈亦对《荀子》做出过"大醇而小疵"的评价,后世在评价《荀子》时几乎都要引用韩愈这一观点。因为其所主张的"性恶论",《荀子》在宋代并不被看好,甚至多为时人所贬斥。如程颐曾评价荀子"极偏驳,只一句性恶,大本已失"。明代对《荀子》的评价稍稍有所抬高,如归有光在《荀子叙录》中说道:"当战国时,诸子纷纷著书,惑乱天下,荀卿独能明仲尼之道,与孟子并驰。"至清代,随着重视文字、音韵、训诂的汉学兴起,对诸子学说的研究也迎来了高潮,《荀子》亦不例外。这一时期,出现了汪中的《荀卿子通论》、谢墉的《荀子笺释》、王念孙的《读荀子杂志》、俞樾的《荀子平议》、王先谦的《荀子集解》等著作。今人有关《荀子》研究的著作更是汗牛充栋,数不胜数。

本书以清人王先谦的《荀子集解》作为底本,选文涉及了《荀子》中除《大略》及"荀卿及弟子所引记传杂事"五篇外其他所有的篇目,其中有节选也有全文选入。书中的题解、注释、译文都是在借鉴前贤的基础上,斟酌己意而完成的。本人才疏学浅,书中难免会有不当或疏漏之处,恳请方家批评指正。

张安
2020 年 2 月

目 录

劝学第一……………………………………………………… 1
修身第二……………………………………………………… 18
不苟第三……………………………………………………… 32
荣辱第四……………………………………………………… 38
非相第五……………………………………………………… 48
非十二子第六………………………………………………… 57
仲尼第七……………………………………………………… 66
儒效第八……………………………………………………… 74
王制第九……………………………………………………… 87
富国第十……………………………………………………… 105
王霸第十一…………………………………………………… 119
君道第十二…………………………………………………… 130
臣道第十三…………………………………………………… 145
致士第十四…………………………………………………… 155
议兵第十五…………………………………………………… 164
强国第十六…………………………………………………… 178

天论第十七 …… 190

正论第十八 …… 199

礼论第十九 …… 210

乐论第二十 …… 219

解蔽第二十一 …… 230

正名第二十二 …… 241

性恶第二十三 …… 254

君子第二十四 …… 277

成相第二十五 …… 285

赋第二十六 …… 311

劝学第一

〔题解〕

　　《劝学》,即劝勉人努力学习。本文为《荀子》第一篇,旨在谈论学习的重要性以及如何学习,并且多次提及君子学习应具有的品质。文章认为人的才能是通过后天学习而获得的,是"教使之然"。所以君子需要诵读、学习《诗》《书》《礼》《乐》《春秋》这类儒家经典,锲而不舍地提升自己。此外,文章还提出君子言行应该谨慎,以及与人言时要"不傲、不隐、不瞽,谨顺其身"。近年来有学者认为《劝学》篇的文体构成情况复杂,但毋庸置疑的是,《劝学》篇展现出的好学传统对后世影响巨大。文中重视后天教育的观点"生而同声,长而异俗,教使之然也",极具启示意义。

　　君子曰:学不可以已①。青,取之于蓝②,而青于蓝;冰,水为之,而寒于水。木直中绳③,𫐓以为轮④,其曲中规,虽有槁暴⑤,不复挺者,𫐓使之然也。故木受绳则直,金就砺则利⑥,君子博学而日参省乎己⑦,则知明而行无过矣⑧。故不登高山,不知天之高也;不临深溪,不知地之厚也;不闻先王之遗言,不知学问之大也。干、越、夷、貉之子⑨,生而同声,长而异俗,教使之然也。《诗》曰:"嗟尔君子,无恒安息⑩。靖共尔位⑪,好是正直。神之听之,介尔景福⑫。"神莫大于化道,福莫长于无祸。

〔注释〕

①已:停止。
②蓝:草名,蓼蓝草。
③中(zhòng):符合。绳:用来测定直线的墨线。
④鞣(róu):通"煣",用火烤木材使之弯曲。
⑤槁暴(gǎopù):晒干,枯干。槁,枯。暴,暴晒。
⑥就:靠近,此处引申为磨砺。砺:磨刀石。
⑦参:三,言多次。省(xǐng):审查。
⑧知:同"智",智慧。
⑨干、越、夷、貉(mò):干、越,春秋时期南方小国,今江苏、浙江一带。夷、貉,古代东方与北方少数民族的泛称。
⑩安息:安居休息。
⑪靖:安。共:恭。
⑫介:帮助。景:大。

〔译文〕

君子说:学习不可以停止。青色是从蓼蓝草中提取出来的,却比蓼蓝草更蓝;冰是由水冻结而成的,却比水更冷。木材笔直符合墨线的要求,鞣制后成为车轮,它弯曲得符合圆规的要求,即便再经过火烤暴晒,也不会变直,这是因为火烤使它变成这样。所以,木材受过墨线的比量就会取直,金属经过磨刀石的打磨就会锋利,君子广博学习并且每天多次审查自己,就会智慧聪明,行为没有过失。所以不登高山,就不知道天有多高;不到深谷,就不知道地有多厚;没有听过先王遗留下来的言论,就不知道学问有多大。干、越、夷、貉的孩子,生下来时声音相同,长大后习俗却不一样,这是教化使得他们成为这样。《诗经·小雅·小明》说:"君子们啊,不要常享受安逸,认真负责地对待你们的职位,喜爱这正直的人们。神灵知道这一切,会帮助你得到大福气。"精神境界没有比明白自然之道更为高超的,幸福没有比无灾无祸更为长久的。

吾尝终日而思矣①,不如须臾之所学也②,吾尝跂而望矣③,不如登高之博见也。登高而招,臂非加长也,而见者远;顺风而呼,声非加疾也④,而闻者彰。假舆马者⑤,非利足也⑥,而致千里;假舟楫者,非能水也⑦,而绝江河⑧。君子生非异也⑨,善假于物也。

〔注释〕

①尝:曾经。

②须臾:片刻,一会儿。

③跂(qǐ):踮起脚尖。

④疾:洪亮。

⑤假:借,凭借。

⑥利足:脚走得快。

⑦能水:指会游泳。能,通"耐"。

⑧绝:渡过。

⑨生:读为"性",本性。

〔译文〕

　　我曾整日思考,却不如片刻的学习;我曾经踮起脚尖向远方看,却不如登上高处所见的广阔。登上高处挥手,手臂并没有加长,但是远处的人却可以看见;顺着风呼喊,声音并没有变得更响亮,但是听见的人却听得很清晰。凭借马车的人,并没有走得很快,却能够走上千里;使用船只的人,并非会游泳,却能渡过江河。君子的本性并非与常人不同,只不过善于借助东西罢了。

　　南方有鸟焉,名曰蒙鸠①,以羽为巢,而编之以发,系之苇苕②,风至苕折,卵破子死。巢非不完也,所系者然也。西方有木焉,名曰射干③,茎长四寸,生于高山之上而临百仞之渊④;木茎非能长也,所立者然也。蓬生麻中⑤,不扶而直。白沙在涅⑥,与之俱黑。兰槐之根是为芷⑦,其渐之滫⑧,君子不近,庶人不服⑨,其质非不美也,所渐者然也。故君子居必择乡,游必就士⑩,所以防邪辟而近中正也⑪。

〔注释〕

　①蒙鸠:鸟名,鹪鹩。
　②苇苕(tiáo):芦苇的嫩条。
　③射干(yègān):草药名,根茎可入药,《本草纲目》有记载。
　④仞:周制八尺曰仞,汉制为七尺。
　⑤蓬:植物名,又称飞蓬。
　⑥涅:黑土。
　⑦兰槐:香草名,白芷。古人称其根为芷。

⑧其:若,假如。渐:浸。淅(xí):久渍,即臭秽物。
⑨服:佩戴。
⑩就士:靠近有德有学问之士。
⑪邪辟:即"邪僻",邪恶的人及事物。中正:符合礼法的正道。

〔译文〕

　　南方有一种叫蒙鸠的小鸟,它用羽毛作为巢,用毛发将其编织起来,系在芦苇的嫩条上,风来吹折了嫩条,蛋摔破,幼鸟也被摔死。并非是鸟巢做得不完善,而是它所系的地方导致了这样。西方有一种叫作射干的草,茎长四寸,生长在高山之上,临着百丈深渊,它的草茎并非很长,而是它所处的地方使它这样。飞蓬长在麻秆中,不用去扶它就很直;白沙混在黑土中,就和黑土一起变成了黑色。兰槐的根是白芷,假如把它浸在臭秽物中,君子不会靠近,百姓也不会佩戴,并非它的本质不美好,是浸在臭秽之物中而使它这样的。因此君子居住一定要选择好的地方,交游一定要接近学问德行绝佳之士,这样是为了防止邪恶的诱惑,而接近于中正的大道。

　　物类之起,必有所始。荣辱之来,必象其德①。肉腐出虫,鱼枯生蠹②。怠慢忘身,祸灾乃作。强自取柱,柔自取束。邪秽在身,怨之所构③。施薪若一,火就燥也;平地若一,水就湿也④;草木畴生⑤,禽兽群焉,物各从其类也。是故质的张而弓矢至焉⑥,林木茂而斧斤至焉,树成荫而众鸟息焉,醯酸而蚋聚焉⑦。故言有招祸也,行有招辱也,君子慎其所立乎!

〔注释〕

①象：相适应。
②蠹(dù)：蛀虫。
③构：集结。
④湿：低洼处。
⑤畴：同"俦"，同类。
⑥质：箭靶。的(dì)：靶上正中的目标。
⑦醯(xī)：用粥、酒做成的酸醋。蚋(ruì)：一种小蚊虫。

〔译文〕

各类事物的产生，一定有发生的原因。光荣或者耻辱的来到，一定与人品德好坏相适应。肉腐烂就会生蛆，鱼变枯就会长虫。为人散漫忘乎所以，就会发生灾祸。坚强的东西自然会被拿来做支柱，柔软的东西自然会被拿来捆扎物品。自身行为邪恶肮脏，这就是人们憎恨自己的根源所在。柴草似乎一样堆放着，但火总是从干燥处燃起；地面像是一样平整，但水总是向低处流去；草木总是聚集在一起生长，禽兽总是同类为一群，世间万物总是各从其类而已。所以设置箭靶，弓箭就会射来；草木茂盛，斧头就会砍来；树木茂密成荫，就引来众鸟休憩；醋发酸，就会引来小的蚊虫聚集。所以言语可以招来祸事，行动可以招来耻辱，君子要谨慎自己所立之处！

积土成山，风雨兴焉；积水成渊，蛟龙生焉；积善成德，而神明自得①，圣心备焉。故不积跬步②，无以至千里；不积小流，无以成江海。骐骥一跃③，不能十步；驽马十驾④,功在不舍。锲而舍之⑤,朽木不折;锲而不舍,金石可镂⑥。螾无爪牙之利⑦,筋骨之强,上食埃土,下饮黄泉,用心一也。蟹六跪而二螯⑧,非蛇蟺之穴无可寄托者⑨,用心躁也。是故无冥冥之志者,无昭昭之明⑩;无惛惛之事者,无赫赫之功。行衢道者不至⑪,事两君者不容。目不能两视而明,耳不能两听而聪⑫。螣蛇无足而飞⑬,梧鼠五技而穷⑭。《诗》曰:"尸鸠在桑⑮,其子七兮。淑人君子⑯,其仪一兮⑰。其仪一兮,心如结兮⑱。"故君子结于一也。

〔注释〕

①神明:通达万物的最高智慧,精神的最高境界。
②跬(kuǐ):半步。古时称举足一次为"跬",举足两次为"步"。
③骐骥:骏马。
④驽(nú)马:劣马。十驾:古时马昼行夜休,一日为一驾。十驾即为十日。
⑤锲(qiè):用刀刻。
⑥镂(lòu):雕刻。
⑦螾(yǐn):同"蚓",蚯蚓。
⑧六:当为"八"之误。跪:蟹足。
⑨蟺(shàn):同"鳝"。
⑩冥冥:深沉、幽暗,此处指专心致志,埋头苦干。下句"惛惛"与此义同。昭昭:显著,明显。"赫赫"与此义同。
⑪衢(qú)道:歧路。
⑫聪:听清楚。
⑬螣(téng)蛇:传说中龙的一种,能兴云雾,飞行空中。
⑭梧(shí)鼠:当为"鼫鼠"。此鼠有五种技能:会飞,但不能上屋;会

爬,但不能上树顶;能游,却无法渡谷;能打洞,洞却无法掩盖身体;能走,却不能走过别的动物。故"五技而穷"。

⑮尸鸠(jiū):鸟名,即布谷鸟。

⑯淑人:善人。

⑰仪:言行。一:专一。

⑱结:固结。

〔译文〕

　　堆积泥土形成山,就会产生风雨;积蓄水流形成渊,就会有蛟龙出现;积累善行养成美好的德行,就会自然得到精神的最高境界,圣人的心智也就具备了。所以没有半步的积累,就没有办法到达千里;不积蓄小水流,就没有办法形成江海。骏马一跃,也不能跳上十步远;劣马跑上十天,成功在于不言弃。雕刻东西却又中途放弃,即便是腐朽的木头也不能折断;坚持雕刻不放弃,金属和石头也能雕刻出花纹。蚯蚓没有锋利的爪牙,没有强劲的筋骨,上可以吃泥土,下可以喝到泉水,这是用心专一的缘故;螃蟹有八只脚和两只大螯,除蛇和鳝鱼的洞穴外没有可以住的地方,这是用心浮躁的缘故。所以没有一心一意的志向,不能获得显著的成就;不能专心致志地做事,不能获得显赫的功绩。走歧路的人无法到达终点,侍奉两位君主的人不会被容纳。眼睛不能同时看两处事物而看得明白,耳朵不能同时听两件事情而听得清楚。螣蛇没有脚却可以飞,鼫鼠虽有五种技能却终陷入窘境。《诗经·曹风·尸鸠》中说:"布谷鸟在桑树上,公平如一地抚养着它的七个子女。善人君子,言行是一致的。言行一致,他的用心就是很坚定的。"所以君子要把言行固结在专一上。

昔者瓠巴鼓瑟而流鱼出听①,伯牙鼓琴而六马仰秣②。故声无小而不闻,行无隐而不形;玉在山而草木润,渊生珠而崖不枯。为善不积邪,安有不闻者乎?

〔注释〕

①瓠(hù)巴:传说古代善于弹瑟的人。流鱼:当为"沉鱼"。沉鱼出听,意为瑟声美妙,水底之鱼也浮出水面来听。

②伯牙:传说古代善于弹琴的人。仰秣(mò):谓马听见美妙的音乐,竟反常地昂起头吃饲料。秣,牲口的饲料。

〔译文〕

以前瓠巴弹瑟,沉在水底的鱼儿也会浮出水面来听;伯牙弹琴,拉车的马儿也会反常地昂起头吃饲料。所以声音无论多小也没有听不见的,行动无论多隐蔽也没有不显露行迹的。玉生于山中则山中草木滋润,深渊中生出珍珠则崖岸不会干枯。做善事而不去积累劣行,怎么可能不闻名于世呢?

学恶乎始①?恶乎终?曰:其数则始乎诵经②,终乎读礼;其义则始乎为士,终乎为圣人。真积力久则入,学至乎没而后止也。故学数有终,若其义则不可须臾舍也。为之,人也;舍之,禽兽也。故《书》者③,政事之纪也④;《诗》者⑤,中声之所止也⑥;《礼》者,法之大分⑦,类之纲纪也⑧,故学至乎《礼》而止矣。夫是之谓道德之极。《礼》之敬文也⑨,《乐》之中和也,《诗》《书》之博也,《春秋》之微也⑩,在天地之间者毕矣⑪。

〔注释〕

①恶(wū):疑问词,哪。
②数:课程的顺序。
③《书》:《尚书》,我国今存最早的史书,记载春秋、战国之前的历史。
④纪:通"记",记载。
⑤《诗》:《诗经》,我国最早的一部诗歌总集。
⑥中声:符合中的音律。
⑦大分:纲领。
⑧类:类比之物。指除礼法条文以外类推的律令。
⑨敬:慎重恭敬。文:有礼仪。
⑩《春秋》:春秋时鲁国的史书。微:微言大义。
⑪毕:完备。

〔译文〕

学习从何处开始,又在何处结束呢?答:按照学习顺序,以诵读经书开始,以研读礼法为终止。论述学习意义的话,以作为读书之士开始,最终目标是成为圣人。真心积累,日久则能深入,学习直至身死后才可以停止。所以学习按照顺序,是有终点的;但是从学习的意义来看,立志成为圣人的事,则片刻也不可以停下。努力去学习,那就是人;舍弃而不学习,那就是禽兽。《尚书》是政事的记录,《诗经》是符合中的音律的极致,《礼经》是法制的纲领,是各类条文的纲要,所以要学习到《礼经》才能停止。这也是道德所能达到的最高程度。《礼经》的慎重恭敬有礼仪,《乐经》的音律和谐,《诗经》《尚书》的广博,《春秋》的微言大义,天地间的万物都已经被囊括其中了。

君子之学也,入乎耳,箸乎心①,布乎四体,形乎动静。端而言②,蠕而动③,一可以为法则。小人之学也,入乎耳,出乎口。口耳之间则四寸耳④,曷足以美七尺之躯哉!古之学者为己,今之学者为人。君子之学也,以美其身;小人之学也,以为禽犊⑤。故不问而告谓之傲⑥,问一而告二谓之囋⑦。傲,非也;囋,非也;君子如向矣⑧。

〔注释〕

①箸:同"著",明晓。
②端:杨倞注"读为喘",微言。
③蠕:缓慢行动。
④则:才。
⑤禽犊:赠献之物。此处引申为用学问取悦他人。
⑥傲:急躁。
⑦囋(zá):多语,啰唆。
⑧向:通"响",回应声。

〔译文〕

君子学习,听进耳朵里,铭记在心上,遍布于全身,表现在举止间。即便是轻微的言语声,和缓的行为举止,一切都可以成为世人楷模。小人学习,从耳进入,从口说出。嘴巴和耳朵之间才有四寸,怎么能足够用来美化七尺的身体呢?古人学习是为了自己,今人学习是为了向他人炫耀。君子学习,是为了美化自身;小人学习,是为了取悦他人来博取名利。所以别人没有问自己就去回答叫作急躁,问一个问题而告诉两个答案叫作啰唆。

急躁,不对;啰唆,也不对。君子对待问题应该像回声一样回应。

学莫便乎近其人。《礼》《乐》法而不说①,《诗》《书》故而不切②,《春秋》约而不速③。方其人之习君子之说④,则尊以遍矣⑤,周于世矣⑥。故曰:学莫便乎近其人。

〔注释〕

①法:法则。说:详细说明原理。
②故:故事。切:切近现实。
③约:词旨隐约。速:迅速了解。
④方:通"仿",效仿。
⑤遍:普遍,全面。
⑥周于世:周知世事。

〔译文〕

学习没有比接近老师更好的了。《礼经》《乐经》有法则,但不详细说明原理,《诗经》《尚书》古老但不切近现实,《春秋》微言大义却不能迅速了解。效仿老师学习君子的学说,就可以崇高而全面,且周知世事了。所以说学习没有比接近老师更好的了。

学之经莫速乎好其人①,隆礼次之②。上不能好其人,下不能隆礼,安特将学杂识志③,顺《诗》《书》而已耳④,则末世穷年,不免为陋儒而已。将原先王⑤,本仁义,则礼正其经纬蹊径也⑥。若挈裘领⑦,诎五指而顿之⑧，顺者不可胜数也。不道礼宪⑨，以《诗》《书》为之，譬之犹以指测河也，以戈舂黍也⑩，以锥餐壶也⑪，不可以得之矣。故隆礼，虽未玥，法士也⑫；不隆礼，虽察辩⑬，散儒也。

〔注释〕

①经：通"径"，途径。
②隆礼：尊崇礼法。
③安：则。特：只，不过。杂识志：杂家之书，百家之言。
④顺：记诵教条，一说通"训"，意为解释。
⑤原：追究根源。
⑥经纬蹊径：道路。此处有四通八达之意。
⑦挈(qiè)：提起，拎。
⑧诎(qū)：弯曲。顿：抖动使之整齐。
⑨道：实践，实行。宪：法。
⑩戈：古代的一种兵器。
⑪以锥餐壶：用锥子当筷子吃饭。
⑫法士：尊崇礼法之士。
⑬察辩：能说会道。

〔译文〕

学习的途径没有比接近老师更简便快捷的了，其次是尊崇礼法。上不能求学于老师，下不能崇敬礼法，则只是学习杂书中的知识，教条地记诵《诗经》《尚书》而已，那么终其一生也不过是个浅薄的儒生罢了。想要追溯先王之道，推究仁义的根本，那么学习礼法就是其正途。就像是提起皮袍子的领子，屈着五指来整顺皮毛一样，被理顺的毛多到不可计数。不实践礼法，仅仅是按照《诗经》《尚书》来办事,就如同以手指去测量河水,用戈去舂黍,用锥子当筷子吃饭一样,是不可能达到目的的。所以尊崇礼法,即便还是不明白,仍旧是尊崇礼法之士;不尊崇礼法,虽然能说会道,也只是一个散漫的儒生。

问楛者勿告也①,告楛者勿问也,说楛者勿听也。有争气者勿与辩也。故必由其道至,然后接之,非其道则避之。故礼恭而后可与言道之方②,辞顺而后可与言道之理③,色从而后可与言道之致④。故未可与言而言谓之傲,可与言而不言谓之隐⑤,不观气色而言谓瞽⑥。故君子不傲,不隐,不瞽,谨顺其身。《诗》曰:"匪交匪舒⑦,天子所予⑧。"此之谓也。

〔注释〕

①楛(kǔ):恶劣,不正确的事。此处指不合礼法之事。
②方:方向。此处引申为宗旨。
③理:条理。此处指内容。
④色从:面容表现出乐于听从。致:极,指最高境界。
⑤隐:隐瞒,隐藏。
⑥瞽(gǔ):眼瞎。
⑦匪:非,不。交:急躁。舒:舒缓。
⑧予:赐予。

〔译文〕

有人问不合礼法之事,不要去回答;有人告诉不合礼法之事,不要去多问;有人说不合礼法之事,不要去听。意气用事的人,不要与他争辩。所以和人交谈必须是按照道的标准,然后才能与他接谈,不按照道的标准,就需要避开他。所以恭敬有礼,然后才可与他谈论道的宗旨;言辞和顺,然后才可与他谈论道的内容;脸上表现出想要听从,然后才可以与他谈论道的最高境界。所以,不可与人说话而说了叫作急躁,可以与人说话而没有说叫作隐瞒,不观察人的脸色而和人交谈叫作盲目。所以君子不可浮躁,不可隐瞒,也不能盲目,要谨慎地来修身。《诗经·小雅·采菽》中说:"不过于急切,也不有所怠慢,这是天子赐予的。"说的就是这样。

百发失一,不足谓善射;千里跬步不至,不足谓善御;伦类不通①,仁义不一②,不足谓善学。学也者,固学一之也。一出焉,一入焉,涂巷之人也③。其善者少,不善者多,桀、纣、盗跖也④。全之尽之,然后学者也。

〔注释〕

①伦类:泛指事物的事理。
②一:专一。
③涂巷之人:普通老百姓。涂,同"途",道路。
④桀:夏朝最后一个君王。纣:商朝最后一个君王。盗跖(zhí):姓展,名跖,相传为春秋末年的大盗。

〔译文〕

射一百支箭,有一支失手未中,不可以称为善于射箭;驾马车行走千里,差半步未能走完,不可以称为善于驾车;对事物的事理不能融会贯通,对仁义不能专一坚守,不可以说是善于学习。所谓学习,本来就需要专一。一会儿学得进,一会儿又学不进,那就是普通民众。他们中间好的人少,不好的人多,桀、纣、盗跖就是这样不好的人。完全学习并彻底掌握学习的内容,然后才能成为学者。

君子知夫不全不粹之不足以为美也①,故诵数以贯之②,思索以通之,为其人以处之③,除其害者以持养之④。使目非是无欲见也,使耳非是无欲闻也,使口非是无欲言也,使心非是无欲虑也。及至其致好之也,目好之五色⑤,耳好之五声⑥,口好之五味⑦,心利之有天下。是故权利不能倾也⑧,群众不能移也⑨,天下不能荡也⑩。生乎由是,死乎由是,夫是之谓德操。德操然后能定,能定然后能应。能定能应,夫是之谓成人⑪。天见其明⑫,地见其光⑬,君子贵其全也。

〔注释〕

①全:全面。粹:纯一。
②诵数:诵说。贯:融会贯通。
③为其人:效法良师益友。
④持养:保持养护。
⑤五色:指赤、青、黄、白、黑五色。
⑥五声:指宫、商、角、徵、羽五种音阶。
⑦五味:指酸、甜、苦、辣、咸五种味道。
⑧倾:屈服。
⑨移:改变。
⑩荡:动摇。

⑪成人:成熟之人。
⑫见:疑为"贵"字。
⑬光:通"广"。

〔译文〕

  君子所掌握的知识不完全、不纯一就不足以称为完美,所以需要用诵说来融会贯通它,用思考来理解它,用效法良师益友来掌握它,除去其中有害的部分来保持养护它。眼睛不应该看的东西就不去看,耳朵不应该听的东西就不去听,嘴巴不应该说的东西就不去说,内心不该想的东西就不去想。到了特别爱好学习的地步,就像是眼睛喜欢看五色,耳朵喜欢听五音,嘴巴喜欢尝五味一样,内心思索如何有利于天下。这样的话,权势和利益不能使他屈服,世间民众不能使他改变,天下之大也不能使他动摇。活着是这样,死了也是这样,这就叫作有德行操守。有德行操守然后可以坚定如一,可以坚定如一然后可以应变外物。能够坚定如一也能应变外物,这就可以称他为完全的人。天贵在它的光明,大地贵在它的广阔,君子贵在其德行操守十全十美。

修身第二

[题解]

　　修身，顾名思义就是修养身心。本文讲述了修养身心的重要性，同时还提出了"治气养心之术"的修身方法。文章认为个人修身要讲求礼法，遵循善行，这就需要个人在日常生活中依礼行事，需要老师的教育，亦需要个人心志坚定，专心如一。"人无礼则不生，事无礼则不成，国家无礼则不宁"是文中的精彩观点。本章选取前七段和后六段。

　　见善，修然必以自存也①；见不善，愀然必以自省也②。善在身，介然必以自好也③；不善在身，菑然必以自恶也④。故非我而当者，吾师也；是我而当者，吾友也；谄谀我者，吾贼也。故君子隆师而亲友，以致恶其贼⑤。好善无厌⑥，受谏而能诫，虽欲无进，得乎哉！小人反是，致乱而恶人之非己也⑦，致不肖而欲人之贤己也⑧，心如虎狼、行如禽兽而又恶人之贼己也。谄谀者亲，谏争者疏，修正为笑，至忠为贼，虽欲无灭亡，得乎哉！《诗》曰："噏噏呰呰⑨，亦孔之哀⑩。谋之其臧⑪，则具是违⑫；谋之不臧，则具是依。"此之谓也。

〔注释〕

①修然:整饬貌。
②愀(qiǎo)然:忧惧貌。自省:自我省察。
③介然:意志坚定貌。
④菑(zī)然:菑,通"缁",黑色。"菑然"即被玷污的样子。一说"菑"读为"灾","菑然"为灾害在身的样子。
⑤致恶:极端厌恶。
⑥厌:满足。
⑦致乱:极端混乱。此处指小人胡作非为。
⑧不肖:不贤。贤己:以自己为贤人。
⑨噏噏(xī):相互附和的样子。訾訾(zǐ):相互诋毁的样子。
⑩孔:甚。
⑪臧(zāng):好。
⑫具:完全。

〔译文〕

　　见到好的行为,就要对照检查,整饬自己,使得好的行为也可以存在于自身;见到不好的行为,就要担忧并认真反省自己的行为。自身有美好的行为,就要意志坚定使自己变得更美好;自身有不好的行为,就要像自己被玷污了一样厌恶自己。所以正确指出我错误的人,是我的老师;正确肯定我的人,是我的朋友;阿谀奉承我的人,是祸害我的人。所以君子尊重老师而且亲近朋友,最憎恨祸害他的人。喜好美好的行为而不知满足,听到规劝的话语就能警惕并改正,这样的人不想进步,可能吗! 小人却与此相反,他们胡作非为到极致,而讨厌别人批评他;最无贤能,却希望别人把自己当作贤人;内心狠毒如同虎狼,行为放纵如同禽兽,而又憎恨别人认为自己坏。亲近阿谀奉承自己的人,疏远苦心规劝自己的人,嘲笑纠正自己的人,把最忠诚的劝谏当作祸害,虽然想着不要灭亡,这可能吗!《诗经·小雅·小旻》中说:"相互附和,相互诋毁,也实在是很可悲了。凡是好的建议,就全部拒绝;凡是不好的建议,就全部听从。"说的就是这样的人吧。

扁善之度①,以治气养生则后彭祖②,以修身自名则配尧、禹。宜于时通③,利以处穷④,礼信是也。凡用血气、志意、知虑,由礼则治通,不由礼则勃乱提僈⑤;食饮、衣服、居处、动静,由礼则和节,不由礼则触陷生疾;容貌、态度、进退、趋行,由礼则雅,不由礼则夷固僻违⑥,庸众而野⑦。故人无礼则不生,事无礼则不成,国家无礼则不宁。《诗》曰:"礼仪卒度⑧,笑语卒获⑨。"此之谓也。

〔注释〕

①扁:遵循。一说普遍。度:法则。
②治气:调理血气。彭祖:传说中的长寿之人。
③时通:身处顺境。
④处穷:身处逆境。
⑤勃:通"悖",混乱。提僈:松弛懈怠。
⑥夷:倨傲。僻违:乖僻不合。
⑦庸众:庸俗世人。野:粗野。
⑧卒度:完全符合法度。卒,尽,完全。
⑨获:得宜,恰到好处。

〔译文〕

  遵循好的法度,用来调理血气,休养身体,那么寿命就可以跻身彭祖的行列;用来修养身心,当作自己的名号,那么就可以配得上尧、禹。能在顺境时得宜,能在逆境时得利,说的就是礼和信。凡是涉及血气、志意、知虑的方面,遵循礼就可以通达无碍,不遵循礼则会混乱不堪,松弛懈怠;涉及饮食、衣服、居处、举止的方面,遵循礼就会得体合适,不遵循礼就会陷入困境,发生危险;涉及容貌、态度、进退、行走的方面,遵循礼就显得文雅,不遵循礼就显得倨傲乖僻,像庸俗世人般粗野。所以,人做事不讲礼就不能生存,办事不讲礼就不能办成,国家不讲礼就不会安宁。《诗经·小雅·楚茨》中说:"礼仪完全符合法度,欢声笑语也完全恰到好处。"说的就是这样。

  以善先人者谓之教①,以善和人者谓之顺②;以不善先人者谓之谄,以不善和人者谓之谀。是是、非非谓之知③,非是、是非谓之愚。伤良曰谗④,害良曰贼。是谓是、非谓非曰直。窃货曰盗,匿行曰诈⑤,易言曰诞⑥,趣舍无定谓之无常⑦,保利弃义谓之至贼。多闻曰博,少闻曰浅;多见曰闲⑧,少见曰陋。难进曰偍⑨,易忘曰漏。少而理曰治,多而乱曰秏⑩。

〔注释〕

  ①先:引导。
  ②和:协调。
  ③是是:是当作是。非非:非当作非。

④谗:恶言陷害他人。
⑤匿行:隐匿行踪,指掩盖自己的行为。
⑥易言:言谈轻率,不诚实。
⑦趣:通"取",拿走。
⑧闲:广博。
⑨偍(tí):行动迟缓。
⑩秏:通"眊(mào)",昏昧不明貌。此处引申为混乱。

〔译文〕

　　用好的行为来引导他人叫作教诲,用好的行为来协调他人关系叫作和顺;用不好的行为来引导他人叫作谄媚,用不好的行为来协调他人关系叫作阿谀。认为对的就是对的,错的就是错的,叫作明智,认为对的是不对的,不对的是对的,叫作愚蠢。伤害好的叫作谗,陷害好的叫作贼。对的就说是对的,不对的就说是不对的,叫作正直。盗窃财货叫作偷盗,隐匿行踪叫作诡诈,说话轻浮不诚实叫作荒诞,取舍不确定叫作无常,保存私利放弃仁义叫作最大的害行。听闻多叫作渊博,听闻少叫作肤浅;见识广叫作广博,见识少叫作鄙陋。难以前进叫作行动迟缓,容易遗忘叫作遗漏。了解得少但是有条理叫作治,了解得多但是混乱无章叫作乱。

　　治气养心之术:血气刚强,则柔之以调和;知虑渐深①,则一之以易良②;勇胆猛戾,则辅之以道顺③;齐给便利④,则节之以动止;狭隘褊小,则廓之以广大;卑湿、重迟、贪利⑤,则抗之以高志⑥;庸众驽散⑦,则劫之以师友⑧;怠慢僄弃⑨,则炤之以祸灾⑩;愚款端悫⑪,则合之以礼乐,通之以思索。凡治气养心之术,莫径由礼⑫,莫要得师,莫神一好⑬。夫是之谓治气养心之术也。

〔注释〕

①渐:通"潜",深藏不露。
②易良:平易忠直。
③道顺:用训诲来导引。道,引导。"顺"通"训"。
④齐给便利:敏捷轻快,此处引申为行动不稳重。
⑤卑湿:意志卑下。重迟:迟钝。
⑥抗:亢,此处意为振作、激发。
⑦驽散:驽钝散漫。
⑧劫:夺取,此处引申为改造、约束。
⑨僄(piào):轻佻。
⑩炤:同"照",使明了。
⑪款:忠厚。悫(què):诚实。
⑫径:直接的路径。
⑬一好:所好专一不乱。

〔译文〕

治理心气、修养身心的方法:血气方刚,就用心平气和来使他柔顺;思考过于深邃,就用平易忠直来调整他;勇猛暴戾,就用训诲来导引他;行为敏捷不稳重,就用举止沉稳来节制他;心胸狭小,就用宏大气量来开导他;意志低下,迟钝好利,就用高大志向来激励他;才智平庸,驽钝散漫,就用良师益友来改造他;怠慢轻佻,自暴自弃,就用灾祸来告诫他;行为忠厚,过于老实,就用礼乐来调和他,用思考来通导他。一般来讲,治理心气、修养身心的方法,没有不遵循礼法的,没有不得到老师的,没有不爱好专一不乱的。这就是治理心气、修养身心的方法。

志意修则骄富贵①,道义重则轻王公,内省而外物轻矣。传曰②:"君子役物,小人役于物。"此之谓矣。身劳而心安,为之;利少而义多,为之。事乱君而通③,不如事穷君而顺焉④。故良农不为水旱不耕,良贾不为折阅不市⑤,士君子不为贫穷怠乎道⑥。

〔注释〕

①修:美好。
②传:古书。
③通:通达。
④穷君:境地窘迫的君王。亦可以理解为小国君王。
⑤折阅:亏本。市:做生意。
⑥怠:轻慢。

〔译文〕

志意美好就可以傲视富贵,道义崇高就可以轻视王公,重视内心反省就会看轻身外之物。古书中说:"君子可以支配使用外物,小人则被外物支配使用。"说的就是这样。身体劳累但是可以内心安稳,这样的事情就去做;私利少但是道义多,这样的事就去做。为昏乱的君主做事而仕途通达,不如为境地窘迫的君主做事而遵循道义。所以好的农夫不会因为水涝干旱而不去耕种,好的商人不会因为亏本而不做生意,士君子不会因为贫穷而轻慢道义。

体恭敬而心忠信,术礼义而情爱人^①,横行天下,虽困四夷^②,人莫不贵。劳苦之事则争先,饶乐之事则能让^③,端悫诚信,拘守而详^④,横行天下,虽困四夷,人莫不任。体倨固而心势诈^⑤,术顺墨而精杂污^⑥,横行天下,虽达四方,人莫不贱。劳苦之事则偷儒转脱^⑦,饶乐之事则佞兑而不曲^⑧,辟违而不悫^⑨,程役而不录^⑩,横行天下,虽达四方,人莫不弃。

〔注释〕

① 术:遵行。人:通"仁"。
② 四夷:指边远少数民族地区。
③ 饶乐:享乐。
④ 拘守:谨守法度。详:通"祥",善良。
⑤ 倨固:傲慢固执。
⑥ 顺墨:顺从晦暗。精:通"情",性情。
⑦ 偷儒:苟且畏事。转脱:取巧逃避。
⑧ 佞(nìng)兑:得意忘形之意。兑,通"锐"。曲:谦让。
⑨ 辟违:邪僻不正。
⑩ 程役:一味满足自己私欲。程,"逞"意;役,即"欲"。录:通"禄",善。

〔译文〕

身体恭敬同时内心诚信,遵循礼义同时性情仁爱,这种人走遍天下,即便被困在蛮夷之地,人们没有不尊敬他的。劳苦的事情争先去做,享乐的事情则去谦让,诚恳忠厚,心怀诚信,谨守法度,举止善良,这种人走遍天下,即便被困在蛮夷之地,人们没有不任用他的。傲慢固执又心怀狡诈,行为顺从晦暗又性情不纯,这种人走遍天下,即便是通达于四方,人们没有不小看他的。劳苦出力的事情就苟且畏事,取巧逃避,享乐开心的事就得意忘形而不知道谦让,邪僻不正,一味满足自己私欲而不善良,这种人走遍天下,即便是通达于四方,人们没有不厌弃他的。

行而供冀①,非渍淖也②;行而俯项③,非击戾也④;偶视而先俯⑤,非恐惧也。然夫士欲独修其身,不以得罪于比俗之人也⑥。

〔注释〕

①供:通"恭",恭敬。冀:当为"翼",亦为敬。
②渍淖(nào):沾染污泥。
③俯项:低下头。
④击戾:疲倦而弯曲背。
⑤偶视:两人对视。
⑥比俗之人:世俗之人。

〔译文〕

走路时恭敬小心,不是因为害怕沾染到污泥;走路的时候低头,不是因为疲惫而弯腰;和人对视后先俯身行礼,不是因为害怕他人。这是士想要独自修养身心,而不去得罪于世俗之人。

好法而行,士也;笃志而体①,君子也;齐明而不竭②,圣人也。人无法,则伥伥然③;有法而无志其义④,则渠渠然⑤;依乎法而又深其类,然后温温然⑥。

[注释]

①笃志：意志坚定。体：身体力行。
②齐明：智虑敏捷。
③伥伥然：无所适从貌。
④志：通"识"。
⑤渠渠然：窘迫不安貌。
⑥温温然：轻松自在貌。

[译文]

遵循法度，坚定实施，是士；意志坚定，身体力行，是君子；智虑敏捷，力行不止，是圣人。人没有法度，就会无所适从；有了法度而无法认知到其中的意义，就会局促不安；遵循法度而又深知规律，可以以此类推掌握事物，就会轻松自在，从容不迫。

礼者，所以正身也；师者，所以正礼也。无礼何以正身？无师，吾安知礼之为是也？礼然而然，则是情安礼也①；师云而云，则是知若师也②。情安礼，知若师，则是圣人也。故非礼，是无法也；非师，是无师也。不是师法而好自用③，譬之是犹以盲辨色，以聋辨声也，舍乱妄无为也。故学也者，礼法也。夫师，以身为正仪而贵自安者也④。《诗》云："不识不知，顺帝之则⑤。"此之谓也。

[注释]

①安：习惯于。
②知：同"智"。

③不是:不遵守。
④正仪:典范,榜样。
⑤顺:顺从。则:法则。

〔译文〕

礼,是用来端正身心的;老师,是要依靠他来阐释礼的。没有礼怎么可以端正身心?没有老师,我怎么能知道礼是怎样的呢?礼规定怎样去做就怎样去做,那么就在感情上安心于礼了;老师说什么便说什么,那么就是在才智上相同于老师了。情感上习惯于礼,才智上相同于老师,那么就是圣人了。所以违背礼,就是没有法度;违背老师,就是没有老师。不遵守老师的教导而又喜好自行其是,就相当于盲人去分辨色彩,聋人去辨别声音,除了会造成思想混乱行为肆意,再干不出别的了。所以学习,就是学习礼法。老师以自身作为典范,贵在安心这样去做。《诗经·大雅·皇矣》中说:"不知不觉,自然而然地顺从自然的法则。"说的就是这样。

端悫顺弟①,则可谓善少者矣;加好学逊敏焉,则有钧无上②,可以为君子者矣。偷儒惮事③,无廉耻而嗜乎饮食,则可谓恶少者矣;加惕悍而不顺④,险贼而不弟焉,则可谓不详少者矣⑤,虽陷刑戮可也。

〔注释〕

①弟:通"悌",尊敬兄长。
②有钧无上:有和他相等之人,没有比他高的人。钧,通"均"。
③儒:懦弱。

④惕(dàng)悍:放荡凶悍。
⑤详:通"祥",善。

〔译文〕

诚恳忠厚,尊敬兄长,则可以称之为善良的少年;加上好学和谦逊聪敏,那么就只有和他相等之人,没有超过他的人,他就可以成为君子了。懒惰懦弱,害怕事情,没有廉耻之心且贪爱吃喝,那么就可以称他为坏的少年了;再加上放荡凶横且不顺人情,心地险恶且不敬重兄长,那么就可以称之为不善良的少年了,这样的人即便是身陷刑戮也是可以的。

老老而壮者归焉①,不穷穷而通者积焉②,行乎冥冥而施乎无报③,而贤不肖一焉。人有此三行,虽有大过④,天其不遂乎⑤。

〔注释〕

①老老:尊敬老人。
②穷穷:侮辱处境穷困的人。通者:显达之人。
③行:做善事。冥冥:暗地里。
④过:通"祸"。
⑤遂:成。

〔译文〕

尊敬老人,那么青壮年就会归附;不侮辱处境穷困的人,那么贤明通达之人就会聚拢过来;暗地里做好事而不图回报,贤者和不肖者就会一起来归附他。人有这三种品行,即便是有大灾祸,老天爷也不会让祸事成功。

　　君子之求利也略,其远害也早,其避辱也惧,其行道理也勇。君子贫穷而志广,富贵而体恭,安燕而血气不惰①,劳倦而容貌不枯,怒不过夺②,喜不过予③。君子贫穷而志广,隆仁也④;富贵而体恭,杀势也⑤;安燕而血气不衰,柬理也⑥;劳倦而容貌不枯,好交也⑦。怒不过夺,喜不过予,是法胜私也。《书》曰:"无有作好⑧,遵王之道。无有作恶⑨,遵王之路。"此言君子之能以公义胜私欲也。

〔注释〕

①安燕:安逸。此处意为休息时。
②过夺:过分夺取。此处意为过分惩罚。
③过予:过分给予。此处意为过分嘉许。
④隆:崇尚。
⑤杀(shài)势:消减权威。此处意为不因为有权势而作威。
⑥柬理:选择做合理的事情。
⑦交:当作"文",与上句"理"对应。
⑧作好:私心有所偏爱。
⑨作恶:私心有所偏恶。

〔译文〕

　　君子追求名利之心淡薄,他能早早地远离灾祸,能小心谨慎地避开侮辱,能勇敢地身体力行合乎道理的事。君子贫穷时却志向广大,富贵时却表现恭敬,休息时却血气不怠惰,劳累时却容貌不萎靡,生气时不过分惩罚,高兴时不过分嘉许。君子贫穷时却志向广大,是崇尚仁义;富贵时却表现恭敬,是不因有权势而作威;休息时却血气不怠惰,是选择去做合于礼义的事情;劳累时却容貌不萎靡,是注重礼仪。生气时不过分惩罚,高兴时不过分嘉许,是法理胜过了私情。《尚书·洪范》中说:"不要私心有所偏爱,要遵循王规定的道理。不要私心有所偏恶,要遵循王规定的正道。"说的就是君子可以用公义来战胜私欲。

不苟第三

[题解]

　　本文专门讨论君子的道德行为准则。文章前半部分主要从君子的言谈举止、才能品性、心性修养、治国才能等几个方面展开,其中还将君子与小人做对比,明确君子与小人的区别,指出"君子,小人之反也"。后半部分将"士"进行了划分,并提出了自己对公私、诚诈、片面偏爱以及欺世盗名行为的认识。文中"诚信生神"的观点为后人所信奉。

　　君子行不贵苟难①,说不贵苟察②,名不贵苟传,唯其当之为贵③。故怀负石而投河,是行之难为者也,而申徒狄能之④;然而君子不贵者,非礼义之中也。"山渊平""天地比""齐秦袭""入乎耳,出乎口""钩有须""卵有毛"⑤,是说之难持者也⑥,而惠施、邓析能之⑦;然而君子不贵者,非礼义之中也。盗跖吟口⑧,名声若日月,与舜、禹俱传而不息;然而君子不贵者,非礼义之中也。故曰:君子行不贵苟难,说不贵苟察,名不贵苟传,唯其当之为贵。《诗》曰:"物其有矣,惟其时矣⑨。"此之谓也。

〔注释〕

①苟:因为。
②察:聪察。此处意为清晰明了。
③当:符合。
④申徒狄:传说中殷商时人,恨世道不平,抱石投江而死。
⑤山渊平、天地比:高山与深渊齐平,天与地相比邻。齐秦袭:齐国与秦国合并。入乎耳,出乎口:话从耳朵里进入,从嘴里说出。钩有须:钩疑为"姁",此句意为妇女有胡须。卵有毛:卵中有毛。
⑥难持:难以成立。
⑦惠施:战国时宋国人,名家代表人物。邓析:春秋时郑国人,刑名家代表人物。
⑧吟口:吟诵于口。
⑨时:时鲜。

〔译文〕

君子做事不因为事难办而为贵,说话不因为清晰明了而为贵,名声不因为流传称赞而为贵,只有它们符合礼义时才为贵。所以怀抱着石头投河,是行为中难以办到的,申徒狄却能做到。但是君子并不认为这种行为可贵,是因为它不符合礼义。"高山与深渊齐平""天与地相比邻""齐国与秦国合并""话从耳朵里进入,从嘴里说出""妇女有胡须""卵中有毛",这些都是言说中难以成立的,惠施、邓析却能够做到。但是君子并不认为这些说法可贵,是因为它们不符合礼义。盗跖为世人所吟诵于口,他的名声像日月一样,与舜、禹一起流传从不停息;但是君子并不认为他的名声可贵,是因为这不符合礼义。所以说:君子做事不因为事难办而为贵,说话不因为清晰明了而为贵,名声不因为流传称赞而为贵,只有它们符合礼义时才为贵。《诗经·小雅·鱼丽》中说:"事物是存在的,唯有它得其时最好。"说的就是这个道理。

君子易知而难狎①,易惧而难胁,畏患而不避义死,欲利而不为所非,交亲而不比②,言辩而不辞③,荡荡乎,其有以殊于世也。

〔注释〕

①易知:容易亲近。狎(xiá):亲近而态度不庄重。
②比:相互勾结。
③不辞:不强词夺理。

〔译文〕

君子容易亲近但难以狎昵,容易警惧但难以威胁,害怕遭受灾祸疾病但不逃避为义而死,想要得到利益但也不做不该做的事,与人交往亲切但不相互勾结,与人言辞辩论但不强词夺理,心胸是这么宽广啊,这是他不同于世俗之处。

君子能亦好①,不能亦好;小人能亦丑,不能亦丑。君子能则宽容易直以开道人②,不能则恭敬缚绌以畏事人③;小人能则倨傲僻违以骄溢人④,不能则妒嫉怨诽以倾覆人⑤。故曰:君子能则人荣学焉⑥,不能则人乐告之;小人能则人贱学焉,不能则人羞告之。是君子小人之分也。

〔注释〕

①能:才能。
②道:当作"导",开导。
③缚绌(zūnchù):撙节,抑制。缚,通"撙"。
④溢:满而流出。此处意为高于他人。
⑤倾覆:倾轧陷害。
⑥荣学:以向君子学习为荣。

〔译文〕

　　君子有才能是好的,没有才能也是好的;小人有才能是丑的,没有才能也是丑的。君子有才能就会宽容、易亲近、正直,并用这些才能去开导人,没有才能则以恭敬、谦逊、退让来礼敬他人;小人有才能就骄傲,邪僻不正,并以这样的态度去欺辱他人,没有才能则以嫉妒、怨恨、诽谤来倾轧陷害他人。所以说:君子有才能,那么人们都以向他学习为荣,没有才能,人们也乐意把事情告诉他;小人有才能,那么人们都以向他学习为耻辱,没有才能,人们也耻于将事情告诉他。这是君子与小人的区分。

　　君子宽而不僈①,廉而不刿②,辩而不争,察而不激,寡立而不胜③,坚强而不暴,柔从而不流,恭敬谨慎而容,夫是之谓至文④。《诗》曰:"温温恭人⑤,惟德之基⑥。"此之谓也。

〔注释〕

①僈:同"慢",懈怠,怠慢。

②廉:有棱角。此处指有原则。刿(guì):锋利伤人。
③寡:疑作"直"。胜:盛气凌人。
④至文:德行兼备。
⑤温温:温文尔雅。
⑥基:标准。

〔译文〕

君子宽容但不懈怠,有原则但不伤人,善辩但不与人争执,明察事物但不激切,正直但不盛气凌人,坚强但不粗暴,柔和但不随波逐流,恭敬谨慎而且宽广容人,这就叫作德行兼备。《诗经·大雅·抑》中说:"温文尔雅的人是德行的标准。"说的就是这种人。

公生明,偏生暗,端悫生通①,诈伪生塞②,诚信生神,夸诞生惑。此六生者,君子慎之,而禹、桀所以分也。

〔注释〕

①端:诚恳正直。
②塞:阻塞。

〔译文〕

公平就会产生光明,偏私就会产生阴暗,诚恳正直就会通达,欺诈作假就会阻塞,诚实忠信就能生出神明,浮夸荒诞就会生出迷惑。这六种生成之物,君子要慎重,这是大禹和夏桀有所区分的地方。

欲恶取舍之权①：见其可欲也，则必前后虑其可恶也者；见其可利也，则必前后虑其可害也者；而兼权之，孰计之②，然后定其欲恶取舍。如是，则常不失陷矣。凡人之患，偏伤之也③。见其可欲也，则不虑其可恶也者；见其可利也，则不顾其可害也者。是以动则必陷，为则必辱，是偏伤之患也。

〔注释〕

①欲恶：喜好与厌恶。
②孰计：仔细考虑。孰，通"熟"。
③偏伤：片面认识的伤害。

〔译文〕

喜好与厌恶，得到和舍弃的权衡方法：见到可以喜好的，就一定要前后考虑它令人厌恶的一面；见到可得的利益，就一定要前后考虑它可能带来的害处。兼顾权衡它，仔细考虑它，然后再确定喜好还是厌恶，得到还是舍弃。这样就不会常犯错。人的毛病有片面认识造成的伤害。见到可以喜好的，就不去考虑它可能会令人厌恶的一面；见到可以得到的利益，就不去顾及它可以带来的害处。所以，一旦有所行为就会有过失，一旦做事就会招来耻辱，这是片面认识造成伤害的毛病。

荣辱第四

〔题解〕

荣辱,即光荣与耻辱。本文主要阐述了荀子对于荣辱的看法。文章开篇介绍了种种不同的荣辱行为,进而得出造成荣辱的原因在于人们言行举止是将利益放在第一位,还是将仁义放在第一位。文中指出人的资质和才智大同小异,对于荣辱和得失的喜好也大致相同,但是对于追求"荣"和"利"道路的不同,决定了他们是君子还是小人。而道路选择的不同,是因为行为举止和习俗不同造成的,即"注错习俗之节异也"。文中"人之生固小人,无师无法则唯利之见耳"的观点,引人深思。本章选取第七到十二段。

荣辱之大分,安危利害之常体①:先义而后利者荣,先利而后义者辱;荣者常通,辱者常穷;通者常制人,穷者常制于人,是荣辱之大分也。材悫者常安利②,荡悍者常危害③;安利者常乐易,危害者常忧险;乐易者常寿长,忧险者常夭折:是安危利害之常体也。

〔注释〕

①常体:通常的道理。

②材悫:材,通"才",有才能。悫,诚实谨慎。
③荡悍:放荡凶横。

〔译文〕

　　光荣和耻辱之间的区分,安危利害之间通常的道理是:先看重义而后看到利的人光荣,先看重利而后看到义的人耻辱;光荣的人通达,耻辱的人困厄;通达的人常可以驾驭别人,困厄的人常被别人驾驭,这是光荣和耻辱之间的区分。有才能又诚实谨慎的人常安稳顺利,放荡凶横的人常陷入危险灾害;安稳顺利的人常和乐平易,陷入危险灾害的人常忧患险恶;和乐平易的人往往容易长寿,身处忧患险恶的人则常夭折,这是安危利害之间的常理。

　　夫天生蒸民①,有所以取之。志意致修②,德行致厚,智虑致明,是天子之所以取天下也。政令法③,举措时④,听断公⑤,上则能顺天子之命,下则能保百姓,是诸侯之所以取国家也。志行修,临官治⑥,上则能顺上,下则能保其职,是士大夫之所以取田邑也。循法则、度量、刑辟⑦、图籍,不知其义,谨守其数⑧,慎不敢损益也,父子相传,以持王公⑨,是故三代虽亡,治法犹存,是官人百吏之所以取禄秩也。孝弟原悫⑩,軥录疾力⑪,以敦比其事业⑫,而不敢怠傲,是庶人之所以取暖衣饱食,长生久视,以免于刑戮也。饰邪说,文奸言,为倚事⑬,陶诞、突盗⑭,惕、悍、憍、暴,以偷生反侧于乱世之间⑮,是奸人之所以取危辱死刑也。其虑之不深,其择之不谨,其定取舍楛僈⑯,是其所以危也。

〔注释〕

①蒸民:万民。

②修:美好。

③法:合于法制。

④时:适时。

⑤听断:听讼断狱。

⑥临官治:做官时善于治理。

⑦刑辟:刑法。

⑧数:条文。

⑨持:侍候。

⑩弟:同"悌"。原:同"愿",谨慎老实。

⑪朐(qú)录:劳碌。

⑫敦比(pǐ):勉力治理。比,通"庀"。

⑬倚事:怪诞之事。

⑭陶诞:虚谎怪异。突盗:侵凌盗窃。

⑮反侧:不做正事。

⑯楛(kǔ)僈:粗疏不慎重。

〔译文〕

上天造就了众多民众,每个人都有获取自己地位的道理。志意极为美好,品德行为极为深厚,智慧思虑极为明智,这是天子之所以取得天下的道理。政令合于法制,举措恰当得时,听讼断狱公平,对上则可以顺应天子的命令,对下则能保全百姓,这是诸侯之所以取得国家的道理。志向操行美好,做官时善于治理,对上则可以顺应上级,对下则可以恪守职能,这是士大夫之所以取得封地的道理。遵循法则、度量、刑法、地图和户籍,虽然不知其道理,但是谨慎地按照这些条文办事,不敢有所更改,父父子子相互传承,侍奉王公,所以三代虽然灭亡了,但是治国的方法依旧存在,这是官吏们所以取得俸禄和官职的道理。孝顺长辈,尊敬兄长,诚谨善良,忠厚老实,勤勤恳恳于所做之事,勉力治理而不敢懈怠傲慢,这是老百姓之所以丰衣足食,长寿且免于刑罚的道理。修饰不当的言说,掩盖奸邪的话语,做怪诞之事,虚谎怪异,侵凌盗窃,放荡凶悍又骄傲残暴,苟且偷生地作乱于乱世间,这是奸邪之人之所以身处危险耻辱,最终得死的道理。这种人考虑得不够深,选择不够严谨,他做决定粗疏不慎重,这是他们遭遇危险的原因。

材性知能,君子小人一也。好荣恶辱,好利恶害,是君子小人之所同也,若其所以求之之道则异矣。小人也者,疾为诞而欲人之信己也①,疾为诈而欲人之亲己也,禽兽之行而欲人之善己也。虑之难知也,行之难安也,持之难立也,成则必不得其所好,必遇其所恶焉。故君子者,信矣,而亦欲人之信己也;忠矣,而亦欲人之亲己也;修正治辨矣②,而亦欲人之善己也。虑之易知也,行之易安也,持之易立也,成则必得其所好,必不遇其所恶焉。是故穷则不隐③,通则大明④,身死而名弥白⑤。小人莫不延颈举踵而愿曰⑥:"知虑材性,固有以贤人矣⑦。"夫不知其与己无以异也。则君子注错之当⑧,而小人注错之过也。故孰察小人之知能,足以知其有余,可以为君子之所为也。譬之越人安越,楚人安楚,君子安雅⑨,是非知能材性然也,是注错习俗之节异也⑩。

〔注释〕

①疾:竭尽全力。为诞:做荒唐的事。
②修正:品行正直。治辨:治理得当。
③不隐:不会被隐没。
④大明:显赫。
⑤弥白:愈加昭明。
⑥延颈举踵:伸长脖子踮起脚尖。
⑦贤人:贤明超过他人。
⑧注错:措置,此处指行为举措。错,通"措"。当:得当。
⑨雅:正,正道。
⑩节:事项。

〔译文〕

　　资质和智慧,君子和小人是相同的。喜好光荣讨厌耻辱,喜好利益讨厌损害,君子和小人也是相同的,但他们去求取这些的方法不同。小人,竭尽全力去做荒唐的事却想要人们相信自己,竭尽全力去做欺诈的事却想要人们亲近自己,行为如同禽兽却想要人们赞许自己。他们的考虑难以令人理解,行为难以安稳,观点难以成立,事情结束后他们一定不会得到想要的东西,而会遇到自己所厌恶的东西。至于君子,做人守信,所以也希望人们能够相信自己;为人忠诚,所以也希望人们能够亲近自己;品行端正,处理事务合宜,所以也希望人们能够认可自己。他们的考虑容易让人明白,处世行为也很稳妥,坚持的观点容易成立,事情结束后一定会令他们得到想要的东西,而不会遇到自己厌恶的事。所以君子虽然身陷困厄但不会被隐没,通达时就会声名显赫，即便是身死，他们的名声也会愈加昭明。小人们没有不伸长脖子踮起脚尖羡慕地说道："他们的智慧资质，本来就比其他人强啊。"这是他们不知道君子与自己并没有差异。只是君子的行为举措正确得当，而小人的行为举措不正确罢了。所以审察小人的才智能力，就可以知道他们完全有能力做到和君子相同的行为。就像是越国人安心于越国，楚国人安心于楚国，君子安心于正道一般，这并不是资质和智慧不同造成的问题，而是行为举措和习俗不同的原因。

仁义德行，常安之术也，然而未必不危也；污僈、突盗①，常危之术也，然而未必不安也。故君子道其常而小人道其怪②。

〔注释〕

①污僈：卑污怠惰。突盗：侵凌盗窃。
②道：遵循。

〔译文〕

仁义有德行，这是可以长久安定的方法，然而未必就不会有危险；卑污怠惰，侵凌盗窃，这常常是危险的方法，然而未必就不会有安顺的时候。所以，君子遵循正常的方法，而小人遵循奇怪的方法。

凡人有所一同：饥而欲食，寒而欲暖，劳而欲息，好利而恶害，是人之所生而有也，是无待而然者也，是禹、桀之所同也。目辨白黑美恶，耳辨声音清浊，口辨酸咸甘苦,鼻辨芬芳腥臊,骨体肤理辨寒暑疾养①,是又人之所常生而有也,是无待而然者也,是禹、桀之所同也。可以为尧、禹,可以为桀、跖,可以为工匠,可以为农贾,在势注错习俗之所积耳②,是又人之所生而有也,是无待而然者也,是禹、桀之所同也。为尧、禹则常安荣,为桀、跖则常危辱;为尧、禹则常愉佚③,为工匠农贾则常烦劳。然而人力为此而寡为彼,何也?曰:陋也。尧、禹者,非生而具者也,夫起于变故,成乎修修之为④,待尽而后备者也。

〔注释〕

①养:通"痒"。
②势:疑为衍文。
③愉佚:快乐安逸。
④修之:疑为衍文。

〔译文〕

凡是人都会有一个相同之处:饿了就想吃饭,冷了就想要取暖,劳累了就想要休息,喜好利益而厌恶损害,这是人与生俱来的,是不需要等待就如此的,是大禹和夏桀所共同的地方。眼睛可以辨别白色黑色与美好丑恶,耳朵可以辨别声音的清亮或混浊,嘴巴可以辨别酸咸甜苦,鼻子可以分辨芬芳腥臊,身体、皮肤可以辨别冬寒夏暑、病痛肤痒,这也是人与生俱来的,是不需要等待就如此的,是大禹和夏桀所共同的地方。人生下来可以成为尧、禹,可以成为桀、跖,可以成为工匠,可以成为农夫、商人,这是行为举措和习俗的积累不同造成的。这也是人与生俱来的,是不需要等待就如此的,是大禹和夏桀所共同的地方。成为尧、禹就常安乐荣耀,成为桀、跖就常危险耻辱;成为尧、禹就常快乐安逸,成为工匠、农夫、商人就常忧烦劳苦。但是人们却常力图成为桀、跖、工匠、农夫、商人,而很少成为尧、禹,这是为什么呢?回答:这是因为浅陋。尧和禹,并非生下来就具备诸多优点,这是因为先天本性在后天发生了变化,在不断修正自己中成功,等到一切都完成之后而具备了天人之资。

　　人之生固小人,无师无法则唯利之见耳。人之生固小人,又以遇乱世,得乱俗,是以小重小也,以乱得乱也。君子非得势以临之,则无由得开内焉①。今是人之口腹,安知礼义?安知辞让?安知廉耻隅积②?亦呻呻而噍③,乡乡而饱已矣④。人无师无法,则其心正其口腹也。今使人生而未尝睹刍豢稻粱也⑤,惟菽藿糟糠之为睹⑥,则以至足为在此也,俄而粲然有秉刍豢稻粱而至者⑦,则瞲然视之曰⑧:"此何怪也?"彼臭之而无嗛于鼻⑨,尝之而甘于口,食之而安于体,则莫不弃此而取彼矣。今以夫先王之道,仁义之统,以相群居,以相持养,以相藩饰⑩,以相安固邪?以夫桀、跖之道,是其为相县也⑪,几直夫刍豢稻粱之县糟糠尔哉⑫!然而人力为此而寡为彼,何也?曰:陋也。陋也者,天下之公患也,人之大殃大害也。故曰:仁者好告示人。告之示之,靡之儇之⑬,铙之重之⑭,则夫塞者俄且通也,陋者俄且侗也⑮,愚者俄且知也。是若不行,则汤、武在上曷益?桀、纣在上曷损?汤、武存则天下从而治,桀、纣存则天下从而乱。如是者,岂非人之情固可与如此,可与如彼也哉!

〔注释〕

①开内:启发心智归于正道。
②隅(yú)积:正道的局部和整体。
③呥呥(rán):咀嚼的样子。噍(jiào):嚼东西。
④乡乡:香香,吃得满足的样子。
⑤刍豢:牛、羊、犬、猪之类的家畜。
⑥菽藿:豆和豆叶。
⑦粲然:精美洁净。秉:拿着。
⑧瞲(xuè)然:惊讶地看着的样子。
⑨臭:嗅,闻。无嗛(qiè):"无"字疑为衍文。嗛,同"慊",满足,快意。
⑩藩饰:装饰。
⑪县(xuán):挂。
⑫几直:岂止是。
⑬靡:磨炼。儇(xuān):积累。
⑭铅(yán):同"沿",因循。重:申重。
⑮倜(xiàn):胸襟开阔。

〔译文〕

 人生来本为小人,没有老师的教诲,没有礼法的约束就只能看见利益。人生来本为小人,又遭遇乱世,习得乱俗,这就是小上加小,乱中得乱了。君子没有得到权势来治理,那么就不能够启发人们心智来归于正道。这就好像人的口腹一般,它怎么能知道礼义,怎么能知道辞让,怎么能知道廉耻以及正道的局部和整体间的关系?只是满足地吃着食物,香甜饱腹而已。人没有老师的教诲和礼法的约束，那么心志也会像口腹一般，假如人没有看见过牛羊犬猪和稻、粱，只看见过豆、豆叶以及糟糠，那么他就会以为吃食中最满足的就是这些东西了。突然间有人拿着牛羊犬猪和稻、粱到他面前，他就会惊讶地看着，说道："这是什么奇怪的东西？"闻过之后又觉得很满足，尝过后觉得美味，吃完觉得身体很舒服，那么没有不舍弃豆、豆叶以及糟糠而去食用牛羊犬猪和稻、粱的。现在用先王的道术、仁义的纲纪来协调群类，来配合保养，来配合装饰，来帮助天下安泰。这与桀、跖的方法，是有天差地别的。岂止是牛羊犬猪和稻、粱与糟糠之间的差别！但是人们极力实践桀、跖的方法而很少采用先王的道术、仁义的纲纪，这是为什么呢？回答：这是因为浅陋。浅陋是天下共同的祸患，是世人的大灾大害。所以说：仁义的人喜好告知世人。他们告诉世人并启示世人，磨炼世人使世人得到积累，反复教导世人，那么闭塞的人不久也会开通，浅陋的人不久也会胸襟开阔，愚笨的人不久也会变得有智慧。如果不这样做，那么商汤、周武王身居上位又有什么好处呢？夏桀、商纣身处上位又有什么损害呢？商汤、周武王存于上位，天下顺从他们而大治；夏桀、商纣身处上位，天下顺从他们而大乱。这样看来，难道不是人们的性情既可以这样，也可以那样吗？

非相第五

〔题解〕

　　非相,即驳斥相人之术。文章开宗明义,提出古代没有相人术,更不会为学者所讨论。文章认为应该将心术的善恶与否作为评判一个人的标准,而不是"形相"的好坏,又举尧、舜、文王、周公和桀、纣等例来说明自己的观点。随后文中又谈到了人的确有"三不详"和"三必穷",进而提出人之所以被称为人是因为人和其他动物有区别,人类社会的井然有序也是因为其区别的存在。区别的合理划分需要依照礼法,而礼法的最好体现在于"圣王",所以要"法后王"。文章的最后一部分着重讲言说问题,认为言说应"合先王""顺礼义",并且旗帜鲜明地提出"君子必辩"。本章选取开头的前四段和最后两段。

　　相人,古之人无有也,学者不道也。古者有姑布子卿①,今之世,梁有唐举②,相人之形状颜色而知其吉凶妖祥,世俗称之。古之人无有也,学者不道也。故相形不如论心③,论心不如择术。形不胜心,心不胜术。术正而心顺之,则形相虽恶而心术善,无害为君子也;形相虽善而心术恶,无害为小人也。君子之谓吉,小人之谓凶。故长短、小大,善恶形相,非吉凶也。古之人无有也,学者不道也。

〔注释〕

①姑布子卿:春秋时郑国人,曾为孔子和赵襄子看过相。
②梁:魏国。唐举:战国时看相的人,曾为李兑和蔡泽看过相。
③相形:看人的相貌形态。

〔译文〕

相人之术,古代人是没有的,学者是不谈论它的。以前有叫姑布子卿的人,当今魏国有叫唐举的人,看人的形态和面色,就能知道这个人的吉凶祸福,世俗之人称赞他们。这和方法古代人是没有的,学者不谈论它。所以看人的外貌形态不如研究他的内心思想,研究他的内心思想不如选择观察他的所学所行。外貌形态决定不了他的内心思想,内心思想决定不了他的所学所行。他的所学所行正直可以和内心思想和顺一致,那么他的形态相貌虽然不好看但是内心和行为善良,这不妨碍他是一名君子;他的形态相貌虽然好看但是内心和行为丑恶,这不妨碍他是一个小人。君子就叫作吉祥,小人就被称为凶邪。所以人头的高矮,体形的大小,形态相貌的美丑,都不能作为吉祥凶邪的判断依据。相人之术,古代人是没有的,学者是不谈论它的。

盖帝尧长,帝舜短,文王长,周公短,仲尼长①,子弓短②。昔者卫灵公有臣曰公孙吕③,身长七尺,面长三尺,焉广三寸④,鼻目耳具,而名动天下。楚之孙叔敖⑤,期思之鄙人也⑥,突秃长左⑦,轩较之下⑧,而以楚霸。叶公子高⑨,微小短瘠⑩,行若将不胜其衣⑪。然白公之乱也⑫,令尹子西、司马子期皆死焉⑬,叶公子高入据楚,诛白公,定楚国,如反手尔,仁义功名善于后世。故事不揣长⑭,不揳大⑮,不权轻重,亦将志乎尔。长短、小大、美恶形相,岂论也哉!且徐偃王之状⑯,目可瞻马⑰;仲尼之状,面如蒙倛⑱;周公之状,身如断菑⑲;皋陶之状⑳,色如削瓜;闳夭之状㉑,面无见肤㉒;傅说之状㉓,身如植鳍㉔;伊尹之状㉕,面无须麋㉖;禹跳㉗,汤偏㉘,尧、舜参牟子㉙。从者将论志意㉚,比类文学邪?直将差长短㉛,辨美恶,而相欺傲邪?

〔注释〕

①仲尼:孔子,春秋时鲁国人。
②子弓:一说为孔子弟子仲弓,姓冉名雍;一说为馯臂子弓。
③公孙吕:卫灵公臣,事迹不详。
④焉:通"颜",额。
⑤孙叔敖:春秋时楚庄公宰相。
⑥期思:春秋时楚邑名,今位于河南固始西北。鄙人:居住在郊野的人。
⑦突秃长左:发短秃顶且左手特别长。
⑧轩较之下:轩较,车前直木与横木。此句意为在车前直木与横木下指挥。
⑨叶公子高:楚国大夫沈诸梁,字子高。食邑于叶,故称叶公子高。
⑩微小短瘠:身材小且瘦弱。
⑪不胜:不能承受。
⑫白公:楚平王之孙,名胜。

⑬令尹子西、司马子期:令尹,官名,春秋战国时楚国掌管政治事务的官员。司马,官名,古时主管国家军事。子西即公子申,子期即公子结,都是楚平王的儿子。

⑭揣:估量。

⑮挈(xié):同"絜",估计。

⑯徐偃王:西周时期徐国国君。

⑰瞻马:马,应为"焉",借作"颜",额头之意。瞻马即看得到额头。

⑱蒙倛(qī):古代驱逐散布瘟疫的鬼神,或者出丧时所戴的面具。脸方发多,既丑且乱。

⑲断菑(zī):枯折直立的树干。形容人驼背且枯瘦。

⑳皋陶(gāoyáo):传说虞舜时司法的官员。

㉑闳(hóng)夭:西周初年大臣,闳氏,名夭。

㉒面无见肤:脸上长满毛发看不到皮肤。

㉓傅说(yuè):商王武丁的大臣。

㉔植鳍:脊背如同直立的鱼鳍。形容人枯瘦且背脊弓曲的样子。

㉕伊尹:商汤大臣,名伊。

㉖须麋:即"须眉",胡子和眉毛。

㉗禹跳:夏禹跛行。

㉘汤偏:商汤半身瘫痪。

㉙参牟子:牟,通"眸",瞳仁。传说尧、舜都有一只眼睛"重瞳",也就是有三个瞳仁。

㉚从者:相信术之人。

㉛直将:还是。

〔译文〕

帝尧身材修长,帝舜身形矮小;周文王身材修长,周公身形矮小;孔子身材修长,子弓身形矮小。以前卫灵公有个叫公孙吕的臣子,身材修长足有七尺,脸长足有三尺,而面额范围却仅占了三寸大小,鼻子、眼睛、耳朵都是具备的,他的名声却惊动天下。楚国孙叔敖,是住在期思郊野的人,发短秃项且左手极长,身材短小,还不及车前直木与横木高,但他可以使楚国称霸。叶公子高,身材小且瘦弱,行走时仿佛承受不住衣服的重量。但是白公之乱时,令尹子西和司马子期都死去了,叶公子高却攻入楚国,诛杀白公,使楚国得以安定,他做这些如同翻过手来一般简单,他的仁义功名也流传后世。所以对于做事的人,不要去估量他的身形长短,不要去估计他的体形大小,不要去衡量他的轻重,只需要看他志气如何。个头高矮,身形大小,形态相貌的美丑,难道值得讨论吗!况且徐偃王的样貌,眼睛可以看到自己的额头;孔子的样貌,脸上如同戴着驱鬼时的面具;周公的外貌,驼背且枯瘦如同枯折直立的树干;皋陶的样貌,脸色青绿如同削去皮的瓜;闳夭的样貌,面部毛发茂密看不到皮肤;傅说的外貌,枯瘦且背弓弯曲;伊尹的样貌,脸上没有胡子和眉毛;夏禹跛行,商汤半身瘫痪,尧和舜都是重瞳之人。相信相术的人谈论到他们的时候,是会谈论志意,比较文学呢,还是比较人的高矮,辨别长相美丑,而去相互欺诈凌傲呢?

古者桀、纣长巨姣美①,天下之杰也,筋力越劲②,百人之敌也。然而身死国亡,为天下大僇③,后世言恶则必稽焉④。是非容貌之患也,闻见之不众,议论之卑尔。

〔注释〕

①姣美:体态健美。
②越劲:轻捷强健。

③僇(lù):羞辱,耻辱。
④稽:考核,引证。

〔译文〕

  古时夏桀和商纣形体修长健美,是天下形态相貌中最杰出的;身体轻捷强健,能和一百个人相敌。但是最后(他们)身死国亡,成为天下的耻辱。后世说到恶人时,就一定会引他们做例子。这不是容貌所造成的祸患,而是他们见闻不广,议论解释事情卑陋的缘故。

  今世俗之乱君①,乡曲之儇子②,莫不美丽姚冶③,奇衣妇饰,血气态度拟于女子④;妇人莫不愿得以为夫,处女莫不愿得以为士⑤,弃其亲家而欲奔之者,比肩并起。然而中君羞以为臣⑥,中父羞以为子,中兄羞以为弟,中人羞以为友,俄则束乎有司而戮乎大市⑦,莫不呼天啼哭,苦伤其今而后悔其始。是非容貌之患也,闻见之不众,议论之卑尔。然则从者将孰可也?

〔注释〕

①乱君:疑应为"乱民"。
②乡曲:偏僻的村野。儇(xuān)子:轻薄刁巧的男子。
③姚冶:妖艳。
④拟于:如同于。
⑤士:未婚男子。
⑥中:普通的。
⑦束乎有司:被官家逮捕。

〔译文〕

　　当今世上作乱的民众,乡野间轻薄刁巧的男子,没有不美丽妖艳,身穿奇怪的衣服,装饰妇女的物品,性情气质都如同女性一般的;妇女没有不愿意找他们做丈夫,少女没有不愿意找他们做未婚夫的,抛弃家庭而欲同他们私奔的人,比比皆是。但是这种人,普通的君王羞于以他们为臣子,普通的父亲羞于以他们为儿子,普通的兄长羞于以他们为弟,普通人羞于以他们为朋友。不久他们就会被官家逮捕,在闹市中处死,没有不喊着老天啼哭的,悲痛今日从而后悔当初的行为。这不是容貌所引起的祸患,而是他们所闻所见不多,议论事情卑浅造成的。那么相信相术的人会认为什么是正确的呢?

　　君子必辩①。凡人莫不好言其所善,而君子为甚焉。是以小人辩言险而君子辩言仁也。言而非仁之中也,则其言不若其默也,其辩不若其呐也②;言而仁之中也,则好言者上矣,不好言者下也。故仁言大矣。起于上所以道于下③,正令是也④;起于下所以忠于上,谋救是也⑤。故君子之行仁也无厌。志好之,行安之,乐言之,故言君子必辩。小辩不如见端⑥,见端不如见本分⑦。小辩而察,见端而明,本分而理,圣人士君子之分具矣。

〔注释〕

　　①辩:辩说。

②呐(nè):同"讷",说话言语迟钝。
③道:引导。
④正令:政令。
⑤谋救:疑应为"谏救",劝谏阻止。
⑥见端:看见端绪。
⑦见本分:"见"字疑为衍文。本分:本于名分。

[译文]

　　君子一定会辩说。人没有不喜欢谈论他所喜好的,而君子最是这样。所以小人辩说的言论奸险而君子辩说的言论仁义。言说不符合仁义,那么他说话就不如不说,他辩说就不如迟钝不能言;言说符合仁义,那么他所喜欢说的就是高尚荣耀的,不喜欢说的就是低下不堪的。所以符合仁义的言说是伟大的。来自上层,用来引导下层的言说,是政令;起始于下层,用来尽忠于上层的言说,是劝谏。所以君子身体力行仁义从不知满足。内心志意喜好它,身体力行贯彻它,乐于谈论它,所以君子一定会辩说。琐碎的辩说不如看出事情的端绪,看到端绪不如做事依据名分。琐碎的辩说就能体察事物道理,看到事情头绪就能明晓事物道理,依据名分就能理清事物道理,圣人和士君子的分界就在于此。

　　有小人之辩者,有士君子之辩者,有圣人之辩者:不先虑,不早谋,发之而当,成文而类①,居错迁徙②,应变不穷,是圣人之辩者也。先虑之,早谋之,斯须之言而足听③,文而致实,博而党正④,是士君子之辩者也。听其言则辞辩而无统⑤,用其身则多诈而无功,上不足以顺明王,下不足以和齐百姓,然而口舌之均⑥,嚽唯则节⑦,足以为奇伟偃却之属⑧,夫是之谓奸人之雄,圣王起,所以先诛也。然后盗贼次之。盗贼得变,此不得变也。

[注释]

①类:有统类、体系。
②居错:停留,引申为静待不动。
③斯须之言:片刻间的言谈。
④党:同"谠",直言。
⑤无统:没有纲纪要领。
⑥口舌之均:言谈动听。
⑦嚽(zhān):同"谵",多言。唯:少言。节:有节制。
⑧奇伟偃却:夸大高傲。

[译文]

　　有小人的辩说,有士君子的辩说,有圣人的辩说。不提前考虑,不预先谋划,说出来就很恰当,言语守序有条理、有统类,无论是安静等待还是发生变动,都可以随机应变不至于陷入困境,这是圣人的辩说。提前考虑,预先谋划,片刻间的言谈就足以使人明白,言说条理清晰且实在有物,言谈范围广博且正直直言,这是士君子的辩说。听着他的话语虽然能言善辩却没有纲纪要领,让他去办事则多欺诈而没有成绩,对上则不足以顺承圣明的君王,对下则不足以和合百姓,但是他说话动听,对于话语多少的把握也很得当,足以成为夸大高傲的那类人,这就是奸人的辩说。圣明的君王一旦出现,就要将这类奸人首先诛杀,然后诛杀盗贼。盗贼尚且可以改变,这类奸人是不会有所改变的。

非十二子第六

[题解]

本文可以分为两部分,前半部分主要对战国时期的它嚣、魏牟、陈仲、史䲡、墨翟、宋钘、慎到、田骈、惠施、邓析、子思、孟轲十二子所持的六种学说进行了分析批评,认为这些学说虽然立论有依据,言说有道理,可以欺骗愚惑大众,但都不可以用来治理国家。文章提出当今仁人志士应当效法尧、舜的制度,身体力行仲尼、子弓提倡的仁义,这样邪言乱说才能停止,天下方可太平,圣明君主的光芒亦能越发彰显。后半部分则紧接着对人的言行进行了分析,提出需要警惕的"三奸",进而讨论了士君子应当具备的品行。文章还批评了学者的丑态,提出了理想的"士君子之容"。本章选取了批判十二子言说的部分及描写"士君子之容"的一段。

假今之世①,饰邪说,文奸言,以枭乱天下②,矞宇嵬琐③,使天下混然不知是非治乱之所存者有人矣。

[注释]

①假:借着,趁着。
②枭乱:枭,通"挠",扰乱。

③裔(jué)宇嵬琐:裔宇,诡谲。裔,通"谲",诡诈。嵬琐:险诈。指诡谲多端,奸邪卑鄙。

〔译文〕

趁着当今之世,修饰不正当的言说,美化奸言,用来扰乱天下,诡谲多端,奸邪卑鄙,使得天下众人昏昏迷迷不清楚对错及整治混乱的根源所在,这样的人是有的。

纵情性,安恣睢①,禽兽行,不足以合文通治②;然而其持之有故,其言之成理,足以欺惑愚众,是它嚣、魏牟也③。

〔注释〕

①恣睢:放纵乖张的样子。
②文:礼法。
③它嚣:人名,事迹不详。一说为环渊。魏牟:战国时魏国公子,道家学者。

〔译文〕

放纵性情,习惯于放荡乖张肆意胡为,行为如同禽兽,不能够符合礼法,治理国家;但是他们立论有依据,言说有道理,足够欺骗愚惑大众,是它嚣、魏牟这类人。

忍情性①,綦谿利跂②,苟以分异人为高③,不足以合大众,明大分;然而其持之有故,其言之成理,足以欺惑愚众,是陈仲、史鰌也④。

〔注释〕

①忍:压抑。
②綦(qí)谿(xī):綦,极。谿,同"蹊"。綦谿,意谓极深道中,引申为涉身邪道中。利跂(qí):离世独立。利,通"离"。
③异人:与他人相异。
④陈仲:战国时齐国人。史鳅(qiū):春秋时卫国大夫。

〔译文〕

压抑性情,涉身于极深邪道中,特立独行远离世俗,认为与他人不同是高明的行为,他的言行不可以聚合众人,不可以明晰名分的区分;但是他们立论有依据,言说有道理,足够欺骗愚惑大众,是陈仲、史鳅这类人。

不知壹天下、建国家之权称①,上功用②、大俭约而僈差等③,曾不足以容辨异、县君臣④;然而其持之有故,其言之成理,足以欺惑愚众,是墨翟、宋钘也⑤。

〔注释〕

①权称:准则。
②上:通"尚",尊崇。
③僈:轻视。
④县(xuán):同"悬",差距。
⑤墨翟:春秋时鲁国人,墨家创始人。宋钘:战国时宋国人。

〔译文〕

不知道统一天下、建设国家的准则,尊崇功用,看重节俭之道而轻视等级之间的差异,不能够容忍人们之间有差异,君臣之间有悬殊;但是他们立论有依据,言说有道理,足够欺骗愚惑大众,墨翟、宋钘就是这类人。

尚法而无法,下修而好作①,上则取听于上,下则取从于俗,终日言成文典,反纠察之②,则倜然无所归宿③,不可以经国定分;然而其持之有故,其言之成理,足以欺惑愚众,是慎到、田骈也④。

〔注释〕

①下修:以贤智为下。
②纠:通"循",顺着。
③倜(tì)然:远离的样子。
④慎到:战国时赵国人,法家学者。田骈:战国时齐国人,道家学者。

〔译文〕

崇尚法制却不遵守规则,轻视贤智而且喜好另搞一套,对上则听取意见,对下则顺从世俗,整天嘴里说着刑法制度,反过来顺着他们的这些话去考察,却又远离实际情况无法落实,不可以用来治理国家,划分名分;但是他们立论有依据,言说有道理,足够欺骗愚惑大众,慎到、田骈就是这类人。

不法先王,不是礼义①,而好治怪说,玩琦辞②,甚察而不惠③,辩而无用,多事而寡功,不可以为治纲纪;然而其持之有故,其言之成理,足以欺惑愚众,是惠施、邓析也④。

〔注释〕

①不是:不遵循。
②琦辞:奇怪的言辞。琦,通"奇"。
③惠:疑应为"急",急用、急需。
④惠施:战国时宋国人,名家学者。邓析:春秋时郑国人,名家学者。

〔译文〕

不效法先王,不遵循礼义,却喜好钻研一些奇怪的学说,玩弄奇怪的言辞,特别细致却不是所急需的,虽然长于辩说但是没有实际用处,做的事情很多但是功绩却很少,不可以成为治理国家的纲领;但是他们立论有依据,言说有道理,足够欺骗愚惑大众,惠施、邓析就是这类人。

略法先王而不知其统①,犹然而犹材剧志六②,闻见杂博。案往旧造说③,谓之五行④,甚僻违而无类⑤,幽隐而无说⑥,闭约而无解⑦。案饰其辞而祇敬之曰⑧:此真先君子之言也。子思唱之,孟轲和之,世俗之沟犹瞀儒⑨,嚾嚾然不知其所非也⑩,遂受而传之,以为仲尼、子游为兹厚于后世⑪,是则子思、孟轲之罪也⑫。

〔注释〕

①略法:粗略地效法。
②犹然:舒迟,从容不迫的样子。剧:多。
③案:通"按",按照。造说:臆造为学说。
④五行:仁、义、礼、智、信。

⑤僻违:乖僻不合。无类:无法。
⑥无说:说不清楚。
⑦闭约:晦涩难懂。
⑧祇(zhī)敬:恭敬。
⑨沟犹瞀(mào)儒:"犹"字疑为衍文。"沟瞀儒"意为愚昧无知的儒生。
⑩嚾嚾(huān)然:喧嚣的样子。
⑪子游:据上下文疑应为"子弓"。
⑫子思:战国时鲁国人。姓孔名伋,孔子之孙,儒家学者。孟轲:战国时邹国人,即孟子,子思的学生。

〔译文〕

  粗略地效法先王而不知道他的纲领,从容不迫的样子似乎才多且志向远大,见闻驳杂广博。按照以往的旧说来臆造学说,取名为五行。其学说极其乖僻不合且没有法则,幽冥渊深又说不清楚,晦涩难懂,无法理解。他们修饰言辞,恭敬地说:"这是真正的孔圣人的话啊。"子思倡导,孟子附和,世俗中愚昧无知的儒生,吵吵闹闹而不知道这一学说错的地方,于是接受它并传承了下来,以为这是孔子、子游为后世所推崇的原因,这是子思、孟轲的过错啊。

  若夫总方略,齐言行,壹统类①,而群天下之英杰而告之以大古②,教之以至顺③,奥窔之间④,簟席之上⑤,敛然圣王之文章具焉⑥,佛然平世之俗起焉⑦,六说者不能入也,十二子者不能亲也,无置锥之地而王公不能与之争名,在一大夫之位则一君不能独畜⑧,一国不能独容,成名况乎诸侯⑨,莫不愿以为臣,是圣人之不得势者也⑩,仲尼、子弓是也⑪。

[注释]

①统类:纲纪和条文。
②大古:指先王礼法。
③顺:理。
④奥窔(yào):堂室之内。
⑤簟(diàn)席:竹席。
⑥敛然:聚集的样子。
⑦佛(bó)然:勃然而兴的样子。佛,通"勃"。
⑧独畜:独自占有。
⑨成名:盛名。况:超过。
⑩势:权势。
⑪仲尼:孔子。子弓:一说为孔子弟子仲弓,姓冉名雍;一说为驲臂子弓。

[译文]

　　至于总起治国方针策略,齐整人们的言语行为,统一治国的纲纪条文,聚集天下的英雄豪杰,并告诉他们先王礼法,用天下至理来教导他们,堂室之为,竹席之上,聚集着圣明君主的文章,安定社会的习俗就会由此勃然而兴,那么上面谈及的六种学说就不能够侵入,十二个学者就不会被亲近。身无立锥之地,但是王公贵族却不能与他争夺名声;身任大夫的位置,但一国之君不能独自占有他,一个国家不能够私自拥有他。他的名声盛大超过了诸侯,没有君王不愿意以他为臣,这是圣人中没有取得权势的,仲尼、子弓就是这样的人。

　　一天下,财万物①,长养人民,兼利天下,通达之属②,莫不从服,六说者立息,十二子者迁化③,则圣人之得势者,舜、禹是也。

〔注释〕

①财:通"裁",管理。
②通达之属:人所能达到的地方,指整个天下。
③迁化:随之转变。

〔译文〕

平一天下,管理万物,养育人民,使世间万物一并受利,整个天下没有不服从的,六种学说立马得到平息,十二个学者也随之变化,这就是圣人得到了权势,帝舜和帝禹就是这样的人。

今夫仁人也,将何务哉?上则法舜、禹之制,下则法仲尼、子弓之义,以务息十二子之说。如是则天下之害除,仁人之事毕,圣王之迹著矣。

〔译文〕

当今的仁人志士,应该做什么呢?向上就要效法舜、禹的制度,向下就要效法仲尼、子弓的仁义,用来平息十二位学者的学说。如果这样的话,那么天下的祸害就得以铲除,仁义之人的事情就得以完成,圣明君王的事迹就很显著了。

士君子之容:其冠进①,其衣逢②,其容良③,俨然④,壮然⑤,祺然⑥,蕼然⑦,恢恢然⑧,广广然,昭昭然⑨,荡荡然,是父兄之容也。其冠进,其衣逢,其容悫⑩,俭然⑪,

恈然⑫,辅然⑬,端然⑭,訾然,洞然⑮,缀缀然⑯,瞀瞀然⑰,是子弟之容也。

〔注释〕

① 冠:帽子。进:通"峻",高。
② 逢:宽大。
③ 良:温和,平易。
④ 俨然:严肃庄重的样子。
⑤ 壮然:不可侵犯的样子。
⑥ 祺(qí)然:面容安详的样子。
⑦ 蕼(sì)然:宽舒的样子。
⑧ 恢恢然:心胸宽广、气量宏大的样子。后"广广然"与此意同。
⑨ 昭昭然:光明磊落的样子。后"荡荡然"与此意同。
⑩ 慤:诚实谨慎。
⑪ 俭然:自谦的样子。
⑫ 恈(shì)然:美好的样子。
⑬ 辅然:相亲近的样子。
⑭ 端然:举止端庄的样子。
⑮ 訾然:柔顺的样子。訾,杨倞谓与"孳"同。洞然:恭敬的样子。
⑯ 缀缀然:不乖离、服帖的样子。
⑰ 瞀瞀(mào)然:拘谨、不敢正视的样子。

〔译文〕

士君子的仪容:他的帽子高峻,衣服宽大,容貌温良近人,庄重严肃,安详宽舒,心胸宽广,光明磊落,是父亲兄长的样子。他的帽子高立,衣服宽大,面容老实,谦虚美好,亲近端庄,柔顺恭敬,服顺拘谨,是子弟的样子。

仲尼第七

〔题解〕

　　本文与仲尼的联系并不紧密,篇名应为取文章开头两字而成,这是先秦时期文章题目命名的一种方式。文章开篇讨论了齐桓公称霸的原因,认为其有称霸天下的策略,并且指出任用管仲对齐桓公称霸起到了至关重要的作用。但是文章认为此为"小人之杰",真正的王者,贤明足以救助不贤者,强盛足以宽容弱者。圣王主国,最终能"百里地而天下一"。文章同时还认为臣子应当在言行上有所注意,要具备可以使自己德行高尚的"天下之行术"。文中"君子时诎则诎,时伸则伸也",所言甚当。本章选取除前两段之外的其余部分。

　　彼王者则不然。致贤而能以救不肖,致强而能以宽弱,战必能殆之而羞与之斗①,委然成文以示之天下②,而暴国安自化矣,有灾缪者然后诛之③。故圣王之诛也,綦省矣④。文王诛四⑤,武王诛二⑥,周公卒业,至于成王则安以无诛矣。故道岂不行矣哉!文王载百里地而天下一⑦,桀、纣舍之,厚于有天下之势而不得以匹夫老。故善用之,则百里之国足以独立矣;不善用之,则楚六千里而为仇人役。故人主不务得道而广有其势,是其所以危也。

〔注释〕

①殆之:使之感到危急。
②委然:形容有文采。
③灾缪:祸患和谬误。缪,同"谬",错误。
④綦(qí)省:极少。
⑤文王诛四:周文王诛灭了密、阮、共、崇四个小国。
⑥武王诛二:周武王诛灭了商朝和奄国。
⑦载:据下文,"载"下应有"之"字。

〔译文〕

能行圣王之道的人就不会这样做。他极为贤明而能够救助不贤之人,极为强大而能宽容弱小之人,与弱小国家交战就能胜利,却羞于与之战斗,用文德来昭明天下,于是暴虐的国家就会自然转化,有祸患谬行的国家再加以诛灭。所以圣明君王诛灭的国家是极少的。周文王诛灭了密、阮、共、崇,周武王诛灭了商朝和奄国,周公最后完成了文王和武王的伟大功绩,等到了周成王的时候,天下安定,没有需要去诛灭的国家。所以先王之道怎么会有不行于天下的道理呢!周文王遵循王道,拥有百里之地却统一了天下;夏桀、商纣抛弃王道不用,虽然拥有天下之大却最终不能够像老百姓一样寿终正寝。所以善用圣王之道,那么百里地大小的国家也能够独立于天下;不善于用圣王之道,那么即便是像楚国这样方圆有六千里大的土地,也终究会被仇人所奴役。所以君王不尽心于得到圣王之道以治理天下,却一味去扩大他的权势,这正是他所危险的缘故。

持宠处位终身不厌之术：主尊贵之，则恭敬而僔①；主信爱之，则谨慎而嗛②；主专任之，则拘守而详③；主安近之，则慎比而不邪④；主疏远之，则全一而不倍⑤；主损绌之⑥，则恐惧而不怨。贵而不为夸，信而不处谦⑦，任重而不敢专，财利至则善而不及也⑧，必将尽辞让之义然后受，福事至则和而理，祸事至则静而理。富则施广，贫则用节，可贵可贱也，可富可贫也，可杀而不可使为奸也，是持宠处位终身不厌之术也。虽在贫穷徒处之势⑨，亦取象于是矣⑩，夫是之谓吉人。《诗》云："媚兹一人⑪，应侯顺德⑫。永言孝思，昭哉嗣服⑬。"此之谓也。

〔注释〕

①僔（zǔn）：同"撙"，卑退，谦让。
②嗛：通"谦"，谦虚。
③拘守：谨慎守职。
④慎比：顺比，和顺的样子。
⑤全一：内心专一。倍：通"背"，背叛。
⑥损绌：贬退。绌，通"黜"，罢黜。
⑦谦：通"嫌"，嫌疑。
⑧而：如同。
⑨徒处：独处。
⑩取象：效法。
⑪媚：爱。兹：此，这。一人：先秦天子代称，此处指周武王。
⑫应：当。顺德：遵循先祖美好德行。

⑬昭:光明。嗣服:继承先祖事业。

〔译文〕

　　持有宠信,保持地位,终身不会被厌弃的方法:君王尊敬看重自己,自己就恭恭敬敬,谦虚退让;君王信任喜爱自己,自己就做事谨慎且谦虚;君王宠信自己,专门托付事情,自己就谨慎守职,详细地了解法度;君王安心亲近自己,自己就要和顺而不谄媚生邪;君王疏远自己,自己就要内心专一忠君而不背叛;君王贬退自己,自己就要内心恐惧但不去怨恨。地位高贵时,不去肆意夸耀;被君王信任时,不要处于让人怀疑恃宠而作威作福的地位;身担重任时,不要去独断专行;得到了财富好处就要明白自己的功绩还远远不够,一定要行尽辞退谦让之义,然后才能接受;遇到有福气的事情就要心态和顺而理智,遇到灾祸之事就要情绪冷静而理智。有财富就要广泛布施,穷困就要节俭使用,可以富贵,可以贫贱,可以被杀但不能够成为奸人,这是持有宠信、保持地位、终身不会被厌弃的方法。虽然处在穷困孤独的情况下,也要效法这样的做法,这就叫作吉祥之人。《诗经·大雅·下武》中说:"可爱的这位天子,他可以遵循先祖的美好德行,念念不忘孝顺先祖,光明地继承先祖的事业。"说的就是这类人。

　　求善处大重①,理任大事②,擅宠于万乘之国,必无后患之术:莫若好同之③,援贤博施,除怨而无妨害人。能耐任之④,则慎行此道也。能而不耐任,且恐失宠,则莫若早同之,推贤让能而安随其后。如是,有宠则必荣,失宠则必无罪,是事君者之宝而必无后患之术也。故知者之举事也,满则虑嗛⑤,平则虑险,安则虑危,曲重其豫⑥,犹恐及其祸,是以百举而不陷也。孔子曰:"巧而好度必节⑦,勇而好同必胜,知而好谦必贤。"此之谓也。愚者反是:处重擅权,则好专事而妒贤能,抑有功而挤有罪,志骄盈而轻旧怨⑧,以吝啬而不行施道乎上⑨,为重招权于下以妨害人。虽欲无危,得乎哉!是以位尊则必危,任重则必废,擅宠则必辱,可立而待也,可炊而竟也⑩。是何也?则堕之者众而持之者寡矣⑪。

〔注释〕

①大重:重责高位。
②理:一说为衍文,当删去。
③好同之:善于与他人合作。
④能耐:能力足够。
⑤虑嗛(qiàn):考虑不足之处。
⑥曲:周遍,周全。豫:预防。
⑦好度:喜好法度。节:节制,克制。
⑧轻旧怨:轻视以前结怨的人。
⑨施道:施行道义。
⑩炊而竟:一顿饭的时间就结束了。
⑪堕(huī):同"隳",毁坏。

〔译文〕

　　寻求安稳处于高位,担任重职,独受宠信于万乘大国,而且一定没有后患之忧的办法:不如和他人合作,举贤推能,广施恩惠,清除怨恨又不去妨碍伤害别人。自己的能力足够胜任,就谨慎地施行上面说的方法;能力不足以胜任,而且害怕失去宠信,那么就不如尽早和他人合作,推举贤才让位于贤能,而自己甘心跟随在他的身后。如果这样,那么他受到宠信则你也会光荣,他失去宠信你也一定没有罪过,这是侍奉君王的好方法,而且一定没有后顾之忧。所以智者处理事情,盈满时就会考虑到不足,平顺时就会考虑到艰险,安稳时就会考虑到危机,做事如此周全慎重地考虑预防,犹且害怕发生祸事,所以他们做很多事却不会陷入过失。孔子说:"灵巧而且喜好法度的人,一定会有所节制;勇敢而且喜欢与他人合作的人,一定会取得胜利;有智慧而且喜好谦逊的人,一定很贤能。"说的就是这种情况。愚蠢的人与此恰好相反:身处重位独占要权,却喜好独自决断事情且嫉妒有贤能的人,压抑有功劳的人且排挤有罪过的人,气满志骄且轻视以前有过仇怨的人,身居上位却吝啬不肯施行道义,对下则攫取权势来妨碍损害别人。虽然想要没有危险,这可能办到吗!所以这种人地位尊贵就一定会危险,责任重大就一定会被废止,独受宠信就一定会遭受耻辱,这些情况片刻间就会到来,一顿饭的时间即可结束。这是为什么?因为损毁他的人很多而支持他的人很少。

天下之行术,以事君则必通,以为仁则必圣,立隆而勿贰也①。然后恭敬以先之,忠信以统之,慎谨以行之,端悫以守之,顿穷则从之疾力以申重之②。君虽不知,无怨疾之心;功虽甚大,无伐德之色③;省求,多功,爱敬不倦,如是,则常无不顺矣。以事君则必逊,以为仁则必圣,夫之谓天下之行术。

〔注释〕

①立隆:树立中道。
②顿穷:困顿穷厄。此句中"从之"当删去,即"顿穷则疾力以申重之"。申重:再三强调。
③伐德:自己夸耀自己的功德。

〔译文〕

通行天下的方法,用来侍奉君王就一定能够通达,用来成为仁人就一定能够圣明,树立中道专一而没有二心,然后用恭恭敬敬的态度来先导它,用忠实守信的态度来统率它,用谨小慎微的态度来身体力行它,用正直诚恳的态度来坚守它,困顿穷厄的时候就要多次努力地强调它。君王虽然不知道自己,但不要有怨恨疾痛的心理;功劳虽然特别大,也不要有夸耀自己功德的神色;少去要求而多建有功业,喜爱敬重君王从不感到疲倦,如果是这样的话,就会长久没有不顺利的事情。用它来侍奉君王则必定通显,用它来成为仁人必定圣明,这就是可以通行天下的方法。

少事长,贱事贵,不肖事贤,是天下之通义也。有人也,势不在人上而羞为人下①,是奸人之心也。志不免乎奸心,行不免乎奸道,而求有君子圣人之名,辟之是犹伏而咶天②,救经而引其足也③。说必不行矣,俞务而俞远④。故君子时诎则诎⑤,时伸则伸也。

〔注释〕

①势:权力地位。

②辟:通"譬",譬如。咶(shì):同"舐",舔。
③救经:解救上吊的人。经,缢。引:拉。
④俞:通"愈",越。
⑤诎(qū):同"屈",屈服。

〔译文〕

年少的人侍奉年长的人,地位低下的人侍奉地位高贵的人,不贤明的人侍奉贤明的人,这是天下通行的道义。有的人,权力地位不在他人之上,但是却羞于为他人之下,这是奸邪之人的想法啊。内心志意不能免除奸邪,所做的事不能免除奸邪,却意图求得君子圣人的名声,这好比是趴在地上而伸出舌头去舔舐天,解救上吊的人却拉着他的脚一样。这样肯定是不行的,越想要经营得到却距离目的越远。所以君子审时度势,世道需要他屈服他就屈服,世道需要他伸张他就伸张。

儒效第八

〔题解〕

　　本文主要阐述了大儒在国家治理中的作用。文章认为因为儒者喜好"法先王""隆礼义",作为臣子则谨守本位,尊崇君王,所以在国家中位于人上则可为王公之才,位于人下则可为社稷之臣。同时文章还将人分为"俗人""俗儒""雅儒""大儒"四类,并指出"大儒"在国家治理中的重要作用。大儒作为君子,思想公正,行为美好,自身对礼义有着执着追求,再加之具有"决德而定次,量能而授官"的能力,这都促使其成为国之栋梁。周公作为"大儒"的典范,是"法先王,统礼义,一制度,以浅持博,以古持今,以一持万",行仁义之道,推广法度的最佳体现。本章选取开头前六段,以及中间论述"俗人""俗儒""雅儒""大儒"的部分等。

　　大儒之效:武王崩,成王幼,周公屏成王而及武王以属天下①,恶天下之倍周也②。履天子之籍③,听天下之断,偃然如固有之④,而天下不称贪焉;杀管叔⑤,虚殷国⑥,而天下不称戾焉;兼制天下,立七十一国,姬姓独居五十三人,而天下不称偏焉。教诲开导成王,使谕于道,而能掩迹于文、武⑦。周公归周,反籍于成王⑧,而天下不辍事周⑨,然而周公北面而朝之⑩。天子也者,不可以少当也,不可以假摄为也⑪。能则天下归之,不能则天下去之,是以周公屏成王而及武王以属天下,恶天下之离周也。成王冠⑫,成人,周公归周反籍焉,明不灭主之义也。周公无天下矣,乡有天下⑬,今无天下,非擅也⑭;成王乡无天下,今有天下,非夺也;变势次序节然也⑮。故以枝代主而非越也⑯,以弟诛兄而非暴也⑰,君臣易位而非不顺也。因天下之和,遂文、武之业,明主枝之义,抑亦变化矣,天下厌然犹一也⑱。非圣人莫之能为,夫是之谓大儒之效。

〔注释〕

①周公:周武王之弟,姓姬名旦。屏:保护,护卫。及:继承。兄终弟及制为西周旧继承制度。
②倍:通"背",背叛。
③履:登上。籍:位。
④偃然:安然。
⑤管叔:周武王之弟,姓姬名鲜。因鼓动殷遗民反周,为周公旦所诛杀。
⑥虚:使成为废墟。
⑦掩迹:继承先辈的事业。
⑧反籍:返还王位。
⑨辍:停止。
⑩北面:臣服之意。属于古礼一种,君王坐北朝南,臣面向北行礼。
⑪假摄:代替君王行使职权。
⑫成王冠:成王成人后。古代男子二十岁行冠礼,表明已经成年。
⑬乡:通"向",过去。

⑭擅:通"禅",禅位。
⑮节然:适然,自然如此。
⑯枝:旁枝。此处代指与嫡子成王所区别的周公旦。
⑰以弟诛兄:以弟弟的身份诛杀自己的兄长。此处指周公旦诛杀了密谋造反的管叔。
⑱厌然:安定的样子。

[译文]

　　大儒的功用:周武王死后,周成王年幼,周公旦保护周成王继承王位治理天下。周公旦担忧天下背叛周王朝,所以暂居天子之位,听断天下之事,安然得仿佛他本来就应该如此,但是天下之人却不以贪婪来评价他;他杀死管叔,使殷地成为废墟,但是天下人不以暴戾来评价他;他统治天下,立了七十一个诸侯国,其中姬姓诸侯国占据了五十三个,但是天下之人不以偏私来评价他。他教诲开导成王,使他明白治理天下的大道,而可以继承文王、武王的事业。周公将周王朝的事业交还给成王,把王位归还给成王,而天下之民没有停止服侍周王朝,然而周公行臣子之礼,向北面朝拜周成王。天子职位,不可以让年少者担任,也不可以让他人代行职权。有能力担当重任天下就会归顺他,没有能力担当重任那么天下就会弃他而去,所以周公旦保护周成王继承王位治理天下,是担忧天下背叛周王朝。成王冠礼结束,成人之后,周公旦归还周朝,归还天子之位,明示他不意图代替成王拥有天下的大义。周公是没有天下的,过去他有天下,今天没有天下,并不是他将天下禅让给了周成王;周成王过去没有天下,现在有了天下,并不是他夺取了天下,这是势位次序自然变化成如此的。所以周公旦以非嫡长子的身份来暂居主位不是僭越,以弟弟的身份诛杀自己的兄长管叔不是残暴,君王臣子变换位置也不是不顺。凭借着天下的和谐安定,完成了文王、武王的事业,明示了家族中旁支非嫡长子和主位嫡长子之间的大义,局势尽管发生了这样的变化,但天下安定如一。不是圣人的话是做不到这样的,所以这就叫作大儒的功用。

秦昭王问孙卿子曰①:"儒无益于人之国?"

孙卿子曰②:"儒者法先王,隆礼义,谨乎臣子而致贵其上者也。人主用之,则势在本朝而宜;不用,则退编百姓而悫,必为顺下矣。虽穷困冻馁③,必不以邪道为贪;无置锥之地而明于持社稷之大义;呜呼而莫之能应④,然而通乎财万物、养百姓之经纪⑤。势在人上则王公之材也,在人下则社稷之臣,国君之宝也。虽隐于穷阎漏屋⑥,人莫不贵之,道诚存也。仲尼将为司寇⑦,沈犹氏不敢朝饮其羊⑧,公慎氏出其妻⑨,慎溃氏逾境而徙⑩,鲁之粥牛马者不豫贾⑪,必蚤正以待之也⑫。居于阙党⑬,阙党之子弟罔不分⑭,有亲者取多,孝弟以化之也⑮。儒者在本朝则美政,在下位则美俗。儒之为人下如是矣。"

〔注释〕

①秦昭王:秦昭襄王,战国时秦国君,名稷。
②孙卿子:荀卿,荀子。
③馁(něi):饥饿。
④呜呼:据文意应为"嚎呼",呼喊。
⑤财:通"裁",安排,管理。
⑥穷阎漏屋:穷巷陋屋。
⑦司寇:春秋战国时一个国家内的最高司法长官,官职设立最早可以

追溯到夏朝。孔子曾为鲁国司寇。

⑧沈犹氏：春秋时鲁国人。

⑨公慎氏：春秋时鲁国人。

⑩慎溃氏：春秋时鲁国人。以上三人事迹见于《孔子家语》。

⑪粥：同"鬻(yù)"，卖出。豫贾(jiǎ)：漫天要价。贾，同"价"。

⑫蚤：通"早"。

⑬阙党：阙里，孔子旧时所居。

⑭罔(wǎng)不(fú)：罔，同"网"，捕鱼工具。不，同"罘"，捕兽工具。此处指捕获的鱼和兽。

⑮弟(tì)：通"悌"，敬爱兄长。

〔译文〕

秦昭王问荀子："儒者是不是对国家没有好处？"

荀子回答说："儒者效法先王，推崇礼义，谨慎恪守自己臣子本分，极为尊敬他的君王。君王如果任用他，那么他在朝廷使用权势就会得当适宜；不任用他，那么他就退下居于百姓当中，谨慎诚实，一定是和顺的百姓。即使他身处贫穷困厄之中，饥寒交迫，也一定不会走上邪道；没有立锥之地，但是明白持守江山社稷的大义；他呼喊没有人响应，但是通晓管理世间万物、养育百姓的方法。他的势位在人之上，就是可以成为王公的人才；在人之下，就是江山社稷的肱股之臣，国君的珍宝。虽然他隐居于穷巷陋屋，人们没有不敬重他的，这是他的美好道德确实存在的缘故。孔子将要担任鲁国司寇时，沈犹氏不敢在早上喂他的羊喝水，公慎氏休去他的妻子，慎溃氏越境而逃，鲁国卖牛和马的人不敢漫天要价，一定提早改正来等待孔子到来。孔子居住在阙里的时候，阙里的子弟抓到鱼、捕获兽的时候都会分食，有父母的人就多拿一些，这是孔子用孝敬父母、尊敬兄长的道义来教化了他们。儒者在朝中为臣就会美化朝政，在下面则会美化风俗。儒者的势位在人之下就是这样的。"

王曰:"然则其为人上何如?"

孙卿曰:"其为人上也,广大矣:志意定乎内,礼节修乎朝,法则度量正乎官,忠信爱利形乎下。行一不义、杀一无罪而得天下,不为也。此君义信乎人矣,通于四海,则天下应之如讙①。是何也?则贵名白而天下治也②。故近者歌讴而乐之,远者竭蹶而趋之③,四海之内若一家,通达之属莫不从服④,夫是之谓人师⑤。《诗》曰:'自西自东,自南自北,无思不服⑥。'此之谓也。夫其为人下也如彼,其为人上也如此,何谓其无益于人之国也?"

昭王曰:"善。"

〔注释〕

①讙(huān):异口同声,齐声应和。
②治:据上下文疑为"愿",仰慕。
③竭蹶:行步匆匆,竭尽全力赶来的样子。
④通达:舟车和人所能通行到达的地方。
⑤人师:人们的榜样。
⑥无思不服:思,语助词。"无不服"意为没有不归附的。

〔译文〕

秦昭王问:"那么儒者势位在人之上会怎样呢?"

荀子回答说:"儒者的势位在人之上,那么他的作用就非常大了!他的内心志意坚定,用礼节来修整朝廷,用礼法制度来修正官员,民众的忠信爱利全都得以显现。行一件不仁义之事,杀一个无罪之人而得到天下,这样的事情他绝对不会做。这样的话,他的道义就会被民众所信服,通达于四海,那么天下之人就会异口同声地响应他。这是为什么呢?因为他尊贵的名声显赫光耀,天下人都仰慕他。所以他身边的人歌颂他且快乐开心,远方的人竭尽全力、不辞辛苦来投奔他,四海之内好像一家人,舟车和人所能通达之处没有不听命于他的,这就叫作人们的榜样。《诗经·大雅·文王有声》说:'从西到东,从南到北,没有不归附于文王的。'说的就是这种情况。儒者位于人下就如此前所讲,位于人上则如同此刻所言,怎么能说他对国家没有好处呢?"

秦昭王说:"说得对。"

造父者①,天下之善御者也,无舆马则无所见其能②。羿者③,天下之善射者也,无弓矢则无所见其巧。大儒者,善调一天下者也,无百里之地则无所见其功。舆固马选矣,而不能以至远一日而千里,则非造父也。弓调矢直矣,而不能射远中微,则非羿也。用百里之地,而不能以调一天下,制强暴,则非大儒也。

〔注释〕

①造父:相传为周穆王驾车之人。
②见:同"现",显现。
③羿:后羿,夏代有穷氏首领,善于射箭。

〔译文〕

造父是天下善于驾驶车马的人,没有车马就没有办法显现出他的才能。后羿是天下善于射箭的人,没有弓箭和箭矢就没有办法显现出他的技巧。大儒是善于协调统一天下的人,没有百里之地就没有办法显现出他的作用。车坚固,马匹精挑细选,却不能到达远方,不能一天奔行千里,那么这就不是造父。弓已调整,箭笔直,却不能射到远方,射中微小的目标,那么这就不是后羿。拥有百里之地,却不能协调统一天下,制服强暴,那么这就不是大儒。

彼大儒者,虽隐于穷阎漏屋,无置锥之地,而王公不能与之争名;在一大夫之位,则一君不能独畜,一国不能独容,成名况乎诸侯,莫不愿得以为臣;用百里之地而千里之国莫能与之争胜,笞棰暴国①,齐一天下,而莫能倾也②。是大儒之征也③。其言有类,其行有礼,其举事无悔,其持险应变曲当④。与时迁徙,与世偃仰,千举万变,其道一也。是大儒之稽也⑤。其穷也,俗儒笑之;其通也,英杰化之⑥,嵬琐逃之⑦,邪说畏之,众人愧之。通则一天下,穷则独立贵名,天不能死,地不能埋,桀、跖之世不能污,非大儒莫之能立,仲尼、子弓是也。

〔注释〕

①笞棰:抽打,打击。
②倾:倾覆。
③征:验证。
④曲当:各处得当。
⑤稽:指考核的标准。
⑥化:归化,归附。
⑦嵬琐:鄙陋之人。

〔译文〕

　　那些大儒，即使隐于穷巷陋屋中，没有可以立锥的地方，王公贵族也不能和他争夺名声；他虽在大夫之位，但一个国家的君主不能独自占有他，一个国家不能够私自拥有他，名声盛大超过了诸侯，没有君王不愿意以他为臣子的。他虽拥有百里之地，但千里之国没有能够与他争夺胜利的；他痛击暴虐之国，统一天下，而没有能倾覆他的。这就是大儒的效验。他的言语有法，行为有礼，做事不后悔，在险要关头应变得当。他顺应时代变化，与世间一同沉浮，无论怎样变化，他坚守的道始终如一。这就是大儒考核的标准。他穷困的时候，俗世儒生都嘲笑他；他通达时，英雄豪杰都来归附于他，鄙陋之人逃得远远的，持有奸邪之说的人畏惧他，众人与他相比都会感到羞愧。通达的时候就能统一天下，困厄的时候就独自树立高贵的名声，天不能让他身死，地不能埋没他，夏桀、盗跖之世不能污染他，不是大儒就没办法树立起这样的榜样，仲尼和子弓就是这样的大儒。

　　故有俗人者，有俗儒者，有雅儒者，有大儒者。不学问，无正义，以富利为隆，是俗人者也。逢衣浅带①，解果其冠②，略法先王而足乱世术③，缪学杂举，不知法后王而一制度，不知隆礼义而杀《诗》《书》④；其衣冠行伪已同于世俗矣⑤，然而不知恶者；其言议谈说已无以异于墨子矣⑥，然而明不能别⑦；呼先王以欺愚者而求衣食焉，得委积足以掩其口则扬扬如也⑧；随其长子，事其便辟⑨，举其上客⑩，亿然若终身之虏而不敢有他志⑪，是俗儒者也。法后王，一制度，隆礼义而杀《诗》《书》，其言行已有大法矣,然而明不能齐法教之所不及⑫,闻见之所未至,则知不能类也。知之曰知之,不知曰不知,内不自以诬,外不自以欺,以是尊贤畏法而不敢怠傲,是雅儒者也。法先王⑬,统礼义,一制度,以浅持博,以古持今⑭,以一持万,苟仁义之类也,虽在鸟兽之中,若别白黑。倚物怪变⑮,所未尝闻也,所未尝见也,卒然起一方⑯,则举统类而应之,无所儗怍⑰,张法而度之,则晻然若合符节⑱,是大儒者也。

〔**注释**〕

①逢衣浅带:宽大的衣服,宽松的腰带。
②解果:比喻中间高两旁低的帽子。
③略法:粗略效法。
④杀:轻视,看不起。
⑤伪:通"为"。
⑥墨子:名翟,春秋时宋国人,墨家创始人。
⑦明:智慧。
⑧委积:积蓄。掩其口:糊口过活。扬扬如:得意自如的样子。
⑨便辟:王公贵族左右受宠幸的小臣。辟,通"嬖(bì)"。
⑩举:吹捧,奉承。
⑪忆然:安然的样子。
⑫齐:通"济",明白。
⑬法先王:应为"法后王"。
⑭以古持今:应为"以今持古"。
⑮倚物:奇怪的事物。倚,通"奇"。
⑯卒然:突然。卒,同"猝"。
⑰儗怍(yìzuò):凝滞。

⑱晻然:符合。晻,通"奄"。符节:古代作为凭证的信物,刻有文字,分为两半,两半相合即可验证。

〔译文〕

　　所以有俗人,有俗儒,有雅儒,有大儒。不追求学问,没有正义,推崇富贵利益,就是俗人。衣服宽大,腰带宽松,戴着中间高两旁低的帽子,粗略地效法先王而足以扰乱世间,学术不正,行为杂乱,不知道效法后王却想统一制度,不知道推崇礼义却去贬低《诗经》《尚书》;他的衣冠着装、行为举止已经和世俗相同,却不知道所厌恶的;他的言语谈说已经和墨子没有什么差别,然而他的智慧却不足以辨别这种情况;他口中赞美着先王用来欺骗愚者,以求得衣服食物,得到的积蓄足以糊口,就得意起来;他追随着王公贵族的长子,侍奉着他们身旁的亲信,吹捧着他们的座上客,安然的样子仿佛成了王公贵族的终身奴仆,不敢有其他的想法,这就是俗儒。效法后王,统一制度,推崇礼义却贬低《诗经》《尚书》,他们的言行已经很符合礼法,然而他们的智慧不足以明白礼法教化所未曾涉及的东西,对未闻、未见的东西,他们的智慧就不足以以类相推。知道就说知道,不知道就说不知道,内心不去用虚假欺骗自己,对外也不用虚假去欺骗别人,并按这些原则来尊重贤才,敬畏礼法,不敢有所懈怠傲慢,这是雅儒。效法后王,总括礼义,统一制度,用浅显的道理去把握广博的事物,用今天的情况来把握古代的事情,用具体的事物来把握万物的道理,只要是合乎仁义的东西,即便其在鸟兽之中,他也可以像分辨黑白一样辨认出来。奇怪的事物,怪异的变化,未曾有所听闻,未曾有所得见,片刻间在一处发生,他就能够用熟稔于心的纲纪条例来应对它,没有迟疑停滞,使用礼法去衡量它,如同符节相合一样符合于事物,这就是大儒。

故人主用俗人则万乘之国亡,用俗儒则万乘之国存,用雅儒则千乘之国安,用大儒则百里之地久,而后三年,天下为一,诸侯为臣,用万乘之国,则举错而定①,一朝而伯②。

〔注释〕

①举错:举措,行动。错,通"措"。
②伯:通"霸",霸主。

〔译文〕

所以,国君如果任用俗人,那么就算是万乘之国也会遭到灭亡;任用俗儒,那么万乘之国就可得以存在;任用雅儒,那么千乘之国也会得到安定;任用大儒,那么百里之地大的国家也可以长久,再过三年就可以使天下得以统一,诸侯成为臣子;如果是万乘之国,那么他一采取行动就会使之得以安定,很快就能称霸天下。

人论①:志不免于曲私而冀人之以己为公也②;行不免于污漫而冀人之以己为修也③;甚愚陋沟瞀而冀人之以己为知也④,是众人也。志忍私然后能公,行忍情性然后能修⑤,知而好问然后能才,公修而才,可谓小儒矣。志安公,行安修,知通统类,如是则可谓大儒矣。大儒者,天子三公也⑥。小儒者,诸侯、大夫、士也。众人者,工、农、商贾也。礼者,人主之所以为群臣寸尺寻丈检式也⑦。人伦尽矣。

[注释]

①人论:人的高低等级类别。论,通"伦"。
②曲私:偏私。冀:希望。
③污漫:污秽。
④愚陋沟瞀(mào):愚蠢浅陋,愚昧无知。
⑤修:美好。
⑥三公:古代朝中三种最高官衔的合称,一般为司马、司徒、司空。
⑦检式:法式,法度。

[译文]

人的等类:内心不能摆脱偏私,却希望他人认为自己是公正的;行为不能摆脱肮脏,却希望别人认为自己的举止美好;极为愚蠢浅陋,愚昧无知,却希望别人认为自己很有智慧,这就是众人。内心志意能压抑住私欲然后才能公正,行为能抑制住性情然后才能够美好,有智慧而且好问然后才能有才能,公正美好,同时有才能,这就可以叫作小儒了。内心志意安于公平,举止行为安于美好,智慧足以通晓纲纪条例,这样就可以称之为大儒了。大儒是天子朝中的三公。小儒是诸侯、大夫与士。众人则是工匠、农户和商人。礼,就是君王拿来度量群臣忠奸与否的法度。人的等类尽数于此。

王制第九

〔题解〕

　　王制，即王者之制。本文主要阐述了荀子的治国思想。文章可以分为两部分，前一部分详述王者如何治理国家，包括处理政事的方法与要领，用礼义划分名分的重要性，庶民与君王间的关系等，又提出治国的三种方法"强道""霸道""王道"，并谈论了三者施用于国家治理时所能达到的效果。文章认为"王道"是理想的治国方法，并对君王行"王道"应该在君王自身、国家制度、人才选取、经济法规等方面提出了要求。文中强调行"王道"一定要效法后王，划分等级、选贤举能、勿失民心。后一部分除了叙述官员职责外，还讨论了国家王、霸、安存、危殆、灭亡的五种状态。值得一提的是，文中提出的对商业活动的管理，对草木鱼鳖及作物的合理利刃，不违农时，极具古人的智慧。本章选取前一部分数段。

　　请问为政？曰：贤能不待次而举①，罢不能不待须而废②，元恶不待教而诛③，中庸民不待政而化④。分未定也则有昭缪⑤。虽王公士大夫之子孙也，不能属于礼义⑥，则归之庶人。虽庶人之子孙也，积文学⑦，正身行，能属于礼义,则归之卿相士大夫。故奸言、奸说、奸事、奸能、遁逃反侧之民,职而教之,须而待之,勉之以庆赏,惩之以刑罚,安职则畜,不安职则弃。五疾⑧,上收而养之,材而事之⑨,官施而衣食之,兼覆无遗。才行反时者死无赦。夫是之谓天德,王者之政也⑩。

〔注释〕

①待次:按照顺序。
②罢:同"疲",软弱。须:片刻。
③元恶:首恶。
④中庸民:普通民众。政:指刑赏。
⑤昭缪:缪,通"穆"。昭穆,古代宗庙制度,左昭右穆。此处可理解为尊卑之分。
⑥属:符合。
⑦文学:文化知识。
⑧五疾:指五种残疾,哑、聋、跛足、断臂、侏儒。
⑨材:才能。
⑩疑此句应为"是王者之政也"。

〔译文〕

请问如何治理国家?回答道:贤才能人不用按照等级顺序就可以得到推举,无才无德之人不用迟疑就可以得到罢免,首恶不用教化就诛杀,普通的民众不需要等待刑赏就可以得到教化。名分的划分还未确定,但是已有尊卑之分。虽然是王公贵族士大夫的子孙,言谈举止不能符合礼义,那么就把他归入庶民的行列中。虽然是庶人的子孙,积累文化知识,端正自己的行为举止,言谈举止符合礼义,那么就把他归入卿相士大夫的行列中。

所以那些谈论奸邪的言论、鼓吹奸邪的学说、行奸邪的事情、有奸邪的才能、窜逃不安顺的民众，给他们安排事情来教化他们，观察一段时间来等待他们改变，用奖赏来勉励他们，用刑罚来惩罚他们，他们安心于自己所做之事就可以被收养，不安心于自己所做之事就被抛弃。有哑、聋、跛足、断臂、侏儒五种残疾的人，人主收养他们，按照他们的才能安排事情去做，官家施舍给他们衣服和食物，顾全他们不要有所遗漏。才能行为与世相违背的人，就要被处死而不能有所赦免。这就叫作至高的道德，是称王天下之人的政事。

听政之大分①：以善至者待之以礼②，以不善至者待之以刑。两者分别则贤不肖不杂，是非不乱。贤不肖不杂则英杰至，是非不乱则国家治。若是，名声日闻，天下愿③，令行禁止，王者之事毕矣。凡听，威严猛厉而不好假道人④，则下畏恐而不亲，周闭而不竭⑤。若是，则大事殆乎弛⑥，小事殆乎遂⑦。和解调通，好假道人而无所凝止之⑧，则奸言并至，尝试之说锋起⑨，若是，则听大事烦⑩，是又伤之也。故法法而不议，则法之所不至者必废；职而不通，则职之所不及者必队⑪。故法而议，职而通，无隐谋，无遗善，而百事无过，非君子莫能。故公平者，听之衡也；中和者，听之绳也⑫。其有法者以法行，无法者以类举，听之尽也⑬；偏党而无经⑭，听之辟也⑮。故有良法而乱者有之矣；有君子而乱者，自古及今，未尝闻也。传曰⑯："治生乎君子，乱生乎小人。"此之谓也。

〔注释〕

①听政:处理政务。大分:要领。
②善至:心怀善意而来。
③愿:仰慕。
④假道:宽容引导。
⑤周闭:封闭得极其周密。此处意为隐瞒消息。竭:尽,此处意为尽力相告。
⑥殆:近于。
⑦遂:通"坠",坠失。
⑧凝止:停止。
⑨锋起:锋,通"蜂"。事情纷纷出现。
⑩听大事烦:处理的事务多且烦乱。
⑪队:同"坠",出现疏漏。
⑫绳:准则。
⑬尽:最好办法。
⑭偏党:偏私。无经:没有常法。
⑮辟:通"僻",邪僻不公。
⑯传:指古书名。

〔译文〕

处理政务的要领:心怀善意而来的人要用礼来接待,心怀恶意而来的人要用刑罚来处置。这两者区分开,那么贤和不贤之人就不会混杂不分,对错就不会混乱。贤和不贤之人不会混杂,那么英雄豪杰就会来到;对错不会混乱,那么国家就会得到治理。如果这样的话,名声就会一天天地远扬,天下的民众就会仰慕,命令可行,禁令可止,王者的事情就完成了。处理政事,如果威猛严厉,却不善于宽容引导他人,那么下属就会畏惧而不亲近他,隐瞒消息而不实言相告。如果是这样,那么大的事情就近于废弛,小的事情就近于废弃。善于和解调通,宽容引导他人,却不知道适时而止,那么奸邪的言论就会到来,试探的话语也会纷纷出现。如果是这样,那么要处理的事务多且烦乱,也会伤害到对政事的处理。所以有法制而不讨论,通明其意,那么法制所不能涉及的地方就会出现问题;各守职事而不相互沟通,那么职务范围之外的地方就会出现疏漏。所以国家有法制且可以讨论,众人各自行职事且可以沟通,没有隐匿的谋略,没有遗漏的善事,处理众多的事情而没有过错,不是君子是办不到的。所以公平,是处理政务中衡量轻重的标准;中和,是处理政务中辨别曲直的准则。有法可依的事情就按照法的规定去实行,无法可依的事情就要用同类事物相类推,这就是处理政务的最好办法;处理事情偏私没有常法可依,这是处理政务邪僻不公的表现。所以有好的法制而发生混乱,这样的事是有的;有君子却发生混乱,从古到今,这样的事没有听说过。古书中说:"社会安定出于君子,社会混乱出于小人。"说的就是这样的情况。

　　分均则不偏①,势齐则不壹②,众齐则不使。有天有地而上下有差,明王始立而处国有制。夫两贵之不能相事,两贱之不能相使,是天数也。势位齐而欲恶同,物不能澹则必争③,争则必乱,乱则穷矣。先王恶其乱也,故制礼义以分之,使有贫富贵贱之等,足以相兼临者④,是养天下之本也。《书》曰⑤:"维齐非齐。"此之谓也。

〔注释〕

　　①分:名分。

②不壹:不能归一。
③澹:通"赡",满足。
④兼临:监督,制约。
⑤《书》:指《尚书》,我国传世文献中最早的历史文献。

[译文]

　　名分相同就会没有尊卑之分,势位相同就会无法统一,众人平等齐一就会无法差遣。有天有地,那么就会有上下的差别;圣明的君王始立,治理国家的时候就会设有制度。两个人的势位同样尊贵,那么他们之间就不能相互侍奉;两个人的地位一样卑贱,那么他们之间就不能相互指使,这是自然之理。势位相齐,所欲和所恶相同,物质条件不能满足就一定会产生争执,产生争执就一定会造成混乱,混乱就会导致国家覆灭。先王厌恶这种混乱,所以制定礼义用来区分人的等级,使人们有贫穷富贵、高贵和低贱之分,足够用来相互监督制约,这是养育天下万物的根本。《尚书》中说:"做到齐一的前提是万物并不齐同。"说的就是这种情况。

　　　　马骇舆则君子不安舆①,庶人骇政则君子不安位。马骇舆则莫若静之,庶人骇政则莫若惠之。选贤良,举笃敬②,兴孝弟,收孤寡,补贫穷。如是,则庶人安政矣。庶人安政,然后君子安位。传曰:"君者,舟也;庶人者,水也。水则载舟,水则覆舟。"此之谓也。故君人者欲安,则莫若平政爱民矣,欲荣则莫若隆礼敬士矣,欲立功名则莫若尚贤使能矣,是人君者之大节也。三节者当,则其余莫不当矣;三节者不当,则其余虽曲当③,犹将无益也。孔子曰:"大节是也,小节是也,上君也。大节是也,小节一出焉,一入焉,中君也。大节非也,小节虽是也,吾无观其余矣。"

〔注释〕

①骇:惊惧。
②笃敬:笃厚诚敬。
③曲当:完全得当。

〔译文〕

马儿惊车,那么君子就不能安稳于车中;庶民惊惧于政局,那么执政君子就不能安稳于上位。马惊车,最好的办法就是让它镇静;庶民对政局惊恐,最好的办法就是给他们施以恩惠。选出贤良之才,推举笃厚诚敬之人,提倡孝敬父母,敬爱兄长,收养孤寡之人,救助贫困穷苦之人。这样的话,庶民就会对政局安心。庶民对政局感到安心,然后执政君子才能安稳于上位。古书中说:"君王就像是船,庶人就像是水。水可以承载住船,也可以颠覆船。"说的就是这个道理。所以君王想要安稳,最好是使政局平稳,爱护庶民;想要荣耀,最好是推崇礼法,敬重士人;想要建立功名,最好是崇尚贤才,任用能人。这是君三治理国家的大关键。这三个关键之处得当,那么其他的地方没有不合适的;这三个关键之处不得当,那么其他的地方虽然完全得当,也没有任何好处。孔子说:"大的关键处得当,小的关键处得当,这就是上等的君王。大的关键处得当,小的关键处一失一得,这就是中等的君王。大的关键处错误,小的关键处即使得当,我也没必要看他其余的地方了。"

成侯、嗣公①,聚敛计数之君也,未及取民也②;子产,取民者也,未及为政也;管仲,为政者也,未及修礼也③。故修礼者王,为政者强,取民者安,聚敛者亡。故王者富民,霸者富士④,仅存之国富大夫⑤,亡国富筐箧⑥,实府库⑦。筐箧已富,府库已实,而百姓贫,夫是之谓上溢而下漏,入不可以守,出不可以战,则倾覆灭亡可立而待也。故我聚之以亡,敌得之以强。聚敛者,召寇、肥敌、亡国、危身之道也,故明君不蹈也⑧。

〔注释〕

①成侯、嗣公:皆指战国时卫国君王。
②取民:取得民心。
③修:施行。
④士:指有战功的人。
⑤仅存之国:勉强存在的国家。
⑥筐箧:盛物的箱子,此处指君王的私囊。
⑦府库:古代指国家藏财物及兵甲的地方。
⑧蹈:踏。

〔译文〕

卫国的国君成侯及嗣公,他们是计算着敛取民众财物的君王,但是他们并没有取得民心;子产是取得民心的人,但是他并没有管理国家政事;管仲是治理国家政事的人,但他没有施行礼制。所以施行礼制的人称王,能够管理国家政事的人富强,取得民心的人安定,搜刮民财的人终将灭亡。所以称王者使民众富足,称霸者使有战功之人富足,勉强存在的国家,大夫富足,即将灭亡的国家,国君的私囊富足,国君的府库充实。国君私囊已饱,府库已充实,但是老百姓却贫困,这就叫作居上位者钱财满得都要溢出来,而处下位者却穷困异常。这样的国家对内无法坚守,对外无法作战,那么其倾覆灭亡就是指日可待的事了。所以说国君自己搜刮民财则会灭亡,敌人得到这些财富则会富强。聚敛民众财物,这是招致敌寇、富强敌人、灭亡国家、危害己身的道路啊,所以圣明的君主不会走这样的路。

王夺之人,霸夺之与①,强夺之地。夺之人者臣诸侯②,夺之与者友诸侯,夺之地者敌诸侯。臣诸侯者王,友诸侯者霸,敌诸侯者危。

〔注释〕

① 与:与国,友好之国。
② 臣:使之为臣。以下"友""敌"用法相同。

〔译文〕

王者夺取人心,霸者争取友邦,强者夺人土地。夺取人心的人可以使诸侯成为他的臣子,争取友邦的人可以使诸侯成为他的朋友,夺人土地的人使诸侯成为他的敌人。使诸侯称王的人可以称王,以诸侯为友的人可以称霸,使诸侯与之敌对的人则会危险。

用强者,人之城守,人之出战,而我以力胜之也,则伤人之民必甚矣。伤人之民甚,则人之民恶我必甚矣;人之民恶我甚,则日欲与我斗。人之城守,人之出战,而我以力胜之,则伤吾民必甚矣。伤吾民甚,则吾民之恶我必甚矣;吾民之恶我甚,则日不欲为我斗。人之民日欲与我斗,吾民日不欲为我斗,是强者之所以反弱也。地来而民去,累多而功少,虽守者益①,所以守者损,是以大者之所以反削也。诸侯莫不怀交接怨而不忘其敌,伺强大之间②,承强大之敝③,此强大之殆时也④。知强大者不务强也,虑以王命全其力⑤,凝其德⑥。力全则诸侯不能弱也,德凝则诸侯不能削也,天下无王霸主则常胜矣。是知强道者也。

〔注释〕

①守者:指土地。
②伺:伺机。
③承:通"乘",乘着。敝:通"弊",困境。
④殆:危险。
⑤虑:大概,都是。全:准备齐全。
⑥凝:凝聚。

〔译文〕

使用强力夺取土地的人,他国就会据城坚守或者出城作战;而我用武力去获取胜利,那么伤害到的他国民众一定很多。伤害到的他国民众多,那么他国民众一定会对我深恶痛绝;他国民众对我深恶痛绝,那么就会一天天地想和我争斗。他国据城坚守或出城作战,而我用武力去获取胜利,那么伤害到的我国民众必定很多。伤害到的我国民众多,那么他们就会对我深恶痛绝;我国民众对我深恶痛绝,那么就会逐渐不想为我去战斗。他国民众一天天地想和我争斗,我国的民众一天天地不想为我战斗,这就是强者所以变弱的原因。土地越来越多而百姓越来越少,劳累越来越多而功绩越来越少,虽然获得的土地变多了,但是自己的百姓却天天减损,这是强大的国家反而变弱小的原因。诸侯没有不心怀怨恨而相互联合,不忘记他们敌人的,在强国间伺机而动,等待着强国身处困境,这就是强国处于危险的时候。明白强大的国家不是专务以武力胜人,他是以王道天下作为使命,完备他的力量,凝聚他的美德。他的力量完备那么其他诸侯就不能削弱他的力量,他的美德凝聚那么其他诸侯就不能削减他的德行,天下没有人可以称王称霸,那么他就算是立于常胜之地了。这就是明白强国之道的人。

彼霸者则不然。辟田野①,实仓廪,便备用②,案谨募选阅材伎之士③,然后渐庆赏以先之④,严刑罚以纠之。存亡继绝,卫弱禁暴,而无兼并之心,则诸侯亲之矣;修友敌之道以敬接诸侯,则诸侯说之矣⑤。所以亲之者,以不并也,并之见则诸侯疏矣⑥。所以说之者,以友敌也,臣之见则诸侯离矣。故明其不并之行,信其友敌之道,天下无王霸主,则常胜矣。是知霸道者也。

〔注释〕

①辟:开辟。
②备用:器械,工具。
③案:语助词。选阅:挑选。材伎之士:武功高超之人。
④渐:深。
⑤说:同"悦",喜欢。

⑥见:同"现",显现。

〔译文〕

　　那些称霸的人就不是这样。他们开辟田野,充实仓廪,便利器械,谨慎选择武艺高强的人,然后用重赏来引导他们,严格刑罚来规范他们。保存行将灭亡的国家,使他们可以延续即将断绝的血脉,保卫弱小,禁止暴虐,同时没有兼并他人的心思,那么诸侯就会亲近;实行与其他诸侯国友好的政策来恭敬地与诸侯交好,那么诸侯就会喜欢。之所以和他们亲近,是因为他们不兼并别人;兼并的想法一旦显现出来,那么诸侯就会疏远他们。之所以喜欢他们,是因为他们与其他国家友好;欲使他人臣服的想法一旦显现,那么诸侯就会远离他们。所以他们表明没有兼并行为,信守与其他国家友好的政策,天下没有称王称霸的君主,那么他们就可立于常胜之地了。这就是明白霸道的人。

　　闵王毁于五国①,桓公劫于鲁庄②,无它故焉,非其道而虑之以王也。

〔注释〕

　　①闵王:战国时齐国国君,齐闵王。五国:指燕、赵、秦、楚、魏五国。
　　②桓公:春秋时齐国国君,齐桓公。鲁庄:春秋时鲁国国君,鲁庄公。

〔译文〕

　　齐闵王被燕、赵、秦、楚、魏五国所打败,齐桓公被鲁庄公的臣子曹沫在柯地会盟时胁迫,没有其他的原因,这是因为他们所行之道不能称王于天下而意图称王于天下。

彼王者不然。仁眇天下①,义眇天下,威眇天下。仁眇天下,故天下莫不亲也;义眇天下,故天下莫不贵也;威眇天下,故天下莫敢敌也。以不敌之威,辅服人之道,故不战而胜,不攻而得,甲兵不劳而天下服②,是知王道者也。

〔注释〕

①眇:远,高。
②甲兵:军队。

〔译文〕

那些称王的人就不会这样。他们的仁爱高于天下,道义高于天下,威力高于天下。仁爱高于天下,所以天下没有不亲近他们的;道义高于天下,所以天下没有不尊崇他们的;威力高于天下,所以天下没有敢与之为敌的。凭借着无人敢与之为敌的威力,来辅助以使人顺服的方法,所以就可以不战斗而能取得胜利,不攻击而能有所获得,军队不劳累而天下顺服,这就是明白王道的人。

知此三具者①,欲王而王,欲霸而霸,欲强而强矣。

〔注释〕

①三具:指"强道""霸道""王道"三种条件。具,条件。

〔译文〕

懂得"强道""霸道""王道"三种条件的人,想要称王就可以称王,想要称霸就可以称霸,想要成为强国就可以成为强国。

王者之人：饰动以礼义①，听断以类②。明振毫末，举措应变而不穷。夫是之谓有原③。是王者之人也。

〔注释〕

①饰：通"饬"，整饬。
②类：指法度。
③原：根本。

〔译文〕

成就王业的人：整饬自己的行为就要用礼义，听取事情做出判断的时候就要符合法度。明察秋毫，自己的举措足以对付多变的情况，不会陷入困厄。这就叫作有治理国家的根本原则。这就是可以称王天下的人。

王者之制：道不过三代，法不贰后王①。道过三代谓之荡②，法贰后王谓之不雅③。衣服有制，宫室有度，人徒有数，丧祭械用皆有等宜④。声则凡非雅声者举废，色则凡非旧文者举息，械用则凡非旧器者举毁。夫是之谓复古。是王者之制也。

〔注释〕

①贰：违背。
②荡：浩荡无涯，指多而无所根据。
③雅：正。
④等宜：指有相应合适的等级。一说"宜"为"仪"，等级，指有合适的准则。

〔译文〕

　　王者的制度:治国之道不可以超过所效法的夏、商、周三代,治国的法度不可以违背所效法后代君王的法度。效法的治国之道超过夏、商、周三代就叫作无可考稽,效法的法度违背了后代君王就叫作不正。衣物穿着有相关的制度,宫殿房室有相关的法度,用人也有相关的数目要求,丧礼祭祀、器械用具都有相合适的等级。声音,不符合雅正的声音就全部废止;色彩,不符合以前花纹色彩的就全部废除;器械用具,不符合以前器械标准的就全部摧毁。这就叫作复古。这是王道天下的人应该实行的制度。

　　王者之论①:无德不贵,无能不官,无功不赏,无罪不罚。朝无幸位②,民无幸生,尚贤使能而等位不遗③。析愿禁悍而刑罚不过④。百姓晓然皆知夫为善于家而取赏于朝也,为不善于幽而蒙刑于显也。夫是之谓定论。是王者之论也。

〔注释〕

　　①论:通"伦",等级。
　　②幸:侥幸。
　　③遗:没有过失。一说当为"踰"。
　　④析愿:指制裁狡黠的人。析,当为"折"。愿,通"傆",狡诈。

〔译文〕

　　王者的用人之道是:没有好德行的,不让他得以尊贵;没有能力的,不让他做官;没有功劳的,不给他赏赐;没有罪过的,不让他受罚。朝廷内没有无功无德侥幸得到官位的,民众中没有好吃懒做侥幸得以生存的,推崇贤才,任用能人,那么所赐予的位置就不会有差失。制裁狡黠之人,制止凶悍之人,那么所施加的刑罚就不会有过失。百姓全都清楚在家中行善就会在朝廷内取得赏赐,在私底下做坏事就会在大庭广众之下受到刑罚。这就确定了用人之道。这是称王天下之人的用人之道。

王者之等赋、政事①,财万物②,所以养万民也。田野什一③,关市几而不征④,山林泽梁以时禁发而不税⑤。相地而衰政⑥,理道之远近而致贡⑦。通流财物粟米,无有滞留,使相归移也⑧。四海之内若一家。故近者不隐其能,远者不疾其劳,无幽闲隐僻之国莫不趋使而安乐之。夫是之谓人师。是王者之法也。

〔注释〕

①此句应为"王者之法,等赋、政事"。等赋,按照相应等级制定赋税标准。政,通"正"。
②财:通"裁",指利用。
③什一:指赋税以田产的十分税一为征收标准。
④几:通"讥",指检查市场,规范市场秩序。
⑤泽梁:在湖中设置堤坝,指建造渔场。
⑥衰(cuī)政:指按照土地之差等来征收赋税。政,通"征"。
⑦理:衡量。
⑧归移:转移输送,指财货交流。归,通"馈"。

〔译文〕

王者的经济法度是:按照相应等级制定赋税标准,处理民事使之符合正道,利用天地万物,用来养育天下万民。以田产的十分税一作为征税标准,对关卡和集市进行检查而不征税,山林和渔场都可以按照适当的时间关闭或者开放,并且不征收赋税。视地力的好坏来分别征收赋税,衡量道路的远近来规定进贡的要求。畅通天下财物和粮食的交流,使其不要有所积压,可以互通有无。四海之内就像是一家人。所以近处的人就不会隐藏他的能力,远处的人不会因为劳作而叫苦,无论多么偏远僻陋的国家,没有不前来归附并供君王驱使的。这样的君王就叫作民众的师表。这样的法度就是称王天下之人的经济法度。

北海则有走马吠犬焉,然而中国得而畜使之①;南海则有羽翮、齿革、曾青、丹干焉②,然而中国得而财之③;东海则有紫、绤、鱼、盐焉④,然而中国得而衣食之;西海则有皮革、文旄焉⑤,然而中国得而用之。故泽人足乎木,山人足乎鱼,农夫不斲削、不陶冶而足械用⑥,工贾不耕田而足菽粟。故虎豹为猛矣,然君子剥而用之。故天之所覆,地之所载,莫不尽其美,致其用,上以饰贤良,下以养百姓而安乐之。夫是之谓大神。《诗》曰⑦:"天作高山⑧,大王荒之⑨。彼作矣,文王康之⑩。"此之谓也。

〔注释〕

①北海:指北方地区。下文"南海""东海""西海"亦各指与之方位相应的地区。中国:指中原地区。

②羽翮(hé):鸟羽。齿革:指象牙和犀牛皮。曾青:铜精,颜色为青

色,可用于绘画及冶炼。丹干:朱砂。

③财:通"裁",利用。

④紫、绤:紫,当作"绨(chī)",指细葛布。绤,当作"绤(xì)",指粗葛布。

⑤文旄(máo):指染着颜色的旄牛尾,多用作装饰旗帜。

⑥斲(zhuó):削砍。

⑦《诗》:指《诗经·周颂·天作》。

⑧高山:指岐山。

⑨大(tài)王:指古公亶父。荒:扩建治理。

⑩康:继续。

[译文]

  北方有善于奔跑的马和叫声凶狠的狗,然而中原之国可以获得并畜养、使用它们;南方有鸟的羽毛、象牙、犀牛皮、铜精和朱砂,然而中原之国可以获得并利用它们;东方有粗细葛布、鱼和盐,然而中原之国可以获得并穿着它们,食用它们;西方有兽皮和染着颜色的旄牛尾,然而中原之国可以获得并使用它们。所以渔民需要用的木材也可以得到满足,山中的猎户需要食用的鱼也可以得到满足,农夫不用自己去砍斫木材,不用自己去烧制陶器而所需要使用的器具就可以得到满足,工人和商人不需要耕田而所需要的豆子和谷物也可以得到满足。所以老虎和豹子虽然很凶猛,然而君子可以猎杀它后剥皮使用。上天所覆盖的,大地所承载的,没有不尽显其美好的,没有不充分发挥其作用的,上可以用于美化贤才良人的衣着,下可以用于长养人民,使其得到安乐。这就叫作天下大治。《诗经·周颂·天作》中说:"上天生出了岐山,大王扩建治理了它;大王做了治理开垦后,文王延续使之安定。"说的就是这个道理。

富国第十

〔题解〕

富国,即富强国家。本文详细论述了如何使国家得以富强的方法。文章指出使国家富强的前提是"明分",即需要确定名分等级。在名分等级建立的基础上就需要"节用裕民"。节省支出需要按照礼法,藏富于民则需要君王采取合适的政治措施。文章认为,圣明的君王会使用"明礼义""致忠信""尚贤能""爵福庆赏"等方法来长养人民,治理天下。此外,文章还论述了如何观察国家安危的方法,如何判断国家强弱贫富的方法,如何持守国家的方法。值得注意的是,文章中对墨子的一些学说进行了批判,其言之凿凿,持之有据,逻辑层次清晰。本章选取前三段及批判墨子学说的部分。

万物同宇而异体①,无宜而有用为人②,数也。人伦并处③,同求而异道,同欲而异知,生也④。皆有可也⑤,知愚同;所可异也,知愚分。势同而知异。行私而无祸⑥,纵欲而不穷⑦,则民心奋而不可说也⑧。如是,则知者未得治也。知者未得治则功名未成也,功名未成则群众未县也⑨,群众未县则君臣未立也。无君以制臣,无上以制下,天下害生纵欲。欲恶同物,欲多而物寡,寡则必争矣。故百技所成,所以养一人也。而能不能兼技⑩,人不能兼官,离居不相待则穷,群居而无分则争。穷者患也,争者祸也,救患除祸,则莫若明分使群矣。强胁弱也,知惧愚也,民下违上,少陵长,不以德为政,如是,则老弱有失养之忧,而壮者有分争之祸矣。事业所恶也,功利所好也,职业无分,如是,则人有树事之患⑪,而有争功之祸矣。男女之合,夫妇之分,婚姻娉内送逆无礼⑫,如是,则人有失合之忧,而有争色之祸矣。故知者为之分也。

〔注释〕

①宇:宇宙。
②无宜:没有固定的使用之法。为:对于。
③人伦:各类等级的人。
④生:人的本性。
⑤有可:有所认同的地方。
⑥无祸:没有灾祸。
⑦不穷:没有穷尽。
⑧奋:奋起竞争。说:悦服,晓谕说服。
⑨县(xuán):同"悬",悬分,此处理解为有等级之差。
⑩能不能:指个人的能力不足以。
⑪树事:建立事业。
⑫娉内:即"聘纳",指古代婚礼中男家请问女子的名字和出生年月日,及男女双方送出彩礼与收纳彩礼。内,同"纳"。送逆:女方送嫁,男方迎娶。

〔译文〕

　　世间万物同在一个宇宙内体态却各不相同,没有恒定的使用方法,但是对于人来说却都各有用处,这是自然的道理。各类等级的人相处在一起,需求相同但是所取得的途径不一,欲望相同但是各自的智慧却大相径庭,这是人的本性。人们对于事物都会有一个认可的看法,这方面智者和愚者是相同的;但是他们认可的看法有所不同,这就把智者和愚者区分开来了。势位相同的人,但是智慧却相异。人们行为偏私却没有招来祸患,放纵欲望却没有被阻止,这样的话民众就会奋起争夺,而不能够被晓谕说服。如果是这样的话,那么智者也没有办法得到治理国家的机会。智者无法得到治理国家的机会,那么他们的功绩和名声就没办法得以成就;他们的功绩和名声无法得以成就,那么民众之间的名分等级就无法得以划分;民众间的名分等级无法得以划分,那么君王和臣子的地位就无法确立。没有君主来统治臣民,没有上级来统治下级,天下万民就会损害本性放纵欲望。人们想要的事物相同,厌恶的事物也相同,需求过多就一定会造成资源短缺,资源短缺就必定会引起人们之间的斗争。所以各行各业的匠人所做出的东西,都是用来供养民众中的每一个人所需要的。但是一个人的才能不足以满足身兼各种技能,也不能满足身兼各种职务,离群索居而不相互依靠就必定会陷入困厄,众人群居但是没有等级划分就必定会发生争斗。生存陷入困厄就是忧患,发生争斗就是灾祸,救助忧患除去灾祸,最好的办法莫过于明确划分名分等级使他们和睦群居。强者胁迫弱者,智者畏惧愚者,民众以下违上,以少凌长,不用道德来治理国家,如果这样的话,那么年迈体弱者就会有失去侍养的忧患,而强壮的人会有相互争夺的灾祸。事业成为人们所厌恶的对象，功利成为人们所喜好的对象，人们的职业没有什么分别，如果这样的话，那么人们就会有无法建功立业的隐患，而有争夺功绩的祸患。男女之间的结合，夫妇之间的名分，婚姻聘纳送迎皆不符合礼法，如果这样的话，人们就会有失去正规嫁娶的隐患，因而产生争夺美色的祸患。所以智者为人们制定了名分等级。

足国之道，节用裕民而善臧其余①。节用以礼，裕民以政。彼裕民②，故多余，裕民则民富，民富则田肥以易③，田肥以易则出实百倍。上以法取焉④，而下以礼节用之，余若丘山，不时焚烧，无所臧之，夫君子奚患乎无余？故知节用裕民，则必有仁圣贤良之名，而且有富厚丘山之积矣。此无它故焉，生于节用裕民也。不知节用裕民则民贫，民贫则田瘠以秽，田瘠以秽则出实不半，上虽好取侵夺，犹将寡获也，而或以无礼节用之，则必有贪利纠诱之名⑤，而且有空虚穷乏之实矣。此无它故焉，不知节用裕民也。《康诰》曰⑥："弘覆乎天，若德裕乃身⑦。"此之谓也。

〔注释〕

　　①臧：同"藏"，收藏。
　　②裕民：据上下文，疑应为"节用"。
　　③易：治理。
　　④取：收取赋税。
　　⑤诱：通"挏"，收取。
　　⑥《康诰》：《尚书》中的一篇。

⑦裕:富饶。

〔译文〕

　　使国家富足的方法是节省费用,富裕民众,剩下的财物就要妥善收藏起来。按照礼法来节省费用,用适当的政策来富裕民众。按照礼法节省费用就会产生多余,用适当的政策来富裕民众就会使民众富足,民众富足那么田地就会肥沃,也便于治理,田地肥沃且便于治理就会产出百倍的粮食。上位之人按照礼法合理地收取赋税,下位之人依照礼法合理地使用粮食,富余的粮食堆积如同小山丘,即使时不时地焚烧它们,粮食也会多到没有地方去储藏,那么君子怎么会忧患粮食没有盈余?所以明白节省费用富裕民众,那么就一定有仁义圣明、贤德美妙的名声,而且有盈余厚实如同山丘的积蓄。这并没有其他缘故,只是出于节省费用,富裕民众。不明白节省费用,富裕民众的道理就会使得民众贫困,民众贫困就会导致田地贫瘠且荒芜,农田贫瘠荒芜就会致使粮食的产量不足正常的一半。在上位的人虽然想要豪取强夺,但也最终收获甚少。再或是有人不按照礼节合理使用,那么就一定会有贪图利益、依靠欺诈获取的名声,而且还会造成实实在在的空虚穷乏之害。这并没有其他的原因,是因为不清楚节省费用,富裕民众。《尚书·康诰》中说:"广博覆盖万物如同天一般,又顺从德的要求,就可以使你获得富足。"说的就是这种情况。

　　礼者,贵贱有等,长幼有差,贫富轻重皆有称者也①。故天子袾裷衣冕②,诸侯玄裷衣冕,大夫裨冕③,士皮弁服④。德必称位、位必称禄,禄必称用。由士以上则必以礼乐节之,众庶百姓则必以法数制之。量地而立国,计利而畜民⑤,度人力而授事,使民必胜事,事必出利,利足以生民。皆使衣食百用出入相掩⑥,必时臧余,谓之称数⑦。故自天子通于庶人,事无大小多少,由是推之。故曰⑧:"朝无幸位,民无幸生⑨。"此之谓也。

〔注释〕

①称(chèn):相称,相符合。
②朱裷衣冕:赤色的裷衣。朱,同"朱"。裷,同"衮(gǔn)"。衮衣指古代帝王和诸侯所穿的画有卷龙的礼服。冕即礼帽。
③裨(pí):裨衣,礼服名称。
④皮弁(biàn):古代帽子的一种,用白鹿皮制成。
⑤计利:计算财利。
⑥出入相掩:支出与收入相同。
⑦称数:符合法度。
⑧故:指历史典籍。
⑨幸位:侥幸取得官位。

〔译文〕

礼,就是高贵低贱有等级,年长年幼有差别,贫富轻重都有与之相符的等级规定。所以天子穿红色的礼服,戴红色礼帽;诸侯穿黑色的礼服,戴黑色礼帽;大夫穿裨衣,戴礼帽;士戴白鹿皮制成的帽子,穿便服。德行必须与地位相符合,地位必须与俸禄相符合,俸禄必须与能力相符合。从士以上一定要用礼乐制度来节制,庶民百姓一定要用法度来管理。测量土地大小来建立国家,计算财利多少来长养人民,权衡人的能力大小来授予他事情,使得人们能够胜任所授之事,这些事必会产生利益,产生的利益足以养育民众。使民众衣物食物等种种费用收支相等,必定时而还可以储藏节余,这就叫作符合法度。所以自天子到庶民,事情无论大小多少,都要按照礼法的要求以类推之。古书说:"朝廷中没有可以侥幸获得的官位,人民中没有可以侥幸生存的人。"说的就是这个道理。

轻田野之税,平关市之征①,省商贾之数,罕兴力役②,无夺农时,如是,则国富矣。夫是之谓以政裕民。

〔注释〕

①平:除去。一说为公平。
②力役:劳役。

〔译文〕

减轻田野的赋税,除去交通要道处市集的征税,减少商人的数量,少兴劳役,不要耽误农时,这样的话国家就会富足。这就叫作用合理的政策来使百姓富裕。

兼足天下之道在明分。掩地表亩①,刺草殖谷②,多粪肥田,是农夫众庶之事也。守时力民③,进事长功④,和齐百姓,使人不偷⑤,是将率之事也⑥。高者不旱,下者不水,寒暑和节而五谷以时孰⑦,是天下之事也⑧。若夫兼而覆之⑨,兼而爱之,兼而制之,岁虽凶败水旱,使百姓无冻馁之患⑩,则是圣君贤相之事也。

〔注释〕

①掩地:耕田。

②刺草:除草。
③力民:使民尽力。
④进事长功:推进事业,助长功利。
⑤不偷:不懈怠。
⑥将率:即"将帅"。
⑦孰:同"熟"。
⑧下:疑为衍文,当删。
⑨覆:保护,庇护。
⑩冻馁:饥寒交迫。

[译文]

普遍富足天下的方法在于明确职能的区分。翻耕田地,明示田地的亩数,除草及种植谷物,多积攒肥料来肥沃田地,这是农夫庶民的事情。按照时节来督促民众尽力于生产活动,推进事情的进展,增长功业,调和统一百姓,使人不懈怠,这是将帅应该做的事。高的地方没有旱情,低下的地方没有涝灾,冬寒夏暑都合适,五谷也按时成熟,这是老天爷的事。如果庇护天下百姓、爱护天下百姓、管理天下百姓,虽然这一年有水涝旱灾,收成不好,仍旧可以让天下百姓不陷入饥寒交迫的祸患中去,这就是圣明的君王、贤良的辅政之相的事情了。

墨子之言,昭昭然为天下忧不足①。夫不足,非天下之公患也,特墨子之私忧过计也。今是土之生五谷也,人善治之则亩数盆②,一岁而再获之③。然后瓜、桃、枣、李一本数以盆鼓④,然后荤菜、百疏以泽量⑤,然后六畜禽兽一而剸车⑥,鼋、鼍、鱼、鳖、鳅、鳝以时别,一而成群,然后飞鸟、凫、雁若烟海,然后昆虫万物生其间,可以相食养者不可胜数也。夫天地之生万物也,固有余足以食人矣⑦;麻葛、茧丝、鸟兽之羽毛齿革也,固有余足以衣人矣。夫有余不足⑧,非天下之公患也,特墨子之私忧过计也。

〔注释〕

①昭昭然:意同"耿耿然",不安的样子。
②盆:古代量器名。
③再获:收获两次。
④本:株。鼓:计算数量。
⑤荤菜:指有辛辣气味的蔬菜。如葱、姜、蒜、韭类。百疏:各类蔬菜。疏,通"蔬"。
⑥六畜:指马、牛、羊、鸡、狗、猪。剸:同"专"。
⑦食(sì)人:供人食用。
⑧夫有余不足:"有余"疑为衍文,当删。

〔译文〕

墨子的言论惶惶不安地在为天下人担忧生计所用之不足。这个不足,并非是天下共有的忧患,不过是墨子个人的过分担忧罢了。今日土地所生长的五谷,人善于耕治它们,那么一亩地就可以收获好几盆,一年之内可以收获两次。然后还有瓜、桃、枣、李,一株就可以收获用盆来估量的果实,然后还有葱、姜、蒜、韭以及各种蔬菜等也都要用池泽来衡量,然后马、牛、羊、鸡、狗、猪等家畜家禽齐全,需要用整车去装,鼋、鼍、鱼、鳖、鳅、鳣按照时令来分别,种类齐全都可以成群计数,然后飞鸟、凫、雁好像烟海一般,昆虫万物生长在其间,可以为人们生活提供食物的这些东西数不胜数。天地所生的万物,原本就有所富余,足够作为食物来养育万民了;麻葛、茧丝、鸟兽的羽毛和其他动物的牙齿皮革,原本就有所富余,足以供人穿衣之用了。不足,不是天下共有的忧患,不过是墨子个人的过分担忧罢了。

天下之公患,乱伤之也。胡不尝试相与求乱之者谁也?我以墨子之"非乐"也则使天下乱,墨子之"节用"也则使天下贫。非将堕之也①,说不免焉②。墨子大有天下,小有一国,将蹙然衣粗食恶③,忧戚而非乐。若是则瘠,瘠则不足欲,不足欲则赏不行。墨子大有天下,小有一国,将少人徒④,省官职,上功劳苦⑤,与百姓均事业,齐功劳,若是则不威,不威则罚不行。赏不行,则贤者不可得而进也;罚不行,则不肖者不可得而退也。贤者不可得而进也,不肖者不可得而退也,则能不能不可得而官也⑥。若是则万物失宜,事变失应。上失天时,下失地利,中失人和,天下敖然⑦,若烧若焦。墨子虽为之衣褐带索⑧,𠻳菽饮水⑨,恶能足之乎?既以伐其本⑩,竭其原,而焦天下矣。

〔注释〕

①堕(huī):同"隳",毁坏,此处意为诋毁。
②说:墨子的学说。
③蹙然:忧愁不悦的样子。
④人徒:随从。

⑤上功:崇尚事功。上,通"尚"。
⑥能不能:贤能及无贤能之人。
⑦敖:通"熬"。
⑧衣褐带索:穿粗布衣服,以绳索为衣带。
⑨啜(chuò)菽:食豆。啜同"嚽"。
⑩以:通"已"。

〔译文〕

　　天下共有的忧患,在于混乱。为什么不尝试推求一下造成混乱的是谁呢?我认为墨子学说所提倡的"非乐",就会使天下混乱;墨子学说所提倡的"节用",就会使天下贫困。并不是要诋毁墨子,这是因为他的学说不能免于导致这样的结果。墨子如果大到去治理天下,小到去持有一国,就会面容忧愁,穿粗布制成的衣服,吃粗糙的食物,忧愁烦恼且反对音乐。这样的话就会造成民用贫乏,民众所用贫乏则欲望无法得到满足,无法满足人民欲望就意味着没有拿来赏赐的东西,就会导致对有功之人的赏赐无法有效进行。墨子如果大到去治理天下,小到去持有一国,就会减少随从,减少官职,推崇事功且做事勤劳辛苦,会与百姓从事一样的事业,功劳也一样,这样的话就会没有威信,没有威信就会导致惩罚无法正常进行。赏赐无法正常进行,那么贤者就没有办法得到任用;惩罚无法正常进行,那么奸臣就没有办法被罢免。贤才无法得到任用,奸臣无法得到罢免,那么贤能之人和不贤能之人就没有办法各自在适当的职位上。如果是这样,就会天下万物不得当,事情发生变化时失去应变的方法。对上失去天时,对下失去地利,中间失去人和,天下煎熬如同烧焦一般。墨子虽然为民众穿粗布衣服,以绳索为衣带,食豆饮水,怎么能使百姓满足呢?既然已经伤害了根本,枯竭了源头,那么天下就会陷于焦熬的境地。

　　故先王圣人为之不然。知夫为人主上者不美不饰之不足以一民也,不富不厚之不足以管下也,不威不强之不足以禁暴胜悍也。故必将撞大钟、击鸣鼓、吹笙竽、弹琴瑟以塞其耳①,必将锎琢、刻镂、黼黻、文章以塞其目②,必将刍豢稻粱、五味芬芳③,以塞其口。然后众人徒、备官职、渐庆赏、严刑罚以戒其心④。使天下生民之属皆知己之所愿欲之举在是于也,故其赏行;皆知己之所畏恐之举在是于也,故其罚威。赏行罚威,则贤者可得而进也,不肖者可得而退也,能不能可得而官也。若是,则万物得宜,事变得应。上得天时,下得地利,中得人和,则财货浑浑如泉源⑤,汸汸如河海⑥,暴暴如丘山⑦,不时焚烧,无所臧之,夫天下何患乎不足也?故儒术诚行,则天下大而富,使而功⑧,撞钟击鼓而和。《诗》曰:"钟鼓喤喤⑨,管磬玱玱⑩,降福穰穰⑪。降福简简⑫,威仪反反⑬。既醉既饱,福禄来反⑭。"此之谓也。故墨术诚行则天下尚俭而弥贫⑮,非斗而日争,劳苦顿萃而愈无功⑯,愀然忧戚非乐而日不和。《诗》曰:"天方荐瘥⑰,丧乱弘多。民言无嘉,憯莫惩嗟⑱。"此之谓也。

[注释]

　　①塞:充满。此处为满足意。
　　②锎:同"雕"。黼黻(fǔfú):绣有华美花纹的礼服。
　　③刍豢(chúhuàn):牛、羊、豕之类的家畜,指肉类食品。

④渐：深。

⑤浑浑：水流的样子。

⑥汸汸（pāng）：水盛的样子。汸，同"滂"。

⑦暴暴：突起的样子。

⑧使：役使。

⑨喤喤（huáng）：象声词。

⑩玱玱（qiāng）：象声词。

⑪穰穰：众多。

⑫简简：盛大。

⑬反反：慎重。

⑭反：同"返"。

⑮弥：更加。

⑯顿萃：困苦。

⑰荐：多次。瘥（cuó）：此处意为瘟疫疾病。

⑱憯（cǎn）：曾，还。惩：警戒。

[译文]

　　所以先王圣人做事就不会这样。他们明白做君主不华美、不修饰自己就不能够统一民众，不使自己富足厚实就不足以管治下人，不威严不强大就不足以禁止暴虐战胜凶悍。所以一定会撞击大钟、击响鸣鼓、吹响笙竽、弹弄琴瑟，用来满足他的耳朵；一定会雕琢镂刻各式纹饰、在礼服上绣华美的花纹，用来满足他们的眼睛；一定会用肉食和稻粱、各种口味的美食来满足自己的口腹之欲。然后征召随从、完备官职、增加赏赐、严格刑罚，用来警诫人们的内心。使得天下民众都知道自己所想要的全在于此，所以奖赏可以顺利进行；都知道自己所惧怕的都在于此，所以刑罚就有威力。赏赐得以进行，刑罚具有威力，那么贤者就可以得以任用，奸臣就可以被罢免，那么贤能之人和不贤之人就可以各自在适当的职位上。这样的话天地万物就很得当，事情发生变化也有应变的方法。上可得天时，下可得地利，中间可得人和，那么财富货物就像源泉的水一样滚滚而来，像河海一样无边无际，像丘山一样堆积突起，不时地对其进行焚烧，也会多到无法储藏，天下何必忧患所用不足呢？所以儒家的办法确实可以执行的话，那么就会天下安泰且富足，使役庶人而可以有功，撞钟敲鼓也可以和谐动听。《诗经·周颂·执竞》中说："钟和鼓的声音浑厚和谐，管和磬的声音清亮和谐，上天所降福禄众多。上天所降福禄盛大，主人威仪慎重。神灵既醉且饱，返报主人以福禄。"说的就是这样。如果墨家的办法确实执行的话，那么天下推崇节俭而更加贫困，禁止斗争却日日争夺，劳累困苦而越来越没有功绩，忧愁烦恼地反对音乐却一天天地不和谐。《诗经·小雅·节南山》中说："上天正在多次降下疾病瘟疫，死亡离乱的事情又多。民众没有说好话的，还不知道警戒啊。"说的就是这样。

王霸第十一

〔题解〕

　　本文主要阐述了君王应该怎样治国才可以王道天下的问题。文章认为君王治国用"义"则可以王,用"信"则可以霸,玩弄"权谋"则会灭亡,警示君王和仁人需要谨慎地选择治国之道。此外,文章指明君王想要王道天下,必须备齐"治法""佐贤""民愿""俗美"四个条件。文中提到,国家可以长治久安的首要条件是有符合礼法要求的"千岁之法"。其次,君王要善于任贤使能。治理国家不能凭靠一己之力,亦需要明白国家"强弱荣辱在于取相"的道理。再者,君王要清楚民众的重要性,懂得"得百姓之力者富,得百姓之死者强,得百姓之誉者荣"的道理。最后,文章指出儒者治国必将"曲辨",故可以达到"政令行,风俗美"的结果。本文着重强调任用贤能对于君王治国的重要性。认为君王不可听从墨子之言,事事身体力行,而需要使用"论德使能而官施之"的方法,将贤能安排在恰当的地方,天下才能大治。本章选取前数段。

　　国者,天下之制利用也①;人主者,天下之利势也②。得道以持之,则大安也,大荣也,积美之源也;不得道以持之,则大危也,大累也,有之不如无之。及其綦也③,

索为匹夫不可得也,齐湣、宋献是也④。故人主,天下之利势也,然而不能自安也,安之者必将道也⑤。

〔注释〕

①制:据上下文疑为衍文,当删。利用:利器。
②利势:最有势利。
③綦(qí):极,很。
④齐湣:齐闵王,战国时齐国国君。后被楚国将领淖齿所杀,死于山东莒县。宋献:宋康王,战国时宋国国君,被齐闵王打败,死于河南温县。
⑤将:行,实行。

〔译文〕

国家,是天下最有用的利器;人主,是天下最有权势的位置。用正确的方法去持有它们,那么就会长久安定,无上荣耀,是积累美好名声和德行的源泉;不用正确的方法去持有它们,那么国家就会有大的危险,成为极大的负担,有它们还不如没有它们。等到这种情况发展到极点,想要成为普通百姓也无法做到了,齐闵王、宋康王就是这样的例子。所以人主这个位置是天下最有权势的,然而不一定能够使自己获得永久安定,要获得安定必定要实行正确的方法。

故用国者①,义立而王②,信立而霸③,权谋立而亡④。三者,明主之所谨择也,仁人之所务白也⑤。

〔注释〕

①用国:治理国家。

②义:礼义。
③信:诚信。
④权谋:权术阴谋。
⑤白:明白。

〔译文〕

所以治理国家的人,使用礼义就可以称王,使用诚信就可以称霸,玩弄权术阴谋就会灭亡。这三种方法,圣明的人主要谨慎选择,仁人也必须明白。

絜国以呼礼义而无以害之①,行一不义、杀一无罪而得天下,仁者不为也,擽然扶持心、国②,且若是其固也。之所与为之者之人③,则举义士也;之所以为布陈于国家刑法者,则举义法也;主之所极然帅群臣而首乡之者④,则举义志也⑤。如是,则下仰上以义矣,是綦定也⑥。綦定而国定,国定而天下定。仲尼无置锥之地,诚义乎志意,加义乎身行,箸之言语⑦,济之日⑧,不隐乎天下,名垂乎后世。今亦以天下之显诸侯诚义乎志意⑨,加义乎法则度量,箸之以政事,案申重之以贵贱杀生,使袭然终始犹一也。如是,则夫名声之部发于天地之间也⑩,岂不如日月雷霆然矣哉!故曰以国齐义,一日而白,汤、武是也⑪。汤以亳⑫,武王以鄗⑮,皆百里之地也,天下为一,诸侯为臣,通达之属莫不从服,无它故焉,以义济矣。是所谓义立而王也。

〔注释〕

①絜(xié)国:管理国家。呼:提倡,号召。
②拺(luò)然:形容石头坚固。心、国:思想和国家。
③之:其。
④主:据上下文疑为衍文,当删。极然:急迫的样子。极,通"亟"。首乡:面向。乡,通"向"。
⑤志:志意。
⑥綦(qí):或当作"基",基础。
⑦箸:体现。
⑧济:成功。
⑨显:显赫。
⑩部发:勃发。
⑪汤、武:商汤王和周武王。
⑫亳(bó):商朝国都,位于今河南商丘东南处。
⑬鄗(hào):一作"镐",西周国都,位于今陕西西安西南处。

〔译文〕

　　管理国家提倡使用礼义而不用其他东西去伤害它,做一件不合礼义的事,杀一个没有罪的人而得到天下,仁者不做这样的事情,他像石头一样坚定地捍卫自己的思想与国家。和他一起共事的人,都是礼义之士;他所公布陈列的国家刑法,都是符合礼义的法;他急迫地率领群臣去面向追求的,都是符合礼义的思想。这样的话,那么下位之人都用礼义去仰视上位之人,国家的基础就很稳固。基础稳固就会使国家安定,国家安定就会让天下太平。孔子没有立锥之地,但他内心思想确实符合礼义,行为也符合礼义,他的言语间体现着礼义,等到功成名就之时,他便不会再埋没于天下,名声也会流传到后世。今天也应让天下显要的诸侯,内心志意符合礼义,所制定的法则度量也符合礼义,让礼义体现在政事中,反复强调礼义,并将它作为分贵贱、定生死的标准,自始至终,始终如一。这样的话,他的名声就会在天地之间勃然而发,难道不像日月雷霆一样吗?所以说,用礼义来治理一个国家,那么这个国家很快就会声名闻达于天下,商汤王、周武王就是这样的。商汤王依靠亳,周武王依靠镐京,这都是百里大小的地方,最终可以统一天下,使诸侯为臣,天下凡是人迹之所至、舟车之所达的地方,没有不服从的。没有其他的原因,是因为实现了礼义。这就是所说的礼义得到施行而称王。

德虽未至也,义虽未济也,然而天下之理略奏矣①,刑赏已诺信乎天下矣②,臣下晓然皆知其可要也③。政令已陈,虽睹利败,不欺其民;约结已定④,虽睹利败,不欺其与。如是,则兵劲城固,敌国畏之。国一綦明,与国信之,虽在僻陋之国,威动天下。五伯是也⑤。非本政教也,非致隆高也,非綦文理也⑥,非服人之心也,乡方略⑦,审劳佚,谨畜积,修战备,齺然上下相信⑧,而天下莫之敢当。故齐桓、晋文、楚庄、吴阖闾、越勾践⑨,是皆僻陋之国也,威动天下,强殆中国⑩,无它故焉,略信也⑪。是所谓信立而霸也。

〔注释〕

①略奏:大致完备。奏,通"凑"。

②已诺:不许可与许可。
③可要:可以相互约定不欺骗。
④约结:结盟,订约。
⑤五伯:下文所言齐桓公、晋文公、楚庄王、越王勾践、吴王阖闾。
⑥綦:极。
⑦乡方略:注重谋略。
⑧齺(zōu)然:形容君臣团结一心。
⑨齐桓:齐桓公,名小白,春秋时齐国国君。晋文:晋文公,名重耳,春秋时晋国国君。楚庄:楚庄王,名旅,春秋时楚国国君。吴阖闾(hélú):吴王阖闾。越勾践:越王勾践。
⑩殆:危及。
⑪略:获取。

〔译文〕

　　道德虽然没有达到至善的程度,礼义虽然没有完全实现,但是治理天下的道理已经大致完备,刑罚赏赐,不允许和允许做的事都已经得到天下的信任,臣子都清楚地知道这些是约定好不会反悔的。政令已经发布,虽然发现其有利有弊,但也不欺骗民众,失信于民;国家间的盟约已经定好,虽然看到其有利有弊,但也不欺骗与自己结盟的国家。这样的话,国家就会兵力强劲,城池坚固,敌国也会畏惧。国家上下统一,立场鲜明,盟国也信任自己,虽然是地处偏远的国家,也能够威震天下。春秋五霸就是这样的。他们并不是以政教为本,并不是特别推崇礼义,并不致力于完善礼法制度,并没有使众人心服,但是他们做事注重谋略,适时审度劳逸,谨慎积累财物,修整战备物资,君臣上下同心协力,天下没有敢于与他们为敌的。所以齐桓公、晋文公、楚庄王、吴王阖闾、越王勾践,都是地处僻远、风俗粗野的国家,但是他们的威名惊动天下,国力强大到威及中原国家,并没有其他的原因,是因为取得了天下的信任。这就是所说的树立诚信就可以称霸。

絜国以呼功利,不务张其义,齐其信①,唯利之求,内则不惮诈其民而求小利焉,外则不惮诈其与而求大利焉,内不修正其所以有②,然常欲人之有。如是,则臣下百姓莫不以诈心待其上矣。上诈其下,下诈其上,则是上下析也。如是,则敌国轻之,与国疑之,权谋日行而国不免危削,綦之而亡③,齐闵、薛公是也④。故用强齐⑤,非以修礼义也,非以本政教也,非以一天下也,绵绵常以结引驰外为务⑥。故强,南足以破楚,西足以诎秦⑦,北足以败燕,中足以举宋。及以燕、赵起而攻之,若振槁然⑧。而身死国亡,为天下大戮⑨,后世言恶则必稽焉⑩。是无它故焉,唯其不由礼义而由权谋也。

〔注释〕

①齐:通"济",实现,成功。
②以:通"已"。
③綦:极。
④薛公:战国四公子之一孟尝君,名田文。因食邑在薛地,故曰薛公。
⑤齐:齐国。
⑥结引:与他国结交。
⑦诎:同"屈",屈服。
⑧振槁:振落枯叶。

⑨戮:耻辱。
⑩稽:考稽,借鉴。

[译文]

管理国家提倡使用功利,不致力于推行礼义,实现诚信,却贪图功利,对内则不怯于欺诈民众来获得小的利益,对外则不害怕欺诈友邦来获得大的利益,不去治理国内所拥有的土地财物,然而却常想要得到别人所拥有的。这样的话,臣子百姓没有不用欺诈之心去对待君王的。上位之人欺诈下位之人,下位之人欺诈上位之人,这样上下关系就会分崩离析。像这样的话,那么敌国就会轻视它,友邦就会怀疑它,权术阴谋一天天地在国内盛行,国家就不免于危险削弱,等到极致之时就会灭亡,齐闵公、孟尝君就是这样。他们拥有齐国这样强大的国家,却不在国内修礼义,不以政教作为齐国的根本,也不用齐国来统一天下,不断地以与他国勾结、纵横游说为事业。原先强大的时候,向南足以击破楚国,向西足以使秦国屈服,向北足以击败燕国,向中则可以一举拿下宋国。等到燕国和赵国等并起而攻击它的时候,就像是秋风扫落叶一般,齐闵公身死国亡,为天下所羞耻,后世谈论到恶的时候,一定会以他作为例子。这并没有其他缘故,只是他不凭借礼义,而靠权术阴谋治国。

国者,天下之大器也,重任也,不可不善为择所而后错之①,错险则危;不可不善为择道然后道之,涂秽则塞②,危塞则亡。彼国错者③,非封焉之谓也④,何法之道,谁子之与也?故道王者之法与王者之人为之,则亦王；道霸者之法与霸者之人为之，则亦霸；道亡国之法与亡国之人为之，则亦亡。三者，明主之所以谨择也，而仁人之所以务白也。

〔注释〕

①择所：意思为选择治国之人。错：通"措"，安置。
②涂：道路。
③国错：措置国家，即安置国家。
④封：划分疆界。

〔译文〕

国家，是天下最大的利器，是重要的任务，不可以不妥善地为其选择治国之人来安置它，把它安置给了危险的人就会危险；不可以不妥善地为其选择治国之道，然后再实行治国之道，治国之道污浊不堪就会堵塞，危险闭塞就会导致国家灭亡。所谓安置国家，不是说划分疆界，而是用什么方法治国，把国家交给谁来治理。所以施行王者的治国方法，让可以施行王者之法的人去治理国家，那么就可以称王；施行霸者的治国方法，让可以施行霸者之法的人去治理国家，那么就可以称霸；施行亡国的治国方法，让可以施行亡国之法的人去治理国家，那么国家就会灭亡。这三者是圣明的君王所需要慎重选择的，也是仁人必须明白的。

故国者，重任也，不以积持之则不立①。故国者，世所以新者也，是惮惮②，非变也，改王改行也③。故一朝之日也，一日之人也，然而厌焉有千岁之固④，何也？

曰:援夫千岁之信法以持之也⑤,安与夫千岁之信士为之也。人无百岁之寿,而有千岁之信士,何也? 曰:以夫千岁之法自持者,是乃千岁之信士矣。故与积礼义之君子为之则王,与端诚信全之士为之则霸,与权谋倾覆之人为之则亡。三者,明主之所以谨择也,而仁人之所以务白也。善择之者制人,不善择之者人制之。

〔注释〕

①积持:用积累下来的方法来治理。
②惮:疑应为"禅",禅让,形容不断更替。
③改王改行:疑应为"改玉改行",指君臣上下地位转变。
④厌焉:安然。固:据上下文应为"国"。
⑤援:援用。

〔译文〕

所以说国家是一项重任,不用长时间积累的经验去治理它、持有它,就不能够立足于世。国家,是用来更新换代的工具,君王更替,不是国家制度发生变化,而是君臣上下地位发生了转变。今天的事到明日就会变化,今天的人到明天也不一定在世,然而安然存在于世的千岁之国却存在,这是为什么呢? 回答说:使用千年的礼法来治理国家,而且把它交给信守千年礼法的人来治理。人没有百岁的寿命,却有信守千年礼法的人,这是为什么? 回答说:用沿用了千年礼法来自我坚守的人,就是信守千年礼法的人。所以把国家交付给坚持遵循礼义的君子治理就会称王,交付给端正诚实、恪守信用的人治理就会称霸,交付给玩弄权术阴谋、倾覆国家的人治理就会灭亡。这三者是圣明的君王所需要慎重选择的，也是仁人必须明白的。善于选择的人治理别人，不善于选择的人被别人治理。

君道第十二

[题解]

《君道》篇主要论述了君王的为君之道。文章认为君王要善于养育百姓、治理百姓、任用百姓,善于通过服饰不同来区别人们的等级。君王治国应该"隆礼致法""尚贤使能""纂论公察""赏勉罚偷""兼听齐明"来使得极致的君道得到充分的体现。文章重点强调人在国家治理中的重要作用,主要体现在以下三点:第一,高度认可君子对于治国的重要性:"君子者,治之原也。官人守数,君子养原,原清则流清,原浊则流浊。"第二,认为君主治国,需要提高自身修养:"闻修身,未尝闻为国也。"第三,认为君王的左右亲信、卿相辅臣以及使臣应具备相应的素质,须为"国具"之才。此外,文章还强调了礼的重要性,提出如何选取有德才、讲仁义的辅相之才,详述量才用人并对人才进行了划分。本章选取前数段。

有乱君,无乱国;有治人,无治法。羿之法非亡也,而羿不世中;禹之法犹存,而夏不世王。故法不能独立,类不能自行,得其人则存,失其人则亡。法者,治之端也;君子者,法之原也①。故有君子则法虽省②,足以遍矣；无君子则法虽具，失先后之施，不能应事之变，足以乱矣。不知法之义而正法之数者③，虽博，临事必乱。故明主急得其人，而暗主急得其势。急得其人，则身佚而国治，功大而名美，上可以王，下可以霸；不急得其人而急得其势，则身劳而国乱，功废而名辱，社稷必危。故君人者劳于索之，而休于使之。《书》曰④："惟文王敬忌⑤，一人以择。"此之谓也。

〔注释〕

①原：同"源"，源泉。
②省：简省，简略。
③数：法律法令的条文。
④《书》：指《尚书·康诰》篇。
⑤敬忌：谨慎而畏惧。

〔译文〕

有昏庸的君王，没有本来就混乱的国家；有善于治国的人，没有使国家自行安稳的法律。后羿射箭的方法并没有遗失，但是后羿这样的射手却不能世世代代都存在；大禹治国的方法依旧存在，但是夏朝却没能世代相传，持有天下。所以治国之法不能够独立存在，礼法制度不能够自己实行，得到恪守礼法的人，法就能存在，失去恪守礼法的人，法就会消亡。法，是治理国家的根本；君子，是法的根本。所以只要有君子，那么治国之法虽然简略，也足够普遍治理万物了；没有君子，那么治国之法虽然具备，却失去了先后实行的顺序，不能因为事情的改变而产生应对方法，也足以产生混乱了。不明白法的意义，却只确定法律条文,虽然制定了众多的法律条文,碰到事情的时候也一定会产生混乱。所以,圣明的君王急于得到恪守礼法的人才,而昏庸的君王急于得到权势。急于得到人才的君王,那么就能身处闲逸且国家得到治理,功绩甚大且名声美好,上可以王道天下,下可以霸道天下;不急于得到人才而急于得到权势的君王,就会身体劳累且国家混乱,功绩废弛而名声遭辱,江山社稷一定会岌岌可危。所以君王在寻找人才的时候很辛苦,但是任用人才治国的时候就可以得到休息。《尚书·康诰》中说:"唯有文王谨慎畏惧,亲自去选择人才。"说的就是这个道理。

合符节①,别契券者②,所以为信也;上好权谋,则臣下百吏诞诈之人乘是而后欺。探筹、投钩者③,所以为公也;上好曲私,则臣下百吏乘是而后偏。衡石、称县者④,所以为平也;上好覆倾,则臣下百吏乘是而后险⑤。斗、斛、敦、概者⑥,所以为啧也⑦;上好贪利,则臣下百吏乘是而后丰取刻与⑧,以无度取于民。故械数者⑨,治之流也,非治之原也;君子者,治之原也。官人守数,君子养原,原清则流清,原浊则流浊。故上好礼义,尚贤使能,无贪利之心,则下亦将綦辞让,致忠信而谨于臣子矣。如是则虽在小民,不待合符节、别契券而信,不待探筹、投钩而公,不待衡石、称县而平,不待斗、斛、敦、概而啧。

〔注释〕

①符节:古代作为凭证的信物,刻有文字,分为两半,两半相合即可

验证。

②契券:契据、证券,作为凭证的文书契约。

③探筹:抽签。投钩:拈阄,抓阄。

④衡石:指称重时用来衡量重量的器物。称县(xuán):测量重量的工具。"称"指秤杆。"县"指秤砣。

⑤险:险诈。

⑥斗、斛、敦(duì)、概:斗、斛、敦皆为量器。概为刮平斗斛的工具。

⑦啧:符合实际,即齐平之意。

⑧丰取刻与:多索取少给予。

⑨械数:指统一的度量衡制度。

〔译文〕

聚合符节,分别持有契券,这都是用来作为恪守信用的;君王喜好权术阴谋,那么臣子百官及欺诈之人就会趁机进行欺诈活动。抽签、抓阄,这些都是用来作为确定公平的(办法);君王喜好偏私,那么臣子百官就会趁机中饱私囊。衡石和秤,这些都是用来确定平均的;君王喜好颠倒黑白,那么臣子百官就会趁机行险诈之事。斗、斛、敦、概,这些都是用来齐平事物的;君王喜好贪图利益,那么臣子百官就会乘机多索取少给予,无止境地搜刮民膏民脂。所以说有关度量衡的制度,这是治理国家的支流,并非是治理国家的源泉,君子才是治理国家的源泉。官吏掌握治理国家的分流,作为君子的君王养护着国家治理的源泉,源泉清澈支流就会清澈,源泉混浊支流就会混浊。所以上位之人喜好礼义,崇尚贤才举用能人,没有贪图利益的心思,那么下位之人也会极力地推辞礼让,极力地恪守忠信,谨慎地守着臣子的本分。如果这样的话,那么虽然是庶民,不用等待聚合符节、分持契券就可以相互信任,不用等待抽签、抓阄就可以公平相处,不用衡石和秤去测量就可以恪守平均,不用斗、斛、敦、概就可以做事讲究公平。

故赏不用而民劝①,罚不用而民服,有司不劳而事治,政令不烦而俗美。百姓莫敢不顺上之法,象上之志②,而劝上之事,而安乐之矣。故藉敛忘费③,事业忘劳,寇难忘死,城郭不待饰而固④,兵刃不待陵而劲⑤;敌国不待服而诎,四海之民不待令而一,夫是之谓至平。《诗》曰⑥:"王犹允塞,徐方既来⑦。"此之谓也。

〔注释〕

①劝:劝勉,勤勉。
②象:效法。
③藉敛:征收赋税。
④饰:通"饬",整治。
⑤陵:磨炼,磨砺。
⑥《诗》:指《诗经·大雅·常武》。
⑦徐方:古族名,亦称"徐夷""徐戎",分布在淮河下游地区。

〔译文〕

所以不用赏赐,民众就会勤勉于事,不用刑罚,民众就会顺服,官员不用劳苦,事情也会得到妥善治理,政令不烦扰人,风俗就会变得美好。老百姓不敢不顺从上面颁布下来的法令,不敢不效法君主的意志,去勤勉于君王所安排下来的事,从而得到安乐。所以百姓在被征收赋税时也不会觉得负担过重,致力于事业的时候忘记了劳累,抗击敌寇入侵时舍生忘死,城郭不用等待专门修理就会坚固,兵器的刃不用等待磨砺就会很锋利;敌对的国家不用征伐就会屈服,四海的民众不用法令就可以归一,这就叫作最安稳平定。《诗经·大雅·常武》中说:"王道充斥着天下,徐方之民也前来归顺。"说的就是这个情况。

请问为人君?曰:以礼分施,均遍而不偏。请问为人臣?曰:以礼侍君,忠顺而不懈。请问为人父?曰:宽惠而有礼。请问为人子?曰:敬爱而致文①。请问为人兄?曰:慈爱而见友。请问为人弟?曰:敬诎而不苟②。请问为人夫?曰:致功而不流③,致临而有辨④。请问为人妻?曰:夫有礼,则柔从听侍;夫无礼,则恐惧而自竦也。此道也,偏立而乱,俱立而治,其足以稽矣。请问兼能之奈何?曰:审之礼也。

〔注释〕

①致文:疑为"致恭"。
②不苟:不马虎。一说为"不悖",不顺从。
③致功:疑为"致和",十分和睦。不流:不流荡淫乱。
④致临:十分亲密。一说为"致隆",十分推崇礼法。

〔译文〕

请问如何做百姓的君王?回答说:按照礼法分施万物,使分施普遍均匀而没有偏私。请问如何做臣子?回答说:用礼法来侍奉君王,忠诚顺从而不懈怠。请问如何做父亲?回答说:待人宽厚慈爱,同时有礼。请问如何做儿子?回答说:尊敬有爱,同时要恪守恭敬。请问如何做兄长?回答说:仁慈爱人,同时待人友好。请问如何做弟弟？回答说：恭敬顺从，同时做事不马虎。请问如何做丈夫？回答说：相处十分和睦，同时不要流荡淫乱；十分亲密，同时也要夫妻有别。请问如何做妻子？回答说：丈夫有礼义，自己就要温柔顺从，听候吩咐去服侍丈夫；丈夫没有礼义，自己就要内心恐惧，自我警惕。这些道理，不全部做到就会产生混乱，全部做到就可以天下大治，这是已经被考察核实过了的。请问怎样才能兼备所有地做到这些？回答说：要详细地熟知礼义。

古者先王审礼以方皇周浃于天下①，动无不当也。故君子恭而不难②，敬而不巩③，贫穷而不约，富贵而不骄，并遇变态而不穷④，审之礼也。故君子之于礼，敬而安之；其于事也，径而不失；其于人也，寡怨宽裕而无阿⑤；其为身也，谨修饰而不危⑥；其应变故也，齐给便捷而不惑⑦；其于天地万物也，不务说其所以然而致善用其材；其于百官之事、伎艺之人也，不与之争能而致善用其功；其待上也，忠顺而不懈；其使下也，均遍而不偏；其交游也，缘义而有类⑧；其居乡里也，容而不乱⑨。是故穷则必有名，达则必有功，仁厚兼覆天下而不闵⑩，明达用天地、理万变而不疑，血气和平，志意广大，行义塞于天地之间，仁知之极也。夫是之谓圣人，审之礼也。

〔注释〕

①方皇周浃：广大普遍。

②不难：不惧怕。

③巩:通"恐",恐惧。
④变态:事情发生变化。
⑤无阿:不阿谀奉承。
⑥饰:通"饬"。不危:不违背。危,通"诡"。
⑦齐给便捷:指行动敏捷轻快。
⑧缘义而有类:疑应为"缘类而有义"。
⑨容:疑上脱一"宽"字。
⑩闵:通"暋",强悍。

[译文]

　　古时候,先王熟知礼义,普遍施行礼义于天下,行动没有不适当的地方。所以君子恭敬而不惧怕,敬顺而不恐惧,贫困而不卑屈,富贵而不骄横,做事遇到变化也不会陷入窘境,这是熟知礼义的缘故。所以君子对于礼义,恭敬而且自觉遵守;他们对于事情,直截了当但不会出差错;他们对于人,很少抱怨,多去宽容,但不阿谀奉承;他们对于自己,谨慎地端正言行,不去违背礼义;他们应对事情的变故,行动敏捷轻快而不会陷入疑惑;他们对于天地万物,不力求说清楚为什么是这样的道理,却善于利用它们的特点;他们对于百官的事务和有技艺的人,不与他们争能力的大小,却善于利用他们的成果;他们对待上位之人,忠诚顺从而不懈怠;他们对待下位之人,普遍地使他们平均而不偏私;他们交友,寻求同道中人而且做到有礼义;他们居住在乡里,宽容而不乱。所以他们穷困之时一定会有好名声,显达之时一定会有功绩,仁爱宽厚覆盖天下而不强悍,明察通达地使用天地间的道理,处理世事的变化而不会疑惑,血气温和平正,志意宽广宏大,行事符合礼义,充满于天地之间,是仁义智慧的极点。这就叫作圣人,他们详细熟知礼义。

请问为国？曰：闻修身，未尝闻为国也。君者，仪也①，仪正而景正；君者，盘也②，盘圆而水圆；君者，盂也，盂方而水方③。君射则臣决④。楚庄王好细腰，故朝有饿人。故曰：闻修身，未尝闻为国也。

〔注释〕

①仪：日晷。疑此句下脱"民者，景也"一句。
②疑此句下脱"民者，水也"一句。
③此句疑为衍文。
④决：古代射箭时右手大拇指上的象骨套，此处引申为射箭。

〔译文〕

请问怎样治理国家？回答说：只听说过怎样修身，未曾听说过怎样治理国家。君王，是日晷，庶民，是影子，日晷正所以影子才能正；君王，是盛水的木盘，庶民，是盘中的水，盘子是圆的所以水就是圆的。君王喜好射箭，那么臣子就会也喜好射箭。楚庄王喜欢腰细的女子，所以朝中常常有因为减肥瘦腰而挨饿的人。所以说听说过怎样修身，而没听说过怎样去治理国家。

君者，民之原也，原清则流清，原浊则流浊。故有社稷者而不能爱民，不能利民，而求民之亲爱己，不可得也。民不亲不爱，而求为己用，为己死，不可得也。民不为己用，不为己死，而求兵之劲，城之固，不可得也。兵不劲，城不固，而求敌之不至，不可得也。敌至而求无危削，不灭亡，不可得也。危削灭亡之情举积此矣，而求安乐①,是狂生者也②。狂生者不胥时而落③。故人主欲强固安乐,则莫若反之民;欲附下一民,则莫若反之政;欲修政美国④,则莫若求其人。彼或蓄积而得之者,不世绝⑤。

〔注释〕

①此句结尾处疑脱"是闻,不亦难乎"六字。
②狂生:无知妄为之人。
③不胥时:不待时。
④美国:疑应为"美俗",美化风俗。
⑤世绝:不绝于世。

〔译文〕

君王,是民众的源泉,源泉清澈则支流清澈,源泉混浊则支流混浊。所以拥有江山社稷而不能够爱护民众,不能有利于民众,却希望民众亲近喜爱自己,这是不可能得到的。民众不亲近不喜爱自己,但是希望民众为自己所用,为自己卖命,这是不可能得到的。民众不为自己所用,不为自己卖命,却希望兵力强劲,城池坚固,这是不可能得到的。兵力不强劲,城池不坚固,却希望敌人不来攻打,这是不可能得到的。敌人兵临城下而希望国家不要有危险,不要遭到削弱,这是不可能得到的。危亡削弱、国破家亡的情形一起出现,却希望可以平安快乐,这不是很难的事情吗?这样的人一定是无知妄为的人。无知妄为的人不用等待多久就会自己灭亡。所以君王想要国家强大,城池坚固,享受安乐,莫过于反过来依靠民众;想要下属依附,民众齐一,莫过于反过来治理好国家;想要修理朝政,美化风俗,莫过于选贤举能。那样得到并积累下很多贤能之人的君王,世世代代都是有的。

彼其人者,生乎今之世而志乎古之道。以天下之王公莫好之也,然而于是独好之①;以天下之民莫欲之也②,然而于是独为之;好之者贫,为之者穷,然而于是独犹将为之也③,不为少顷辍焉。晓然独明于先王之所以得之,所以失之,知国之安危臧否若别白黑。是其人也,大用之则天下为一,诸侯为臣;小用之则威行邻敌,纵不能用,使无去其疆域④,则国终身无故。故君人者爱民而安,好士而荣,两者无一焉而亡。《诗》曰⑤:"介人维藩⑥,大师维垣⑦。"此之谓也。

〔注释〕

①于是:当为"是子"。后两处与此同。
②欲:据下文,当为"为"。
③独:一说"独"字疑为衍文。
④去:离开。
⑤《诗》:指《诗经·大雅·板》。
⑥介人:善人。藩:指篱笆。
⑦大师:民众。垣:墙。

〔译文〕

有的人出生在当今社会,但是心中却向往古代的正道。天下的王公贵族没有一个人喜欢古代的正道,然而他却独自喜欢;天下的民众没有一个人按照古代的正道行事,然而他却独自按照古代正道的要求来做事;喜欢古代正道的人就会陷入窘境,实践古代正道的人就会身处穷困,然而他依旧按照古代正道行事,并不会有片刻的放弃。所以他很清楚古代圣王为什么可以得到,又为什么会失去,国家是安全还是危险,是好还是坏,心中清楚得就像是分辨黑白一样。这类人,如果重用他们,那么就可以使得天下统一,各国诸侯都前来臣服;普通地使用他们,那么国家的威力就会威慑到邻邦,纵然不去任用他们,也一定不要让他们离开自己的国家,那么国家就可以没有危害。所以君王爱护民众就会得到安定,喜欢贤能就会得到荣耀,这二者都不具备的,那么就会国破身亡。《诗经·大雅·板》中说:"善人就是国家的篱笆,民众就是国家的围墙。"说的就是这个道理。

  道者何也?曰:君道也①。君者何也?曰:能群也。能群也者何也?曰:善生养人者也,善班治人者也②,善显设人者也③,善藩饰人者也④。善生养人者人亲之,善班治人者人安之,善显设人者人乐之,善藩饰人者人荣之。四统者俱而天下归之,夫是之谓能群。不能生养人者人不亲也,不能班治人者人不安也,不能显设人者人不乐也,不能藩饰人者人不荣也。四统者亡而天下去之,夫是之谓匹夫。

〔注释〕

  ①君道:当为"君之所道"。
  ②班治:治理。班,通"辨"。
  ③显设:任用。
  ④藩饰:文饰,装饰。

〔译文〕

　　道,是什么? 回答说:道,就是君王治国时所遵循的正确的原则。君王,是什么呢? 回答说:君王就是能够团结民众的人。能够团结民众的人,是什么样呢? 回答说:能够团结民众的人就是善于养育民众的人,就是善于治理民众的人,就是善于任用民众的人,就是善于文饰民众的人。善于养育民众的人,民众就会亲近他;善于治理民众的人,民众就会安心于他的领导;善于任用民众的人,民众就会喜爱他;善于文饰民众的人,民众就会尊重他。这四点都具备了的话,那么天下就都会归于君王,这就叫作能够团结民众。不能养育民众的人,民众不会亲近他;不能治理民众的人,民众不会安心于他的领导;不能任用民众的人,民众不会喜爱他;不能文饰民众的人,民众不会尊重他。这四点都不具备,那么天下就会离君王远去,这种君王就只能叫作普通人。

　　故曰:道存则国存,道亡则国亡。省工贾,众农夫,禁盗贼,除奸邪,是所以生养之也。天子王公①,诸侯一相,大夫擅官②,士保职,莫不法度而公,是所以班治之也。论德而定次,量能而授官,皆使人载其事而各得其所宜,上贤使之为三公③,次贤使之为诸侯,下贤使之为士大夫,是所以显设之也。修冠弁、衣裳、黼黻、文章、雕琢、刻镂皆有等差④,是所以藩饰之也。故由天子至于庶人也,莫不骋其能,得其志,安乐其事,是所同也。衣暖而食充,居安而游乐,事时制明而用足,是又所同也。

若夫重色而成文章,重味而成珍备,是所衍也。圣王财衍以明辨异⑤,上以饰贤良而明贵贱,下以饰长幼而明亲疏。上在王公之朝,下在百姓之家,天下晓然皆知其非以为异也,将以明分达治而保万世也。

〔注释〕

①王公:据下文应为"三公"。
②擅官:指专门负责一类事。
③三公:一般指司马、司徒、司空。
④冠弁:指礼帽。黼黻:指绣有华美花纹的礼服。
⑤财:指利用。

〔译文〕

所以说:治理国家的正道存在,国家就能存在;治理国家的正道丢失,国家就会灭亡。减少工人和商人,增加农户的数量,禁止劫夺和偷窃财物的行为,除去奸臣邪人,这是用来养育民众的方法。天子设置司马、司徒、司空,诸侯国主设置一个辅相,大夫专门负责一类事,士坚守自己的职位,没有人不依照法度办事而公平,这就是用来治理国家的办法。按照个人的品德来确定次序,衡量个人的才能来授予官职,使得每个人都有需要负责的工作,而足以各自胜任。上等的贤人就任用他去担任三公中的职务,次一等的贤人就任用他去做诸侯,下等的贤人就任用他做士大夫,这就是善于用人的办法。装饰衣冠,在礼服上绣上华美花纹,雕琢镂刻各种纹饰,使民众中有等级的差别,这就是文饰民众的方法。所以从天子到庶民,没有谁不尽情发挥才能,实现他们的志愿,安乐于他们所做的事,这是他们所相同的;他们穿得暖和，吃得饱，居住安稳，游玩快乐，处理事情适时，制度明晰，而且需要的物品充足，这些事情他们又都是相同的。至于喜好各种色彩，绣出各种花纹，根据喜好的各种味道，制作出各种美味珍馐，这就是锦上添花了。圣明的君王利用这些良好的条件，可以明确地区别出人等级之间的差异，向上可以用来修饰贤良之才从而区别出贵贱之分，向下可以打扮年长者和年幼者从而明确区别出亲疏关系。上到朝堂上的王公贵族，下到寻常的民众家庭，天下之人全都清楚明白这不是有意来区分尊卑搞特殊，而是为了明确区别等级，达到正确治理国家来永葆国运。

故天子诸侯无靡费之用①，士大夫无流淫之行②，百吏官人无怠慢之事，众庶百姓无奸怪之俗，无盗贼之罪，其能以称义遍矣。故曰："治则衍及百姓，乱则不足及王公。"此之谓也。

〔注释〕

①靡费：指过度浪费。
②流淫：荒淫。

〔译文〕

所以，天子诸侯没有过度地使用物品，士大夫没有荒淫无道的行为，官吏没有怠慢自己的职事，庶民百姓没有奸邪不正的习俗，没有劫夺和偷窃财物的罪行，那么就可以说仁义已经遍布天下了。古书上说："天下得治，那么老百姓也会得到富足；天下混乱，那么王公贵族也会陷入穷困。"说的就是这个道理。

臣道第十三

[题解]

　　本文主要论述了臣子和治国之间的关系。文章认为臣子有"态臣""篡臣""功臣""圣臣"之分，举例说明了不同类别的臣子对治国所造成的不同影响，并得出君王用圣臣就会称王、用功臣就会强大、用篡臣就会危险、用态臣则会灭亡的结论。此外文章还根据臣子言行将其细分为"顺""谄""忠""篡""国贼""谏""诤""辅""弼"，进而论及圣明或昏庸的人主对臣子这些行为的判断，亦会直接影响到国家治理。同时，文章还总结出臣子侍奉圣君、中君、暴君的言行原则，并阐述了作为君子的人臣应该做什么和不应该做什么。文章结尾处强调，圣明的君主能正确判断臣子的言行，故可以王道天下，成为天下的表率。文中谈论臣子在暴君统治下无处逃避的时候，当"言其所长，不称其所短"，这种态度对后世士人产生了一定的影响。

　　人臣之论①：有态臣者②，有篡臣者，有功臣者，有圣臣者。内不足使一民，外不足使距难③，百姓不亲，诸侯不信，然而巧敏佞说，善取宠乎上，是态臣者也。上不忠乎君，下善取誉乎民，不恤公道通义，朋党比周④，以环主图私为务⑤，是篡臣者也。内足使以一民，外足使以距难,民亲之,士信之,上忠乎君,下爱百姓而不倦,是功臣者也。上则能尊君,下则能爱民,政令教化,刑下如影⑥,应卒遇变,齐给如响⑦,推类接誉⑧,以待无方⑨,曲成制象⑩,是圣臣者也。故用圣臣者王,用功臣者强,用篡臣者危,用态臣者亡。态臣用则必死,篡臣用则必危,功臣用则必荣,圣臣用则必尊。故齐之苏秦⑪,楚之州侯⑫,秦之张仪⑬,可谓态臣者也。韩之张去疾⑭,赵之奉阳⑮,齐之孟尝⑯,可谓篡臣也。齐之管仲⑰,晋之咎犯⑱,楚之孙叔敖⑲,可谓功臣矣。殷之伊尹⑳,周之太公㉑,可谓圣臣矣。是人臣之论也,吉、凶、贤、不肖之极也。必谨志之而慎自为择取焉。足以稽矣。

〔注释〕

①论:通"伦",等类。
②态臣:奸诈谄媚之臣。
③距难:抵拒灾难祸事。距,通"拒"。
④比周:相互勾结。
⑤环主:迷惑人主。
⑥刑:通"形"。
⑦齐给:敏捷。
⑧接誉:誉,通"与"。接与,接触相似的事。
⑨无方:无常。
⑩制象:建立礼法制度。
⑪苏秦:战国时魏国人,纵横家,主张合纵抗秦。
⑫州侯:楚襄王的宠臣。
⑬张仪:战国时魏国人,纵横家,主张采用连横策略以瓦解苏秦的合纵抗秦。

⑭张去疾：战国时韩国宰相，生平不详。
⑮奉阳：奉阳君，战国时赵国人，曾为赵国宰相。
⑯孟尝：孟尝君田文，战国时齐国人，曾为齐国宰相，后奔魏。战国四公子之一。
⑰管仲：春秋初期齐国人，名夷吾，曾为齐相。
⑱咎犯：春秋时晋国人，名狐偃，字犯，曾辅佐晋文公称霸。咎，通"舅"。
⑲孙叔敖：春秋时楚国人，曾为楚国令尹，辅佐楚庄王。
⑳伊尹：商朝人，为商汤大臣。名伊，一名挚，尹是官名。
㉑太公：姜太公。

[译文]

　　臣子的等类：有奸诈谄媚之臣，有意欲篡权之臣，有建功立业之臣，有圣贤之臣。对内用他不足以统一民众，对外用他不足以抵拒灾祸，百姓不亲近他，诸侯不信任他，但他却能花言巧语，谄媚取悦于君王，这是奸诈谄媚之臣。对上不忠诚于君王，对下擅长骗取民众的赞誉，不顾天下公道与仁义，结党营私，把迷惑君王图谋私利作为事业，这是意欲篡权之臣。对内用他足以来统一民众，对外用他足以抵御灾难祸事，民众亲近他，贤达之士信任他，对上忠诚于君王，对下爱护百姓不知疲倦，这是建功立业之臣。对上可以尊重君王，对下可以爱护民众，颁布政令，教化民众，下面的人就会遵循其政令，听从其教化，如影随形；应对突发情况，敏捷得如同回声一般；推行法律条文，接纳相似的事件，应变形势的变化无常，曲和周至地在各方面建立礼法，这是圣贤之臣。所以任用圣贤之臣就可以称王，任用建功立业之臣国家就会富强，任用意欲篡权之臣国家就会危险，任用奸诈谄媚之臣国家就会灭亡。君王任用奸诈谄媚之臣必定会身死，任用意欲篡权之臣必定会有危险，任用建功立业之臣必定会获得荣耀,任用圣贤之臣必定会尊贵。所以齐国的苏秦,楚国的州侯,秦国的张仪,可以说是奸诈谄媚之臣。韩国的张去疾,赵国的奉阳君,齐国的孟尝君,可以说是意欲篡权之臣。齐国的管仲,晋国的咎犯,楚国的孙叔敖,可以说是建功立业之臣。殷朝的伊尹,周朝的姜太公,可以说是圣贤之臣。这就是臣子的等类,是吉、凶、贤才、佞臣的典型了。君王一定要谨慎地记在心中,慎重地自己选择臣子。上面所说的足以供君王参考。

从命而利君谓之顺,从命而不利君谓之谄;逆命而利君谓之忠,逆命而不利君谓之篡;不恤君之荣辱,不恤国之臧否①,偷合苟容②,以持禄养交而已耳③,谓之国贼。君有过谋过事,将危国家、陨社稷之惧也,大臣父兄有能进言于君,用则可,不用则去,谓之谏;有能进言于君,用则可,不用则死,谓之争;有能比知同力④,率群臣百吏而相与强君矫君,君虽不安,不能不听,遂以解国之大患,除国之大害,成于尊君安国,谓之辅;有能抗君之命,窃君之重⑤,反君之事,以安国之危,除君之辱,功伐足以成国之大利⑥,谓之拂⑦。故谏、争、辅、拂之人,社稷之臣也,国君之宝也,明君之所尊厚也,而暗主惑君以为己贼也。故明君之所赏,暗君之所罚也;暗君之所赏,明君之所杀也。伊尹、箕子⑧,可谓谏矣;比干、子胥⑨,可谓争矣;平原君之于赵⑩,可谓辅矣;信陵君之于魏⑪,可谓拂矣。传曰:"从道不从君。"此之谓也。

[注释]

①臧否:得失。

②偷合苟容：苟且迎合，取悦君王。
③养交：私下结交他人，形成朋党。
④比知：联合有智慧的人。
⑤重：权力。
⑥功伐：功劳，功勋。
⑦拂：通"弼"，矫正，指匡正国事。
⑧箕子：商朝末期时人，曾屡谏纣王，不得，后被囚。周武王灭商代后，箕子率五千人避往朝鲜。
⑨比干：商纣王时人。纣王无道，比干曾多次劝谏纣王，纣王不听，被剖心而死。子胥：伍子胥，春秋时楚国人，后为吴国大夫。曾力谏吴王夫差停止攻齐，拒绝越国求和，后被夫差赐剑，命自尽。
⑩平原君：赵胜，战国时赵国人，曾任赵国宰相。战国四公子之一。
⑪信陵君：魏无忌，战国时魏国人。战国四公子之一。

[译文]

听从君王命令而有利于君王的叫作顺从，听从命令而不利于君王的叫作谄媚；反抗命令而有利于君王的叫作忠诚，反抗命令而不利于君王的叫作篡逆；不顾君王的荣辱，不顾国家的得失，苟且迎合，取悦君王，用来保有俸禄，结党营私而已，叫作国贼。君王有错的谋略、错的事情，将有危害国家、丢掉江山社稷的危险时，臣子和父兄有可以向君王进言的，能用就采纳，不能用就让他离去，这叫作谏；有可以向君王进言的，能用就采纳，不能用就以死力争，这叫作诤；有可以联合智者，同心协力，率领群臣百官一起强行让君王纠正自己的过失的，君王虽然心中不安，却不能不听从，于是解决了国家的大祸患，除去了国家的大灾害，最终得以使君王尊贵，使国家安宁，这叫作辅；有可以违抗君王的命令，窃取君王的权力，反对君王的事情，来安定国家，除去危险，免除国君的耻辱，其劳足以成就国家的大利益，这就叫作弼。所以可以谏、诤、辅、弼的人，是江山社稷的肱股之臣，是君王的珍宝，圣明的君王会尊重他们，厚待他们；而昏庸的君王则会把他们当作要害自己的人。所以圣明君王所赏赐的人，正是昏庸的君王所惩罚的人；昏庸的君王所赏赐的人，正是圣明的君王所杀的人。伊尹、箕子可以说是符合"谏"的人了，比干、子胥，可以说是符合"诤"的人了，平原君对于赵国，可以说是符合"辅"的人了，信陵君对于魏国，可以说是符合"弼"的人了。古书中说："服从道义但不服从君意。"说的就是这个道理。

故正义之臣设，则朝廷不颇①；谏、争、辅、拂之人信②，则君过不远；爪牙之士施③，则仇雠不作④；边境之臣处，则疆垂不丧⑤，故明主好同而暗主好独，明主尚贤使能而飨其盛，暗主妒贤畏能而灭其功。罚其忠，赏其贼，夫是之谓至暗，桀、纣所以灭也。

〔注释〕

①不颇：不会有偏斜。
②信：通"伸"，不压抑。此处意为得到任用。
③爪牙之士：勇猛威武的人。
④仇雠：仇敌。
⑤疆垂：边疆。垂，通"陲"。

〔译文〕

所以正义的臣子得到任用，那么朝廷中就不会有偏斜；谏、诤、辅、弼的人得到任用，那么君王的过错就不会持续太久；勇猛威武的人得到任用，那么仇敌就不会兴风作浪；边境之臣坚守岗位，那么边陲之地就不会沦丧。所以圣明的君王喜欢任用贤能，共治国事,昏庸的君王喜欢独断专行,独揽朝政,圣明的君王崇尚贤才任用能人,奖励他们的功绩;昏庸的君王忌妒贤才畏惧能人,埋没他们的功绩。惩罚忠善之人,奖赏奸臣贼子,这就叫作极度的昏庸,夏桀、商纣就是这样灭亡的。

事圣君者,有听从,无谏争;事中君者,有谏争,无谄谀;事暴君者,有补削,无矫拂①。迫胁于乱时,穷居于暴国,而无所避之,则崇其美,扬其善,违其恶②,隐其败,言其所长,不称其所短,以为成俗。《诗》曰③:"国有大命,不可以告人,妨其躬身④。"此之谓也。

〔注释〕

①矫拂:矫正辅佐。
②违:避开。
③此为《诗经》中逸诗。
④躬身:自身。

〔译文〕

侍奉圣明的君王,要听从其言而不要去谏、诤;侍奉普通的君王,要去谏、诤而不要谄媚阿谀;侍奉残暴的君王,要补正、修改过失,但不要过度矫正地辅佐。被胁迫在混乱之时,穷居在暴虐的国家,而没有办法逃避,那么就要宣扬它美善的地方,回避它恶的地方,隐藏它败坏的地方,说它的好处但不说它的坏处,并将这种行为养成习惯。《诗经》中说:"国家有大事,不可以告诉别人,不然会妨碍到你自身。"说的就是这个道理。

恭敬而逊,听从而敏,不敢有以私决择也,不敢有以私取与也,以顺上为志,是事圣君之义也。忠信而不谀,谏争而不谄,矫然刚折①,端志而无倾侧之心②,是案曰是,非案曰非,是事中君之义也。调而不流③,柔而不屈,宽容而不乱,晓然以至道而无不调和也④,而能化易⑤,时关内之⑥,是事暴君之义也。若驭朴马,若养赤子,若食餧人。故因其惧也,而改其过;因其忧也,而辨其故;因其喜也,而入其道;因其怒也,而除其怨,曲得所谓焉⑦。《书》曰⑧:"从命而不拂,微谏而不倦,为上则明,为下则逊。"此之谓也。

〔注释〕

①矫然:坚强。刚折:断事刚直果断。
②端志:正直。
③调:和顺,顺从。
④晓然:"然"疑为衍文,当删。
⑤化易:施行教化使转变。
⑥内:同"纳",接受采纳。
⑦曲得:指尽力地做到。
⑧此为《尚书》中逸文。

〔译文〕

恭敬而且谦逊,听顺而且敏捷,不敢有因为自私而做出的决断选择,不敢有因为自私而做出的索取给予,以顺从君王为内心的志意,这是侍奉圣明君王的方法。忠诚守信而不谄媚,谏诤而不奉承,坚强果断,做事正直而没有偏私之心,是就说是,不是就说不是,这是侍奉普通君王的方法。为人和顺但是不随波逐流,柔顺但是不屈服,宽容但是不混乱,用天下大道去启发君王,凡事没有不调解和顺的,而使君主能通过教化来改变,时刻关心他,使他能采纳正确观点,这是侍奉暴君的方法。这就好比驾驭没有驯服过的马一样,好比养育初生的幼子一样,好比喂食给饥饿的人一样。侍奉暴君就要靠着他的恐惧来改正他的过错,靠着他的担忧来诱导他辨认产生担忧的原因,靠着他的喜好来把他带上正道,靠着他的愤怒来消除他所怨恨的,尽力地达到上面所说的目的。《尚书》中说:"顺从命令而不违背,微词讽谏而不厌倦,那么君主就会圣明,臣子也会谦逊。"说的就是这个情况。

事人而不顺者,不疾者也①;疾而不顺者,不敬者也;敬而不顺者,不忠者也;忠而不顺者,无功者也;有功而不顺者,无德者也。故无德之为道也②,伤疾、堕功、灭苦,故君子不为也。

〔注释〕

①不疾:不勤勉。
②无德:没有"顺"这种品德。

〔译文〕

侍奉君王而不顺从,这是不勤勉的;勤勉但是不顺从,这是不恭敬的;恭敬但是不顺从,这是不忠诚的;忠诚但是不顺从,这是没有功劳的;有功劳但是不顺从,这是没有道德的。所以将不顺从作为做事的原则,则伤害勤勉的美德、堕毁功绩、埋没劳苦,所以君子不会这样做。

有大忠者,有次忠者,有下忠者,有国贼者:以德覆君而化之①,大忠也;以德调君而辅之,次忠也;以是谏非而怒之,下忠也;不恤君之荣辱,不恤国之臧否,偷合苟容,以之持禄养交而已耳,国贼也。若周公之于成王也,可谓大忠矣;若管仲之于桓公,可谓次忠矣;若子胥之于夫差,可谓下忠矣;若曹触龙之于纣者②,可谓国贼矣。

〔注释〕

①覆:覆盖。
②曹触龙:商朝时人,相传为商纣王臣子。

〔译文〕

　　有大忠的臣子,有次忠的臣子,有下忠的臣子,有符合国贼的臣子:用德来覆盖教化君王的,是大忠的臣子;用德来调和君王并辅助他的,是次忠的臣子;用正确的道理劝谏君王,从而惹怒君王的,是下忠的臣子;不顾及君王的荣辱,不顾及国家的得失,苟且迎合,取悦君王,用来保有俸禄、结党营私的,是国家的贼子。像周公对于周成王,就可以说是大忠之臣;像管仲对于齐桓公,就可以说是次忠之臣;像伍子胥对于吴王夫差,就可以说是下忠之臣;像曹触龙对于商纣王,就可以说是国贼之臣。

致士第十四

〔题解〕

　　本文主要阐述了作为贤能的君子对于国家的重要性，以及君王招揽贤能的方法。文章认为国家的根本是土地与人、治国之道和礼法制度，而君子是"道法之总要也"，所以在国家治理中片刻都不可离开。文章指出，君王想获得君子归附，需要在两个方面做出努力：第一，君王要懂得使用"衡听、显幽、重明、退奸、进良"的方法来选贤举能；第二，"刑政平而百姓归之，礼义备而君子归之"，国内礼义的完备与否，也是吸引君子能否来国的重要条件。文中一针见血地指出，君王的患事在于口头上说要任用贤能，却心口不一，在实际行动中不任用贤能。还建议君王要展示出自己的美德来吸引天下众人，要懂得"昭其德，则天下归之"的道理。此外，文章还阐述了处理政事的方法，礼在国家治理中的作用以及强调了国不可有二主等。

　　衡听、显幽、重明、退奸、进良之术：朋党比周之誉，君子不听；残贼加累之谮①，君子不用；隐忌雍蔽之人②，君子不近；货财禽犊之请③，君子不许。凡流言、流说、流事、流谋、流誉、流愬④，不官而衡至者⑤，君子慎之。闻听而明誉之⑥,定其当而当⑦,然后士其刑赏而还与之⑧。如是则奸言、奸说、奸事、奸谋、奸誉、奸愬莫之试也,忠言、忠说、忠事、忠谋、忠誉、忠愬莫不明通,方起以尚尽矣⑨。夫是之谓衡听、显幽、重明、退奸、进良之术。

〔注释〕

①残贼:残害,伤害。加累:以罪恶加害别人。谮(zèn):出言诬陷、中伤他人。
②隐忌:嫉妒。雍蔽:阻塞蒙蔽。雍,通"壅"。
③请:贿赂。
④愬(sù):同"诉",诉说。
⑤不官:不通过正常途径。衡:通"横",不寻常的。
⑥誉:当为"督",即"察"。
⑦而当:应为"不当",不真之事。
⑧士:应为"出"字。
⑨尚尽:上进于君王。尚,上。尽,通"进"。

〔译文〕

广泛地听取意见、光显被埋没的人才、表彰贤能、罢免奸人、广进良才的方法是:结党营私之人的吹捧抬举,君王不听取;残害他人、以罪恶加害他人的诬陷之言,君王不采用;嫉妒他人、阻塞选贤道路、蒙蔽君王的人,君王不亲近;用财物礼品进行贿赂,君王不答应。凡是没有根据的言论、没有根据的说法、没有根据的事情、没有根据的谋略、没有根据的赞美、没有根据的请诉,不通过正常途径而意外到来的言论,人主要慎重对待,听闻这些后要明白地调查它们,确定其中真实与不真实的东西,然后再分别给予他们刑罚与赏赐。这样的话,奸邪的言论、奸邪的说法、奸邪的事情、奸邪的谋略、奸邪的赞美、奸邪的请诉,就没有人敢尝试了;忠诚的言论、忠诚的说法、忠诚的事情、忠诚的谋略、忠诚的赞美、忠诚的请诉,就没有不晓明畅通的,从而一起出现被上进给君王。这就叫作广泛地听取意见、光显被埋没的人才、表彰贤能、罢免奸人、广进良才的方法。

川渊深而鱼鳖归之,山林茂而禽兽归之,刑政平而百姓归之,礼义备而君子归之。故礼及身而行修,义及国而政明,能以礼挟而贵名白①,天下愿②,令行禁止,王者之事毕矣。《诗》曰③:"惠此中国④,以绥四方⑤。"此之谓也。川渊者,龙鱼之居也;山林者,鸟兽之居也;国家者,士民之居也。川渊枯则龙鱼去之,山林险则鸟兽去之⑥,国家失政则士民去之。

〔注释〕

①礼挟:疑应为"礼义挟",礼义周洽,即指用礼义修身治国。挟,通"浃",周遍。
②愿:仰慕,敬仰。
③《诗》:指《诗经·大雅·民劳》。
④惠:爱。中国:王畿,周天子直接统治的区域。
⑤绥:安抚,安定。
⑥险:通"俭",草木稀疏。

〔译文〕

河流湖泊的水深,那么鱼鳖就会归来;山林草木繁茂,那么鸟兽就会归来;国家的刑法政令合理,那么百姓就会归来;国家礼义完备,那么君子就会归来。所以礼附着于身就会行为美好,义附着于国家就会政治清明,能够用礼义修身治国那么就会美名远扬,令天下仰慕,有令即行,有禁即止,王道天下的君主应该做的事就都完备了。《诗经·大雅·民劳》中说:"爱护王畿的人,也能够安抚四方诸侯。"说的就是这个情况。河流湖泊是龙和鱼居住的地方,山林是鸟和兽居住的地方,国家是百姓居住的地方。河流湖泊枯竭,那么龙和鱼就会离开;山林草木稀疏不丰茂,那么鸟和兽就会离开;国家政治失策,那么民众就会离开。

无土则人不安居,无人则土不守,无道法则人不至,无君子则道不举。故土之与人也,道之与法也者,国家之本作也,君子也者,道法之总要也①,不可少顷旷也②。得之则治,失之则乱;得之则安,失之则危;得之则存,失之则亡。

〔注释〕

①总要:统领。
②少顷:须臾,片刻。

〔译文〕

没有国土,那么人就不能安居;没有人,那么国土也没有办法得到守护;没有好的治国之道和礼法制度,那么人也不会归附;没有治国的君子,那么治国之道就没有办法施行。所以国土和人、治国之道和礼法制度,这是国家的根本;懂得治理国家的君子,是治国之道和礼法制度的统领,片刻也不能缺少。得到君子,国家就能得到治理;失去君子,国家就会陷入混乱;得到君子,国家就会安稳;失去君子,国家就会危险;得到君子,国家就会存在;失去君子,国家就会灭亡。

得众动天①。美意延年。诚信如神。夸诞逐魂②。

〔注释〕

①动天:感动上天。一说为改天动地,改造自然。
②夸诞:虚妄不实。

〔译文〕

得到民众就能感动上天。心神愉悦就能延年益寿。诚实守信就可以如神明一般。虚妄不实就会伤害心神。

人主之患,不在乎不言用贤,而在乎诚必用贤①。夫言用贤者口也,却贤者行也。口行相反而欲贤者之至,不肖者之退也,不亦难乎!夫耀蝉者务在明其火②,振其树而已。火不明,虽振其树,无益也。今人主有能明其德者,则天下归之,若蝉之归明火也。

〔注释〕

①而在乎诚必用贤:此句应为"而在乎不诚必用贤",意为而在于不诚心使用贤才。
②耀蝉:一种捕蝉方法,夜晚用火把照蝉,蝉便会自扑过来。

〔译文〕

人主的祸患,不在于不说任用贤才,而在于不诚心任用贤才。说着任用贤才,是口中之言;退却贤才不任用,是行为。言行相反而想要贤才到来,佞臣退去,这不是很难吗!用火把照蝉的人,所需要做的在于明亮火把,晃动树而已。火把不明亮,虽然晃动了树,也是没有作用的。今天君王能够明显地展示出他的美德,那么天下之民就会归顺他,就像是蝉扑向明亮的火把一样。

　　临事接民而以义,变应宽裕而多容,恭敬以先之,政之始也;然后中和察断以辅之,政之隆也;然后进退诛赏之,政之终也。故一年与之始,三年与之终。用其终为始,则政令不行而上下怨疾,乱所以自作也。《书》曰[1]:"义刑义杀[2],勿庸以即[3],女惟曰[4]:未有顺事。"言先教也。

〔注释〕

①《书》:指《尚书·康诰》。
②义刑:正确的刑罚。下"义杀"之"义"与此意同。
③勿庸:不必。
④女:通"汝",你。

〔译文〕

　　处理事情接待民众,要以礼义;应对变化宽容待人,要多接纳意见,恭敬地引导百姓,这是政事的开始;然后配合审察、判断来辅佐,这是政事隆兴的时候;然后选贤举能、罢免奸才,施行诛杀、赏赐的行为,这是政事的终结。所以第一年为政事伊始,第三年政事才能获得终结。如果把政事终结时应做的放在政事开始去做，那么政策法令就得不到施行，而上下之人都会怨恨，国家混乱就会自此而始。《尚书·康诰》中说："正确的刑罚和正确的诛杀，不必马上执行，你只能说：'我没有把政事处理好。'"意思就是要先行进行教化。

程者①，物之准也；礼者，节之准也②。程以立数，礼以定伦，德以叙位，能以授官。凡节奏欲陵③，而生民欲宽。节奏陵而文④，生民宽而安。上文下安，功名之极也，不可以加矣。

〔注释〕

①程：度量衡的总称。
②节：法度。
③节奏：礼法制度。陵：严峻缜密。
④文：条理秩然有序。

〔译文〕

程，是度量物体的标准，礼，是法度的标准。程用来确定物体的多少轻重，礼用来确定人的长幼尊卑，德用来排列人的上下次序，能力用来确定所授予的官位。所有的礼法制度都要严峻缜密，而养育百姓要宽容。礼法制度严峻缜密就会条理秩然有序，养育民众宽容就会得到安定。上面条理有序，下面安定，这就是功名的极点了，不可以再往上附加了。

君者，国之隆也①；父者，家之隆也。隆一而治，二而乱。自古及今，未有二隆争重而能长久者。

〔注释〕

①隆:最尊贵的人。

〔译文〕

君王,是一个国家最尊贵的人;父亲,是一个家庭最尊贵的人。最尊贵的人有一个就可以得到安定,如果最尊贵的人有两个,那么就会产生混乱。从古到今,没有两个最尊贵者争夺最高权力而能长治久安的。

师术有四,而博习不与焉①:尊严而惮②,可以为师;耆艾而信③,可以为师;诵说而不陵不犯④,可以为师;知微而论,可以为师。故师术有四,而博习不与焉。水深而回,树落则粪本⑤,弟子通利则思师。《诗》曰⑥:"无言不雠⑦,无德不报。"此之谓也。

〔注释〕

①博习:见闻广博而熟习,即博学。
②惮:敬。
③耆(qí)艾:尊长。也可泛指年长之人。
④陵:逾越。犯:违背。
⑤粪本:作为树根的肥料。
⑥《诗》:指《诗经·大雅·抑》。
⑦雠:回答。

〔译文〕

成为老师的条件有四个,但是博学不包括在这里面:尊严而且庄重,可以作为老师;年长而有威信,可以作为老师;诵读解说的时候不逾越不违背礼法,可以作为老师;知道得极其精微而且解说切中道理,可以作为老师。所以成为老师的条件有四个,但是博学不包括在这里面。积水极深就会产生漩涡,树叶凋零就会成为树根的肥料,弟子通达顺利的时候就会想起老师。《诗经·大雅·抑》中说:"没有说出的话得不到回答,没有给出的恩德得不到报答。"说的就是这个道理。

赏不欲僭①,刑不欲滥。赏僭则利及小人,刑滥则害及君子。若不幸而过,宁僭勿滥;与其害善,不若利淫。

〔注释〕

①僭(jiàn):超越本分。

〔译文〕

赏赐不能够过分,刑罚不能够滥用。赏赐过分,就会使得小人获利;刑罚滥用,就会伤害到君子。如果不幸已经出现了过分的行为,宁可过分赏赐也不要滥用刑罚;与其伤害到善良的人,不如让小人受一点利。

议兵第十五

〔题解〕

《议兵》篇集中论述了荀子的军事思想。文章可以分为两部分，前一部分讲述了赵孝成王、临武君以及荀子三人关于"兵要""王者之兵何道何行""为将""王者之军制"的问答。荀子认为用兵的要领在于善于使民众依附自己，并指出临武君的用兵方法是"攻夺变诈"，并非自己所提倡的"仁人之兵，王者之志"，故不是常胜之法。关于王者之兵应该怎样做，荀子认为君王本身品德是决定国家强弱的关键，而非将帅可为，故"凡在大王，将帅末事也"。关于怎样做将领，荀子总结出了"六术""五权""三至"，并且认为将领谨慎地施行以上三者而不懈怠，就可以是"天下之将"。此外，荀子还就王者军队的法令制度等提出了一系列详细的办法。

后一部分是荀子和自己学生陈嚣及李斯的问答，荀子解答了二人关于仁义与用兵关系的疑惑，还强调了礼在治国、治兵中的重要性，最后介绍了三种兼并他国的办法。本章选取有关"兵要""为将"的问答以及最后的三种兼并他国方法的部分。

临武君与孙卿子议兵于赵孝成王前①，王曰："请问兵要。"

临武君对曰:"上得天时,下得地利,观敌之变动,后之发,先之至,此用兵之要术也。"

孙卿子曰:"不然。臣所闻古之道,凡用兵攻战之本在乎壹民。弓矢不调,则羿不能以中微;六马不和,则造父不能以致远;士民不亲附,则汤、武不能以必胜也。故善附民者,是乃善用兵者也。故兵要在乎善附民而已。"

临武君曰:"不然。兵之所贵者势利也②,所行者变诈也③。善用兵者,感忽悠暗④,莫知其所从出。孙、吴用之,无敌于天下,岂必待附民哉!"

孙卿子曰:"不然。臣之所道,仁人之兵,王者之志也。君之所贵,权谋势利也;所行,攻夺变诈也,诸侯之事也。仁人之兵,不可诈也。彼可诈者,怠慢者也,路亶者也⑤,君臣上下之间滑然有离德者也⑥。故以桀诈桀,犹巧拙有幸焉,以桀诈尧,譬之若以卵投石,以指挠沸⑦,若赴水火,入焉焦没耳。故仁人上下,百将一心,三军同力,臣之于君也,下之于上也,若子之事父、弟之事兄,若手臂之捍头目而覆胸腹也。诈而袭之,与先惊而后击之,一也。且仁人之用十里之国,则将有百里之听;用百里之国,则将有千里之听;用千里之国,则将有四海之听。必将聪明警戒,和传而一⑧。故仁人之兵聚则成卒,散则成列,延则若莫邪之长刃,婴之者断;兑则若莫邪之利锋⑨,当之者溃;圆居而方止⑩,则若盘石然⑪,触之者角摧⑫,案角鹿埵、陇种、东笼而退耳⑬。且夫暴国之君,将谁与至哉?彼其所与至者,必其民也。而其民之亲我欢若父母,其好我芬若椒兰;彼反顾其上则若灼黥⑭,若雠仇。人之情,虽桀、跖,岂又肯为其所恶贼其所好者哉!是犹使人之子孙自贼其父母也,彼必将来告之,夫又何可诈也?故仁人用,国日明,诸侯先顺者安,后顺者危,虑敌之者削⑮,反之者亡。《诗》曰⑯:'武王载发⑰,有虔秉钺⑱,如火烈烈,则莫我敢遏。'此之谓也。"

〔注释〕

①临武君:楚国将领,楚国春申君曾欲命之为将,其他事迹不详。赵孝成王:战国时赵国君王,名丹,赵惠文王之子。
②势利:形式和有利的客观条件。
③变诈:变化无常与诡诈的计谋、行动。
④感忽:变化无常。悠暗:神秘莫测。悠,通"幽"。
⑤路亶:羸弱疲惫。路,通"露"。
⑥滑然:应为"涣然"。
⑦挠沸:用手指搅动沸腾的水。
⑧和传:应为"和抟",齐心协力。
⑨莫邪:宝剑名。
⑩圆居:指军队驻扎形状为圆形。
⑪盘石:磐石。盘,通"磐"。
⑫角摧:崩颓,摧毁。
⑬案角鹿埵、陇种、东笼:"案"为语助词。"角"字疑为衍文。鹿埵、陇种、东笼,皆为古方言,形容溃败逃窜的样子。
⑭黥:墨刑。在脸上刺字,再涂上墨。
⑮虑:此字疑为衍文,当删去。

⑯《诗》:指《诗经·商颂·长发》。
⑰发:起兵出发。
⑱钺:古兵器名,大斧。先秦时期由青铜制成。

[译文]

临武君和荀子在赵孝成王面前谈论兵事,赵孝成王问道:"请问什么是用兵的要领?"

临武君回答说:"上可得到天时,下可得到地利,观察敌人的变动,后敌人而发,却可以先敌人而至,这就是用兵的要领。"

荀子说:"不是这样。臣听说古代的方法,凡是用兵打仗的根本,在于统一民众。弓箭不能协调配合,那么后羿用它也不能射中微小的事物;天子之车的六匹马如果不和睦相处,那么造父驾驶也不能到达很远的地方;士和民众不亲近依附于君王,那么汤王和武王用他们打仗也不能一定获得胜利。所以善于使民依附的人,是善于用兵的人。所以,用兵的要领在于善于使民众依附自己。"

临武君说:"不是这样的。用兵所看重的,是形势和有利的客观条件;所执行的,是变化无常与诡诈的计谋、行动。善于用兵的人,其所用的方法变化多端,神秘莫测,没有人知道他从哪儿出来。孙膑和吴起用这种方法,在天下没有对手,这难道是一定要等待民众依附自己吗!"

荀子说:"不是这样的。臣所遵循的用兵方法,是仁者的用兵方法,是王道天下的人心中的志意。临武君您所看重的,是权术阴谋、形势及客观条件;所执行的,是攻抢夺取、诡变巧诈,这是诸侯所做的事情。仁者用兵,是不可以欺诈别人的。那些可以被欺诈的人,是懈怠轻忽的人,是羸弱疲惫的人,是君臣之间离心背德的人。所以用夏桀来欺诈夏桀，尚且可以有手段巧妙、笨拙而侥幸成功的；用夏桀来欺诈尧，就好比用鸡蛋砸向石头，用手指去搅动沸腾的水，好像跳入水火之中，一旦进入就会烧焦、淹没了。所以仁人上下，众多将领同心，三军同力，臣子对于君王，下位之人对于上位之人，如同儿子侍奉父亲、弟弟侍奉兄长，如同手臂保护头和眼睛，保护胸部和腹部一样。先欺诈，进而袭击他们，和先惊动他们然后攻击的效果是一样的。而且仁人治理方圆十里的国家，而其所能了解的范围可以达到百里；治理方圆百里的国家，其所能了解的范围可以达到千里；治理方圆千里的国家，其所能了解的范围可以达到天下四海。他一定会聪明警戒，国内上下一心，如同一个整体。所以仁人所用之兵，聚合起来就可以成为卒，散开来就能成为列，横着站列就如同莫邪宝剑长长的刀刃，敌军触碰到就会被切断；队伍收缩后就像是莫邪锐利的剑锋，阻挡它的敌军就会被击溃；队伍驻扎无论是呈圆形还是方形，都如同磐石一般，触碰到它的就会被摧毁，只能狼狈地撤退。而暴虐的君王，和他一起来打仗的会是谁呢？能和他一起来打仗的，一定是他的民众。而他的民众亲近我，欢快得好像亲近父母；喜欢我，好像我的气味芳香如同椒与兰一般；他们再回过头看他们的君王，就像被火灼烧过一样，就像受过墨刑一样，就像看着仇人一般。人的感情，即便是夏桀、盗跖，怎么可能情愿为他所厌恶的人去戕害他所喜欢的人呢！这就好比是叫别人的子孙去戕害他自己的父母，他一定会去告诉他的父母，这又怎么欺诈得了呢？所以任用仁人来治理国家，国家就会日益昌明，四方诸侯先归顺的就会平安，后归顺的就会有危险，敌对他的就会国力日益削弱，反对他的就会灭亡。《诗经·商颂·长发》中说：'武王出征，强武如虎，拿着青铜大斧，威猛如烈火,没有人敢抵挡。'讲的就是这个道理。"

孝成王、临武君曰:"善!请问为将。"

孙卿子曰:"知莫大乎弃疑,行莫大乎无过,事莫大乎无悔,事至无悔而止矣,成不可必也。故制号政令欲严以威①;庆赏刑罚欲必以信;处舍收藏欲周以固②;徙举进退欲安以重,欲疾以速;窥敌观变欲潜以深,欲伍以参③;遇敌决战必道吾所明,无道吾所疑,夫是之谓六术。无欲将而恶废,无急胜而忘败,无威内而轻外,无见其利而不顾其害,凡虑事欲孰而用财欲泰④,夫是之谓五权。所以不受命于主有三:可杀而不可使处不完⑤,可杀而不可使击不胜,可杀而不可使欺百姓,夫是之谓三至。凡受命于主而行三军,三军既定,百官得序,群物皆正,则主不能喜,敌不能怒,夫是之谓至臣。虑必先事而申之以敬⑥,慎终如始,终始如一,夫是之谓大吉。凡百事之成也必在敬之,其败也必在慢之。故敬胜怠则吉,怠胜敬则灭;计胜欲则从⑦,欲胜计则凶。战如守,行如战,有功如幸。敬谋无圹⑧,敬事无圹,敬吏无圹,敬众无圹,敬敌无圹,夫是之谓五无圹。谨行此六术、五权、三至而处之以恭敬无圹,夫是之谓天下之将,则通于神明矣。"

〔注释〕

①制:军制。号:令。

②臧:同"藏"。
③欲伍以参:指相互参考验证,从而完全掌握。
④孰:同"熟"。泰:宽裕,不吝啬。
⑤不完:守御器械不完备的地方。
⑥申:重复。
⑦从:顺利。
⑧圹(kuàng):疏忽。

[译文]

赵孝成王、临武君说:"好!请问如何做将领?"

荀子回答说:"智慧的最高境界莫过于放弃有疑惑的事,行动的最高境界莫过于没有过错,做事的最高境界莫过于不去后悔,事情做到不用后悔就可以停止,成功并非是必不可少的。所以军队的军制政令,一定要有威仪而严格;奖赏惩罚,一定要守信而坚决;营垒和收藏的财物,一定要牢固而周密;军队的行动,一定要稳重而安全,快速而迅疾;侦察敌人,观察变化,一定要深入而隐蔽,搜得信息要相互参验;和敌人相遇打仗,一定要遵循我所明察的信息,不要采纳我有疑惑的信息,这就叫作'六术'。将领不要因喜好则任用,因讨厌则排斥,不要急于求得胜利而忘记了失败,不要行威于内而轻忽于外,不要见到利益而不去顾及它的害处,凡事都要考虑成熟,而且要在财物使用上宽裕,这就叫作'五权'。将领不接受君主命令的情况有三种:可以杀掉他,但不可以使他守卫守御器械不完备的地方;可以杀掉他,但不可以让他去打必败之仗;可以杀掉他,但不可以使他去欺压百姓,这就叫作'三至'。凡是受命于君王来统领三军的将领,三军已经得到安定,军中各官职也安排得序,军内各项事务都运转得当,那么君王的嘉奖不会让他开心,敌军的行为不会让他愤怒，这就叫作最好的将领。考虑一定先于事情而加上恭敬，谨慎事情的结束如同谨慎它开始一般，将结束和开始看得如同一样，这就叫作最大的吉利。凡天下之事的成功，一定在于敬慎；失败，一定在于怠慢。所以敬慎胜过了懈怠就会吉利，懈怠胜过了敬慎就会覆灭；计谋胜过欲望就会顺利，欲望胜过了计谋就会凶险。作战时就像是坚守一般，行动时就像是作战时一般，获得功绩就像是侥幸取得一般。敬慎制定计谋不要疏忽，敬慎做事不要疏忽，敬慎对待官吏不要疏忽，敬慎对待民众不要疏忽，敬慎对待敌人不要疏忽，这就叫作五种不疏忽。将领谨慎执行这'六术''五权''三至'，同时用恭敬不疏忽的态度来处理事情，这就叫作天下最好的将领，也就和神明相通了。"

临武君曰："善！请问王者之军制？"

孙卿子曰："将死鼓，御死辔，百吏死职，士大夫死行列。闻鼓声而进，闻金声而退①，顺命为上，有功次之。令不进而进，犹令不退而退也，其罪惟均。不杀老弱，不猎禾稼②，服者不禽③，格者不舍④，奔命者不获⑤。凡诛，非诛其百姓也，诛其乱百姓者也。百姓有捍其贼，则是亦贼也。以故顺刃者生⑥，苏刃者死⑦，奔命者贡。微子开封于宋⑧，曹触龙断于军⑨，殷之服民⑩，所以养生之者也，无异周人。故近者歌讴而乐之，远者竭蹶而趋之⑪，无幽闲辟陋之国莫不趋使而安乐之。四海之内若一家，通达之属莫不从服，夫是之谓人师。《诗》曰⑫："自西自东，自南自北，无思不服。"此之谓也。王者有诛而无战，城守不攻，兵格不击⑬，上下相喜则庆之。不屠城,不潜军⑭,不留众,师不越时⑮。故乱者乐其政,不安其上,欲其至也。"

临武君曰:"善!"

〔注释〕

①金声:钲声。古时交战,闻鼓声前进,闻钲声后退。
②猎:通"躐",践踏。
③禽:同"擒",擒获。
④格者:抵抗的人。
⑤奔命者:投诚的人。获:俘虏。
⑥顺刃:不战而退。
⑦苏刃:向着刀刃,意为抵抗的人。苏,通"傃",朝向。
⑧微子:名启,殷纣王的庶兄,后归顺周,为宋国始祖。
⑨断:斩首。
⑩服民:臣服之民。
⑪竭蹶:颠仆,指不畏艰险。
⑫《诗》:指《诗经·大雅·文王有声》。
⑬兵格:将士抵抗。
⑭潜军:指偷袭敌人。
⑮越时:逾时,超过时间。

〔译文〕

临武君说:"好!请问什么是王者军队的制度?"

荀子回答说:"将领死守前进的鼓声不后退,驾车者死守手中的缰绳不放手,军中所有的官吏死守自己的岗位不撤退,士大夫死守在队列间不逃跑。众人听见战鼓声就前进,听到鸣金声才撤退,顺从命令是最重要的,其次是建立战功。命令不让前进而前进，就好像命令不让撤退而撤退一样，这二者的罪过是同等的。不杀害年迈者和弱者，不践踏庄稼，不战而退的人就不擒获他，顽强抵抗的人就不放过他，投诚的人就不俘虏他。凡是诛杀，不是诛杀百姓，是诛杀祸乱百姓的人。百姓中有捍卫那些贼人的，那他们也是贼人。所以，不战而退的人就可以存活，抵抗的人就会身亡，投诚的人就将其交给上面。微子被封于宋地，曹触龙被斩首于军前，前来投诚周朝的殷商民众，周王朝养育他们和对本朝周人没有什么不同。所以周王朝近处的人就讴歌周人，远处的人就不畏路途艰险前来归顺它，无论多么偏远僻陋的国家，没有不乐于供它驱使的。四海之内如同一家人一样，天下凡人迹所至、舟车所达的地方没有不顺从归服的，这就叫作人们的表率。《诗经·大雅·文王有声》中说：'从西到东，从南到北，没有谁不顺服。'说的就是这个情况。王者有诛杀贼人的行为但是没有攻战行为，敌国坚守城池就不进攻，敌军顽强抵抗就不攻打，敌人上下相互喜爱就为他们庆贺。不屠城，不偷袭，不将军队长时间驻扎在外，用兵不超过时间而使之劳累。所以那些身处混乱之国的民众就会喜欢王者的政令法度，不安于本国的国君，希望王者的军队能够尽快到达。"

临武君说："好！"

凡兼人者有三术：有以德兼人者，有以力兼人者，有以富兼人者。彼贵我名声、美我德行、欲为我民，故辟门除涂以迎吾入①，因其民②，袭其处③，而百姓皆安，立法施令莫不顺比④。是故得地而权弥重，兼人而兵俞强⑤，是以德兼人者也。非贵我名声也，非美我德行也，彼畏我威，劫我势⑥，故民虽有离心，不敢有畔虑⑦，若是，则戎甲俞众，奉养必费，是故得地而权弥轻，兼人而兵俞弱，是以力兼人者也。非贵我名声也，非美我德行也，用贫求富，用饥求饱，虚腹张口来归我食。若是，则必发夫掌窌之粟以食之⑧，委之财货以富之，立良有司以接之⑨，已朞三年⑩，然后民可信也。是故得地而权弥轻，兼人而国俞贫，是以富兼人者也。故曰：以德兼人者王，以力兼人者弱，以富兼人者贫。古今一也。

〔注释〕

①涂：同"途"，道路。
②因：亦"袭"之意，因循，沿袭。
③袭：沿袭。
④比：亲附。
⑤俞：通"愈"，越。
⑥劫：胁迫于。
⑦畔：通"叛"。
⑧掌窌(jiào)：掌当为"廪"。仓廪和地窖。食(sì)：给予他们食物。
⑨良有司：好的官员。
⑩朞：满。

〔译文〕

兼并他国的方法有三种：有用德行来兼并他国的，有用武力来兼并他国的，有用财富来兼并他国的。那些看重我们的名声、赞美我们的德行、希望成为我们民众的人，他们打开大门，清扫道路，来迎接我们进入。我们进入后，因循他们之前的习俗，允许他们继续居住在之前的住处，那么他们就会得到安定。我们制定法度,发布命令,民众没有不顺从亲附的。所以,我们得到他国的土地权势会随之逐渐变大,兼并他国且兵力会随之逐渐变强,这是靠德行来兼并他国的情形。不是看中我们的名声,不是喜好我们的德行,他国仅仅是畏惧我们的威力,胁迫于我们的势位而归顺,所以他们的民众虽然有逃离的心思,但是也不敢有背叛的念头,这样的话,我们所需要的士卒和装备就会越来越多,俸禄和给养就会花费巨大。所以,我们虽然得到了土地但是权势却一天天地变轻,兼并了他国但是兵力却一天天地变弱,这就是用武力来兼并他国。不是看重我们的名声,也不是真心赞美我们的德行,而是他们因为贫穷想要获得富贵,因为饥饿想要求得饱食,肚子空空张口要食物,来我们这儿归顺就是希望我们给予食物。这样的话,我们就一定要拿出粮仓中的粮食来给他们吃,给予他们财物和货物来让他们得以富足,设立好的官员来管理他们,这样满三年,然后他们的民众才会信赖我们。所以,我们虽然得到了土地但是国家的权势却越来越轻,兼并了他国但是国力却越来越弱,这就是用财富来兼并他国。所以说:用德行来兼并他国就可以称王,用武力来兼并他国就会变得虚弱,用财富来兼并他国就会变得贫穷。这个道理从古到今都是一样的。

兼并易能也,唯坚凝之难焉①。齐能并宋而不能凝也,故魏夺之②;燕能并齐而不能凝也,故田单夺之③;韩之上地④,方数百里,完全富足而趋赵,赵不能凝也,故秦夺之⑤。故能并之而不能凝,则必夺;不能并之又不能凝其有,则必亡。能凝之,则必能并之矣。得之则凝,兼并无强。古者汤以薄⑥,武王以滈⑦,皆百里之地也,天下为一,诸侯为臣,无它故焉,能凝之也。故凝士以礼,凝民以政,礼修而士服,政平而民安。士服民安,夫是之谓大凝,以守则固,以征则强,令行禁止,王者之事毕矣。

〔注释〕

①坚凝:指稳定地拥有。

②前指齐湣王伐宋,宋王外逃死于温,故齐并宋一事;后指魏昭王联合秦、赵、韩、燕四国伐齐,瓜分齐国一事。

③前指燕国大将乐毅攻齐,占领齐国城池一事;后指齐将田单收复失地一事。详见《史记·田单列传》。

④上地:指上党。

⑤前指韩国上党郡守冯亭以上党归降赵国一事;后指秦国大将白起击败赵将赵括,坑杀赵国四十万降卒,夺得上党一事。

⑥薄:通"亳",商朝国都,位于今河南商丘东南处。

⑦滈:通"镐",西周国都,位于今陕西西安西南处。

〔译文〕

兼并他国是容易办到的,唯独稳定地拥有是一件难事。齐国可以兼并宋国,但是不能稳定地拥有,所以魏国又夺走了它;燕国能够兼并齐国,但是不能稳定地拥有,所以齐将田单又夺走了它;韩国的上党,占地方圆数百里,土地完整而且境内富足,然而归附了赵国,赵国不能够稳定地拥有,所以秦国又夺去了它。所以能够吞并他国而不能稳定地拥有,那么就一定会被再次夺走;不能够吞并他国又不能稳固自己所拥有的土地,那么就一定会灭亡。能够稳定自己所拥有的土地,那么就一定能兼并他国。得到他国就去稳固它,就可以继续兼并他国而没有强国作为对手了。古代的商汤王凭借着亳、周武王凭借着镐京,这都是仅仅有百里大小的土地,最终统一了天下,各国诸侯都臣服于他们,没有其他原因,就是因为能够稳固国家。所以用礼义来稳固士,用好的政事来稳固民众。礼义完善士就会顺服,政事平顺民众就会安居。士顺服,民众安定,这就叫作大稳固。凭着这样的稳固,守国则可以坚固,出征则可以强力,有令即可行,有禁即可止,王道天下的事业就完成了。

强国第十六

〔题解〕

　　《强国》篇主要探讨了使国家强大的方法。文章认为国家想要获得强大，就要像宝剑一般，经历过一番磨砺才可以。并且进一步明确提出"隆礼尊贤而王，重法爱民而霸"，认为推崇礼义、选贤举能、重视法度、爱护民众是使国家强大必不可少的条件。文章在齐相与荀卿的对话中将桀纣、汤武及齐国做比较，认为齐国想要强盛应该做到：第一，选贤举能，共治国政，即"求仁厚明通之君子而托王焉，与之参国政，正是非"；第二，推行礼义忠信，爱护民众，即"凡得胜者必与人也，凡得人者必与道也。道也者何也？曰：礼让、忠信是也""爱民而安"。文章又把舜禹、汤武及秦国做比较，认为秦国现在威力超过汤武，领土面积超过舜禹，属于"治之至"，但仍需要节制自己强劲的威力，反过头遵循礼义，还要有"端诚信全之君子"来治理天下。此外文中还讨论了三种威势对治国的作用，王道天下的人懂得集腋成裘等道理。其中讨论王、霸天下之人对于时间的态度，而得出"善日者王，善时者霸"的道理，令人深思。本章选文有删节。

　　刑范正①，金锡美②，工冶巧，火齐得③，剖刑而莫邪已。然而不剥脱，不砥厉④，则不可以断绳；剥脱之，砥厉之,则劙盘盂⑤、刎牛马忽然耳⑥。彼国者,亦强国之剖刑已。然而不教诲,不调一,则入不可以守,出不可以战;教诲之,调一之,则兵劲城固,敌国不敢婴已。彼国者亦有砥厉,礼义节奏是也⑦。故人之命在天,国之命在礼。人君者隆礼尊贤而王,重法爱民而霸,好利多诈而危,权谋、倾覆、幽险而亡。

〔注释〕

①刑范:铸造器物的模子。刑,通"型"。范,通"笵"。
②金:铜。
③齐:指铜和锡的配合。
④厉:同"砺"。
⑤劙(lí):割。
⑥刎:割开脖颈。
⑦节奏:指法度。

〔译文〕

铸造器物的模子符合标准,铜和锡的质地优良,工匠冶炼的技术巧妙,火候与铜、锡的配合都恰到好处,那么打开模具,莫邪宝剑就做好了。但是如果不将其表面不干净的东西除去,不经过磨砺的话,那么它就不能够切断绳子;将其表面不干净的东西除去,再经过磨砺,那么它切开盘盂,宰杀牛马,都是片刻间的事。一个国家,也如同一个强大国家的初成品。如果它的民众不加以教诲,不能够协调统一的话,那么敌人入侵就不能坚守,外出打仗就不能作战;教诲它的民众,协调统一它的民众,那么这个国家就会兵力强劲、城池坚固,敌国就不敢前来进犯。一个国家也有需要磨砺的地方,这就是礼义法度。所以人的命运在于上天,国家的命运在于礼义。国家的君王推崇礼义、尊重贤才就能够称王,重视法律、爱护民众就可以称霸,喜好利益、多行诡诈就会危险,玩弄权术阴谋、施行颠覆阴险之计就会灭亡。

威有三:有道德之威者,有暴察之威者,有狂妄之威者。此三威者,不可不孰察也。礼乐则修,分义则明,举错则时①,爱利则形。如是,百姓贵之如帝,高之如天,亲之如父母,畏之如神明,故赏不用而民劝,罚不用而威行。夫是之谓道德之威。礼乐则不修,分义则不明,举错则不时,爱利则不形;然而其禁暴也察,其诛不服也审,其刑罚重而信,其诛杀猛而必,黭然而雷击之②,如墙厌之③。如是,百姓劫则致畏④,嬴则敖上⑤,执拘则最⑥,得间则散,敌中则夺,非劫之以形势,非振之以诛杀,则无以有其下。夫是之谓暴察之威。无爱人之心,无利人之事,而日为乱人之道,百姓讙敖则从而执缚之⑦,刑灼之,不和人心。如是,下比周贲溃以离上矣⑧,倾覆灭亡可立而待也。夫是之谓狂妄之威。此三威者,不可不孰察也。道德之威成乎安强,暴察之威成乎危弱,狂妄之威成乎灭亡也。

〔注释〕

①举错:举措,措施。错,通"措"。
②黭(yǎn)然:奄然,突然。黭,通"奄"。
③厌:当为"压"字。

④劫:胁迫。
⑤嬴:松缓。敖:同"傲"。
⑥执拘:拘管。㝡:聚。
⑦讙(huān)敖:喧嚣。
⑧贲溃:奔走逃溃。贲,通"奔"。

[译文]

　　威势有三类:有道德的威势,有强暴苛察的威势,有狂乱妄为的威势。这三种威势,不可以不去仔细考察。礼义制度完备,等级之分的原则清楚,做事的举措适时,喜欢民众的心和有利民众的事都明白可见。像这样的君王,民众尊崇他像是天帝一般,崇拜他如同上天一般,亲近他如同父母一般,敬畏他如神明一样,所以他不用赏赐而民众都会拿受到鼓励般勉力前行,不用刑罚而自己的威严也能得到展现。这就叫作道德的威势。礼乐制度不完备,等级之分的原则不清楚,做事的举措不合时,喜欢民众的心和有利民众的事都隐匿不可见;但是他禁止暴行的时候可以明察,他责罚不顺从之人的时候也可以审慎,他的刑罚重而有信用,他的诛杀猛烈而迅速,突然得像是被雷击中,像是墙坍塌。像这样的君王,百姓受到胁迫而对他极度畏惧,得到松缓时就会傲视他,被拘管时就能聚集起来,得到间隙时就会四散开来,敌人看准机会来攻击,民众就会被夺走,如果没有用威势来胁迫他们,没有用诛杀来震慑他们,那么君王就会没有这些民众。这就叫作强暴苛察的威势。没有爱护民众的心,不做有利于民众的事,而且一天天地祸乱民众,民众不服从管教,就去将他们捆绑起来,用刑罚来残害他们,不能调和民众之心。这样的君王,臣子民众就会结党营私,奔走溃逃来离开他,国家的倾亡覆灭,马上就会到来。这就叫作狂乱妄为的威势。这三种威势,不可以不仔细审察。道德的威势可以使得国家安稳富强,强暴苛察的威势可以使得国家危险衰弱,狂乱妄为的威势可以使得国家灭亡。

荀卿子说齐相曰:"处胜人之势,行胜人之道,天下莫忿,汤、武是也;处胜人之势,不以胜人之道,厚于有天下之势,索为匹夫不可得也,桀、纣是也。然则得胜人之势者,其不如胜人之道远矣。夫主相者,胜人以势也,是为是,非为非,能为能,不能为不能,并己之私欲①,必以道夫公道通义之可以相兼容者,是胜人之道也。

〔注释〕

①并:通"屏",抛弃。

〔译文〕

荀子对齐相说:"身处在使别人服从的势位上,行使使别人服从的方法,天底下没有怨恨的民众,这就是汤王和武王;身处在使别人服从的势位上,却不能执行使别人服从的方法,拥有天下最大的权势,最终却连个普通人都做不了,这就是夏桀和商纣。然而使别人服从的势位,远不如使别人服从的方法。君王和相,是身处在能使别人服从势位上的人,对就是对,错就是错,有才能就是有才能,没有才能就是没有才能,摒除了自己的私欲,必定遵循礼法制度与道德规范可以相互兼容的方法来治国,这就是使别人服从的方法。

"今相国上则得专主,下则得专国,相国之于胜人之势,亶有之矣①。然则胡不驱此胜人之势赴胜人之道,求仁厚明通之君子而托王焉,与之参国政,正是非?如是,则国孰敢不为义矣?君臣上下,贵贱长少,至于庶人,莫不为义,则天下孰不欲合义矣?贤士愿相国之朝,能士愿相国之官,好利之民莫不愿以齐为归,是一天下也。相国舍是而不为,案直为是世俗之所以为,则女主乱之宫,诈臣乱之朝,贪吏乱之官,众庶百姓皆以争夺贪利为俗,曷若是而可以持国乎?

〔注释〕

①亶(dǎn):诚然,信然。

〔译文〕

"今天的相国对上则可以完全获得君王的信任,对下则可以专主国政,相国处在使别人服从的势位上,这是诚然可见的。然而为什么不利用这个势位,执行使别人服从的方法,求得仁爱宽厚、明白通达的君子来辅佐君王,与他共同参议国家政事,辨别对错呢?如果这样的话,那么国内怎么会有人敢做不符合礼义的事情呢?君王臣子,地位高低之人,富贵贫贱之人,年长年少之人,世间众人,没有不做符合礼义的事的,那么天下哪有不符合礼义的地方呢?贤明之人愿意归附于齐国的朝廷,才能之士愿意在齐国内做官,喜好利益的民众没有不愿意归顺齐国的,这就是统一了天下。相国舍弃对的而不去做,却尽做一些世俗之所做的事,那么妃子就会惑乱后宫,奸诈之臣就会祸乱朝堂,贪腐的官员就会祸乱官职,庶民百姓全都将争夺财物、贪图利益当作习惯,这样怎么可以长久地持有国家呢?

"今巨楚县吾前①,大燕鳅吾后②,劲魏钩吾右③,西壤之不绝若绳,楚人则乃有襄贲、开阳以临吾左④,是一国作谋则三国必起而乘我。如是,则齐必断而为四三,国若假城然耳⑤,必为天下大笑。曷若两者孰足为也?

〔注释〕

①县(xuán):同"悬",挂。
②鳅(qiú):逼迫,引申为钳制。
③钩:钩取,此处引申为进犯。
④襄贲、开阳:楚国地名,在今山东临沂境内。
⑤假城:寄存暂放之城。

〔译文〕

"今天国力强盛的楚国威逼在我们齐国的前面,巨大的燕国钳制着我齐国的后方,强劲的魏国进犯我齐国的右面,齐国西面与魏国交界之地的形势严峻,就好像没有割断的绳子,楚国人则又有襄贲、开阳两座城池紧靠着我齐国的左面,一个国家如果计划进攻,那么三个国家一定都会起来乘我齐国之危。这样的话,齐国必定会遭到分裂,国家如同暂时寄放在别人那儿一样,势必会受到天下之人的耻笑。怎么办呢?使别人服从的势位和使别人服从的方法哪一个值得采用呢?

"夫桀、纣,圣王之后子孙也,有天下者之世也,势籍之所存①,天下之宗室也;土地之大,封内千里,人之众数以亿万,俄而天下倜然举去桀、纣而奔汤、武②,反然举恶桀、纣而贵汤、武。是何也?夫桀、纣何失而汤、武何得也?曰:是无它故焉,桀、纣者,善为人所恶也;而汤、武者,善为人所好也。人之所恶何也?曰:污漫、争夺、贪利是也③。人之所好者何也?曰:礼义、辞让、忠信是也。今君人者,辟称比方则欲自并乎汤、武④,若其所以统之,则无以异于桀、纣,而求有汤、武之功名,可乎?

〔注释〕

①势籍:权势地位。
②倜(tì)然:远离的样子。
③污漫:污秽,卑污。
④辟:通"譬"。

〔译文〕

"夏桀和商纣,都是圣明君王的后世子孙,是拥有天下之人的后人,是最高权势地位的所在,是天下的大宗;土地广袤,封地之内方圆千里,人口众多,数以万计,可不久天下之民就远离桀、纣而投奔汤、武,全都变为厌恶桀、纣而尊敬汤、武,这是为什么?桀、纣是什么地方失策而汤、武是什么地方奏效了?回答说:没有其他的原因,桀、纣善于做民众所厌恶的事,而汤、武善于做民众所喜好的事。那么人们所厌恶的是什么呢?回答说:是肮脏污秽,争财夺利,贪图利益。人们所喜好的是什么呢?回答说:是礼义辞让、忠诚守信。今天的君王,一打比方就想要把自己和汤、武并列,但他统治的方法,却和桀、纣没有什么不同,这样却想要有汤、武的功绩名声,可能吗?

"故凡得胜者必与人也,凡得人者必与道也。道也者何也?曰:礼让忠信是也①。故自四五万而往者强胜②,非众之力也,隆在信矣;自数百里而往者安固,非大之力也,隆在修政矣。今已有数万之众者也,陶诞、比周以争与③;已有数百里之国者也,污漫、突盗以争地④,然则是弃己之所安强,而争己之所以危弱也,损己之所不足,以重己之所有余。若是其悖缪也,而求有汤、武之功名,可乎?辟之是犹伏而咶天⑤,救经而引其足也⑥。说必不行矣,愈务而愈远。为人臣者不恤己行之不行,苟得利而已矣,是渠冲入穴而求利也⑦,是仁人之所羞而不为也。故人莫贵乎生,莫乐乎安,所以养生安乐者莫大乎礼义。人知贵生乐安而弃礼义,辟之是犹欲寿而歾颈也⑧,愚莫大焉。故君人者爱民而安,好士而荣,两者无一焉而亡。《诗》曰⑨:价人维藩⑩,大师维垣⑪,此之谓也。"

[注释]

①礼让忠信:据上文,此应为"礼义、辞让、忠信"。
②四五万:兵数有四五万。而往:以上。
③陶诞:虚谎怪异。比周:结党营私。
④污漫:卑污。突盗:侵凌盗窃。
⑤辟:通"譬"。咶(shì):同"舐",舔。
⑥救经:解救上吊的人。引:拉。
⑦渠冲:古时攻城所用的大车。
⑧歾:通"刎"。
⑨《诗》:指《诗经·大雅·板》。

⑩价人:善人。藩:篱笆。
⑪大师:大众,指百姓。垣:墙。

[译文]

"所以凡是能获得胜利的,一定是顺从了民心;凡是能得到人的,一定是实行了好的方法。好的方法是什么呢?回答说:就是礼义、辞让、忠信。所以兵力四五万以上的国家可以国力强大,取得胜利,这不是民众众多的力量,而是在于推崇忠信;方圆数百里以上的国家能够安定稳固,这不是领土广大的原因,而是在于推崇修明的政教。今日民众达到数万的国家,还要用诡诈、结党营私的方法来与别国争夺民众;已经拥有数百里土地的国家,还要用卑污侵凌的方法来与别国争夺土地,这就是放弃了自己之所以安稳富强的东西,而去争夺会使自己危险衰弱的东西;损害自己所不足的,却增加自己所富余的。像这样违背事理的荒唐做法,而希望有汤、武的功绩名声,这可能吗?这好比是趴在地上而伸出舌头去舔舐天,解救上吊的人却拉着他的脚一样。这样肯定是不行的,越想要经营得到却距离目的越远。作为臣子的人不顾自己的德行不好,仅仅想着获得利益,这就好比是驾驶着攻城大车冲进洞穴而希望获得好处,这是仁义的人所羞愧不为的事情。所以人没有不珍惜生命的,没有不喜好安稳的,而用来保养生命、安定天下的东西,没有比礼义更重要的了。人们看重生命、喜欢安定而放弃礼义,这就好比是想要长寿而自刎一般,没有比这更愚蠢的事了。所以君王爱护民众就会安稳,喜好贤才就会荣耀,这二者中一个都没有就会灭亡。《诗经·大雅·板》中说:'善人是国家的篱笆,百姓是国家的围墙。'说的就是这个道理。"

"积微,月不胜日,时不胜月,岁不胜时。凡人好敖慢小事①,大事至然后兴之务之。如是则常不胜夫敦比于小事者矣②。是何也?则小事之至也数,其县日也博③,其为积也大;大事之至也希④,其县日也浅,其为积也小。故善日者王,善时者霸,补漏者危⑤,大荒者亡⑥。故王者敬日,霸者敬时,仅存之国危而后戚之⑦,亡国至亡而后知亡,至死而后知死。亡国之祸败不可胜悔也。霸者之善箸焉⑧,可以时托也⑨,王者之功名不可胜日志也。财物货宝以大为重,政教功名反是,能积微者速成。《诗》曰⑩:'德𬨎如毛⑪,民鲜克举之⑫。'此之谓也。"

〔注释〕

①敖:同"傲",轻视。
②敦比:治理。
③县:系。
④希:稀少。
⑤补漏者:指时限快到、匆忙弥补漏洞的人。
⑥大荒者:指荒废时日、无所事事的人。
⑦戚:悲戚。
⑧箸:同"著",显著。
⑨托:疑为"记"。
⑩《诗》:指《诗经·大雅·烝民》。
⑪𬨎(yóu):轻。
⑫鲜:很少。克:能。举:举起。

〔译文〕

"积累微小的事物,那么按照月来积累一定不如按照天来积累，按照季度来积累一定不如按照月来积累，按照年来积累一定不如按照季度来积累。凡是人，总是喜欢忽略微小的事情，等到大事情来到的时候，才慌慌张张地准备大张旗鼓去做事。这样的话，那么就常常比不上那些从小事就开始着手的人了。这是为什么呢？因为小的事情往往到来得很频繁，处理它们所需要的时间比较长，所以长年累月地积累下来，它积得的量就十分可观了；大的事情往往到来的次数不是很频繁，处理它们的时间相对来说就比较短，长年累月下来，积得的量也不如小事所积累的量。所以，善于利用每一天的君王，就是可以称王天下的君王；善于利用每一个季度的君王，就是可以称霸天下的君王；平日无所事事，时限快到时匆忙行事的君王，国家就会有危险；终日荒废，即便时限到了也无动于衷的君王，他的国家就会被灭亡。所以可以称王天下的君王看重每一天，可以称霸天下的君王看重每一个季度，仅仅勉强存在的国家，危险来临之后才会感到悲戚，被灭亡的国家，灭亡的时候才意识到自己已经灭亡，快死了才意识到自己的死亡。亡国的祸害，悔恨到极点也不足够。可以称霸天下的君王，他所做的有利国家的事是很明显的，这些事都是按照季度记录，积累起来的；可以称王天下的君王，他的功名，是不可以用天数来记录的。人们积累财富、货物、珍宝，往往认为越大的就越贵重，然而国家的政治、君王的教化、人们的功名与此相反，这些东西能够从微小的事物积累起来的人，反而可以迅速获得成功。《诗经·大雅·烝民》中说：'德本身很轻，如同羽毛一般，然而民众中还是很少有能够举起它的人。'说的就是这个道理。"

天论第十七

[题解]

《天论》篇主要阐述了荀子对于自然界和人世间关系的看法。本文认为自然界是独立于人而存在的,"天行有常,不为尧存,不为桀亡"。同时,"天地之变,阴阳之化,物之罕至者"不足以认为是对应世间状况的异兆,社会的安稳与混乱也不能完全与自然界中的天地四时画上等号。文章指出对人间世事起到决定作用的,还是人。懂得顺应天道,清楚天人之分的,是圣人。君子治国理政,明白天道与人事的关系,故制定礼法制度来规范世间秩序。文章最后,荀子强调"人之命在天,国之命在礼"。先王总结出治世经验"道",这样的"道"以"礼"作为标志,指导着人们的生产生活,是后世社会长治久安所必须遵循的。文中的"制天命而用之",是我国古代思想中首次出现对于人在"天人关系"中能力的肯定。本书选取文章前七段。

　　天行有常,不为尧存,不为桀亡。应之以治则吉,应之以乱则凶。强本而节用①,则天不能贫;养备而动时,则天不能病;修道而不贰②,则天不能祸。故水旱不能使之饥,寒暑不能使之疾,祅怪不能使之凶③。本荒而用侈,则天不能使之富;养略而动罕④,则天不能使之全;倍道而妄行⑤,则天不能使之吉。故水旱未至而饥,寒暑未薄而疾,祅怪未至而凶。受时与治世同,而殃祸与治世异,不可以怨天,其道然也。故明于天人之分,则可谓至人矣。

〔注释〕

①本:指农业生产。
②修道而不贰:《群书治要》卷三十八引文作"循道而不忒"。
③祅怪:妖怪,指自然界中怪异反常的事物与现象。
④动罕:指懒惰失时。
⑤倍:通"背"。

〔译文〕

　　自然界的运行有自己的规律,不因为尧而存在,不因为桀而灭亡。用合理的方法与它对应就会吉祥,用不合理的方法与它对应就会凶险。注重农业生产,节约支出,那么上天也不能使之贫穷;生活与生产资料完备且民众按时令劳作,那么上天也不能使之陷入困厄;遵循自然规律且一心一意,那么上天也没办法为之降下灾祸。所以无论旱涝都不能使之饥饿,无论寒暑都不能使之生病,无论发生怎样怪异反常之事也不能使之陷入凶险。农田荒芜而挥霍浪费,那么上天也不能使之富足;衣食不全而懒惰失时,那么上天也不能使之保全;违背自然规律而肆意妄为,那么上天也不能使之吉祥。所以旱涝还没来到就已经陷入饥馑,寒暑还没有接近就生了疾病,怪异反常之事还未到来就陷入了凶险。发生这些乱事时的天时和天下大治时的天时相同,而乱世时所遭受的灾祸却与治世时的情况完全不同,不可以埋怨天时,这是各自所遵循的道不同导致的。所以明白天时与人事的分别,就称得上最高明的人了。

不为而成,不求而得,夫是之谓天职。如是者,虽深,其人不加虑焉;虽大,不加能焉;虽精,不加察焉;夫是之谓不与天争职。天有其时,地有其财,人有其治,夫是之谓能参①。舍其所以参而愿其所参,则惑矣。列星随旋②,日月递炤③,四时代御④,阴阳大化⑤,风雨博施,万物各得其和以生,各得其养以成,不见其事而见其功,夫是之谓神。皆知其所以成,莫知其无形,夫是之谓天⑥。唯圣人为不求知天。天职既立,天功既成,形具而神生,好恶、喜怒、哀乐臧焉,夫是之谓天情。耳、目、鼻、口、形,能各有接而不相能也,夫是之谓天官。心居中虚以治五官⑦,夫是之谓天君。财非其类⑧,以养其类,夫是之谓天养。顺其类者谓之福,逆其类者谓之祸,夫是之谓天政。

〔注释〕

①能参:指与天地规律相配合。
②随旋:伴随相运转。
③炤:同"照"。
④代御:交替运行,交替变更。
⑤大化:造化万物。
⑥据下文,"天"后缺一"功"字。

⑦中虚:中间。
⑧财:通"裁"。

[译文]

　　不用作为就会有成效,不用求取就会获得,这就叫作自然界的职能。像这样,天道虽然深奥,但是最高明的人不会去对它做超过本职的考虑;天道虽然广大,但是最高明的人不会对它去做超过本职的行为;天道虽然精微,但是最高明的人不会对它去做超过本职的推察;这就叫作不与自然争夺职能。天有时令,地有资源,人有治理世间的办法,这就叫作人与天地规律相配合。如果人舍弃了自己与天地规律相配合的职能,而去羡慕天地间的规律,那么就会造成迷惑。众星伴随相运转,日月交替照亮人间,四时交替变更,阴阳相反相成来造化万物,风雨广博施洒在世间,万物各自得到自然的调和来生长,各自得到自然的滋养来成熟,人无法看到自然所行之事,但是能看到自然所取得的功绩,这就叫作神。人知晓自然所成就的万物,却不能知道其成就万物的过程,这就叫作自然的功劳。只有圣人不会探求了解自然的秘密。自然的职能已经建立,自然的功绩已经完成,人的形态就已具备,而精神思想也随之产生了。喜好或者厌恶,开心或者生气,悲伤或者欢乐都藏在其中了,这就叫作自然具备的感情。耳朵、眼睛、鼻子、嘴巴、形体,各自的职能都有可以相接的地方,但是不能相互替换,这就叫作自然具备的器官。心脏居于中间,可以治理五官,这就叫作自然具备的君王。利用与人不相同的东西,用来养育人自己的同类,这就叫作自然的供养。顺应人的自然需求而提供的供养就是福,违背人的自然需求而提供的供养就是祸,这就叫作自然的政令。

暗其天君,乱其天官,弃其天养,逆其天政,背其天情,以丧天功,夫是之谓大凶。圣人清其天君,正其天官,备其天养,顺其天政,养其天情,以全其天功。如是,则知其所为,知其所不为矣,则天地官而万物役矣。其行曲治①,其养曲适,其生不伤,夫是之谓知天。

〔注释〕

①曲治:指曲和周遍地在各方面都能做得很好。

〔译文〕

遮蔽自然具备的君王,扰乱自然具备的器官,放弃自然的供养,违背自然的政令,背离自然具备的感情,因而丧失自然的功劳,这就叫作大凶险。圣人涤清自然具备的君王,端正自然具备的器官,储备自然的供养,顺应自然的政令,涵养自然具备的感情,因此就可以成全自然的功劳。这样,圣人就可以知道他该做什么,知道他不该做什么,那么就可以掌握天地而役使万物了。他的行为各方面都能做得很好,他养护民众各方面也很合适,他的生命也不会受到伤害,这就叫作"知天"。

故大巧在所不为,大智在所不虑。所志于天者①,已其见象之可以期者矣②;所志于地者,已其见宜之可以息者矣③;所志于四时者,已其见数之可以事者矣④;所志于阴阳者,已其见知之可以治者矣⑤。官人守天,而自为守道也。

〔注释〕

①志:通"识",知。
②见:同"现"。期:预期。
③息:繁殖生长。
④事:指安排农业活动。
⑤知:据上文,此字应为"和"。

〔译文〕

所以最大的技巧在于不去做不该做的,最大的智慧在于不去考虑不该考虑的。知道天的人,根据所看到的现象就可以预测未来;知道地的人,根据所显现的物产就可以去安排繁衍生长;知道四时的人,根据所显现的春夏秋冬的变化就可以安排农业活动;知道阴阳的人,根据所显现的阴阳调和就可以安排治理的事。专门的官吏去了解自然现象,掌握规律,圣人则遵守规律来治理天下。

治乱天邪?曰:日月、星辰、瑞历①,是禹、桀之所同也,禹以治,桀以乱,治乱非天也。时邪?曰:繁启蕃长于春夏②,畜积收臧于秋冬③,是又禹、桀之所同也,禹以治,桀以乱,治乱非时也。地邪?曰:得地则生,失地则死,是又禹、桀之所同也,禹以治,桀以乱,治乱非地也。《诗》曰④:"天作高山⑤,大王荒之⑥。彼作矣⑦,文王康之⑧。"此之谓也。

〔注释〕

①瑞历:历象,天体运行的现象。

②繁启:万物发芽。
③畜(xù):积蓄。收藏:收藏。臧,同"藏"。
④《诗》:指《诗经·周颂·天作》。
⑤高山:指岐山。
⑥大(tài)王:指古公亶父。荒:扩建治理。
⑦作:开垦。
⑧康:继续。

[译文]

  天下的安定与混乱,这是天决定的吗?回答说:日月、星辰、历象,这是大禹和夏桀治理天下时所相同的,大禹时天下安定,夏桀时天下混乱,所以天下的安定和混乱不是天所决定的。这是时令所决定的吗?回答说:万物发芽、茂盛生长于春天和夏天,积蓄、收藏于秋天和冬天,这又是大禹和夏桀治理天下时所相同的,大禹时天下安定,夏桀时天下混乱,天下的安定与混乱不是时令所决定的。这是土地所决定的吗?回答说:万物得到土地就能生存下来,失去土地就会死亡,这又是大禹和夏桀治理天下时所相同的,大禹时天下安定,夏桀时天下混乱,天下的安定与混乱不是土地所决定的。《诗经·周颂·天作》中说:"上天生有了岐山,大王扩大治理、开垦。文王延续使之安定。"说的就是这个道理。

  天不为人之恶寒也辍冬①,地不为人之恶辽远也辍广,君子不为小人之匈匈也辍行②。天有常道矣,地有常数矣,君子有常体矣。君子道其常而小人计其功。《诗》曰③:"何恤人之言兮④!"此之谓也。

〔注释〕

①辍:停止,废止。
②訩訩:讻讻,喧哗吵闹声。
③此处所引《诗》为逸诗。
④据《荀子·正名》篇,疑此句应为"礼义之不愆,何恤人之言兮"。

〔译文〕

上天不因为人厌恶寒冷而废止冬天,大地不因为人厌恶路途遥远就停止变宽广,君子不因为小人的吵闹喧嚷就停止行动。上天有常行不变的规律,大地有常行不变的法则,君子有常行不变的准则。君子遵循他常行不变的准则,小人算计着自己的功利。《诗经》中说:"在礼义上没有什么过失,何必要在乎别人的闲话呢!"说的就是这个道理。

楚王后车千乘①,非知也②;君子啜菽饮水③,非愚也,是节然也④。若夫心意修⑤,德行厚,知虑明,生于今而志乎古,则是其在我者也。故君子敬其在己者⑥,而不慕其在天者;小人错其在己者⑦,而慕其在天者。君子敬其在己者而不慕其在天者,是以日进也;小人错其在己者而慕其在天者,是以日退也。故君子之所以日进与小人之所以日退,一也。君子小人之所以相县者在此耳⑧。

〔注释〕

①后车:指后面的侍从之车。

②知:同"智"。
③菽:豆类总称。
④节:时命。
⑤心:当为"志"。
⑥敬:指注重。
⑦错(cuò):通"措",置,指弃置。
⑧县(xuán):差距,远。

[译文]

　　楚王的马车后跟随着上千辆侍从的马车,这并不是因为楚王智慧;君子吃粗粮、喝冷水,这并不是因为君子愚笨,这是二者的时命不同罢了。如果一个人志意美好,德行醇厚,思想清明,生在当今但是心存古道,那么这些都来自他后天的努力。所以君子注重自己后天的努力,而不羡慕上天的决定;小人放弃自己后天的努力,而去羡慕上天的决定。君子注重自己后天的努力,而不去羡慕上天的决定,所以日益精进;小人放弃自己后天的努力而羡慕上天的决定,所以日渐退步。所以,君子之所以日益精进和小人之所以日渐退步,二者的原因是一样的。君子和小人之间的差距如此之大,就是这个原因。

正论第十八

[题解]

《正论》篇记载了荀子对于当时一些"世俗之为说者"观点的批判,还有对宋钘几个观点的分析反驳。在对"世俗之为说者"的"主道利周""桀、纣有天下,汤、武篡而夺之""治古无肉刑,而有象刑""汤武不能禁令""尧舜擅让""尧舜不能教化""太古薄葬"观点的批判中,能够看出荀子认为治理国家需要公开透明,刑罚和罪行需要得当的观点,以及对从当时的盗墓行为折射出来的社会治理状况的反思。同时也能看出荀子对于尧、舜这样圣明君主的推崇。文章对宋钘有关"侮、辱""情、欲"观点的反驳,逻辑缜密,条理清晰,实为精当之言。本书选取原文前数段及最后反驳宋钘有关"情、欲"观点的部分。

世俗之为说者曰:"主道利周①。"

是不然。主者,民之唱也②;上者,下之仪也③。彼将听唱而应,视仪而动。唱默则民无应也,仪隐则下无动也。不应不动,则上下无以相有也④。若是,则与无上同也,不祥莫大焉。故上者,下之本也。上宣明则下治辨矣,上端诚则下愿悫矣⑤,上公正则下易直矣⑥。治辨则易一,愿悫则易使,易直则易知。易一则强,易使则功,易知则明,是治之所由生也。上周密则下疑玄矣⑦,上幽险则下渐诈矣⑧,上偏曲则下比周矣。疑玄则难一,渐诈则难使,比周则难知。难一则不强,难使则不功,难知则不明,是乱之所由作也。故主道利明不利幽,利宣不利周⑨。故主道明则下安,主道幽则下危。故下安则贵上,下危则贱上。故上易知则下亲上矣,上难知则下畏上矣。下亲上则上安,下畏上则上危。故主道莫恶乎难知,莫危乎使下畏己。传曰:"恶之者众则危。"《书》曰⑩:"克明明德⑪。"《诗》曰⑫:"明明在下。"故先王明之,岂特玄之耳哉⑬!

〔注释〕

①利周:宜于隐秘。

②唱:倡导。

③仪:表率。

④有:当为"胥",等待。

⑤愿悫:朴实,诚实。

⑥易直:平易正直。

⑦玄:通"眩",迷惑。

⑧幽险:阴险难测。

⑨宣:公开,宣明。

⑩《书》:指《尚书·康诰》。

⑪克:能够。

⑫《诗》:指《诗经·大雅·大明》。

⑬玄:当为"宣"字。

〔译文〕

世俗间立说的人说:"君王之道,宜于隐藏其意。"

其实不是这样的。君王,是民众的倡导者;上位之人,是下位之人的表率。民众听到倡导就会响应,看到表率就会行动。倡导无声那么民众也会没有响应,表率隐去那么民众就会没有行动。不响应不行动,那么上下就没有可以相互扶持的了。如果是这样的话,那么就和没有君王一样了。没有比这更加不祥的事情了。所以君王是民众依据的根本。君王公开无隐瞒,那么民众的治理就会合宜;君王端正诚实,那么民众就会诚实;君王公平正直,那么民众就会平易正直。治理合宜就会容易统一,民众朴实就会容易使役,平易正直就会容易让君王了解更多情况。容易统一国家就会强大,民众容易使役就会获得功绩,君王了解得多就会更加清楚情况,天下得以大治就从此开始。君王隐藏其意,那么民众就会猜忌迷惑;君王阴险难测,那么民众就会互相欺诈;君王偏私不公,那么民众就会结党营私。民众猜忌迷惑就会难以统一,互相欺诈就会难以使役,结党营私就会使君王难以了解情况。难以统一国家就不能够强大,难以使役就不能获得功绩,君王难以了解情况就不会心中有数,天下混乱就从此开始。所以君王之道,宜于开诚布公而不宜于幽深难测,宜于公开宣明而不宜于隐藏其意。所以君王之道开诚布公,那么民众就会安定;君王之道幽深难测,那么民众就会危险。民众安稳那么就会尊崇君王,民众身处危险就会轻视君王。所以君王之道容易让人知晓,那么民众就会亲近君王;君王之道难以让人知晓,那么民众就会畏惧君王。民众亲近君王,那么君王就会安定;民众畏惧君王,那么君王就会身处危险。所以君王之道没有比让人难以知晓更令人厌恶的了,没有比让民众畏惧自己更危险的了。古书中说:"厌恶的人多了就会危险。"《尚书·康诰》中说:"一定要把光辉德行发扬光大。"《诗经·大雅·大明》中说:"用光明昭示人间。"所以先王让自己的行为光显,何止是公开宣明而已呢!

世俗之为说者曰:"桀、纣有天下,汤、武篡而夺之。"

是不然。以桀、纣为常有天下之籍则然①,亲有天下之籍则不然②,天下谓在桀、纣则不然。古者天子千官,诸侯百官。以是千官也,令行于诸夏之国,谓之王;以是百官也,令行于境内,国虽不安,不至于废易遂亡③,谓之君。圣王之子也,有天下之后也,势籍之所在也,天下之宗室也;然而不材不中④,内则百姓疾之,外则诸侯叛之,近者境内不一,遥者诸侯不听,令不行于境内,甚者诸侯侵削之,攻伐之,若是,则虽未亡,吾谓之无天下矣。圣王没⑤,有势籍者罢不足以县天下⑥,天下无君。诸侯有能德明威积,海内之民莫不愿得以为君师。然而暴国独侈⑦,安能诛之⑧,必不伤害无罪之民。诛暴国之君若诛独夫⑨,若是,则可谓能用天下矣。能用天下之谓王。

〔注释〕

①常:通"尝"。天下:应为"天子",下句同。

②不:疑为衍文,当删。

③废易遂亡:废黜更换,坠落灭亡。遂,通"坠"。
④不材:没有才能。
⑤没:通"殁",死。
⑥罢(pí):同"疲",无能,不贤。县(xuán):同"悬",权衡。
⑦独侈:独行奢侈之人。
⑧安:于是。
⑨独夫:指众叛亲离的君王。

[译文]

　　世俗间立说的人说:"桀、纣有天下,汤王、武王篡夺了他们的天下。"

　　其实不是这样的。认为桀、纣曾经有过天子的地位,这是对的;认为桀、纣亲自拥有天子的地位,这是不对的;认为天下在桀、纣手中,这是不对的。古时候,天子统领数千个官员,诸侯统领数百个官员。凭借着数千个官员,天子的命令可以在中原诸国中得到执行,这就叫作天子;凭借着数百个官员,诸侯的命令可以在封地内得到执行,境内虽然不安定,但是也不至于王位废黜更换,坠落灭亡,这就叫作国君。圣贤之人的后人,是拥有天下之人的后代,是最高权势地位所在的地方,是天下的宗主;然而他没有才能,也不按照符合礼法的方法行事,对内则百姓痛恨他,对外则诸侯叛离他;就近的来说,境内民众不能统一,就远的来说,诸侯不听他的号令,他的命令不能在国内得到执行,更严重的话,诸侯要来侵略削弱他,攻打讨伐他。如果是这样,那么他虽然没有灭亡,我也会说他没有天下。圣明的君王死去,有权势地位的人没有才能,不足以权衡天下,天下就没有君王。诸侯中有德行光显、声威广积的,那么天下的民众没有不愿意让他作为自己的君王的。这之后暴虐无道、独行奢侈的君王,就可以诛杀了，一定不会伤害到没有罪的民众。诛杀暴虐之国的君王，就好像诛杀众叛亲离的人。如果这样，那么就可以说是善于治理天下了。善于治理天下的人就可以称之为王。

汤、武非取天下也，修其道，行其义，兴天下之同利，除天下之同害，而天下归之也。桀、纣非去天下也①，反禹、汤之德，乱礼义之分，禽兽之行，积其凶，全其恶，而天下去之也。天下归之之谓王，天下去之之谓亡。故桀、纣无天下而汤、武不弑君，由此效之也。汤、武者，民之父母也；桀、纣者，民之怨贼也。今世俗之为说者，以桀、纣为君而以汤、武为弑，然则是诛民之父母而师民之怨贼也②，不祥莫大焉。以天下之合为君，则天下未尝合于桀、纣也。然则以汤、武为弑，则天下未尝有说也③，直堕之耳④。

〔注释〕

①去：丢失。
②师：推崇。
③天下：疑为衍文，当删。
④堕：诋毁。

〔译文〕

商汤、武王不是夺取了天下，他们修养道德，行使仁义，兴办天下民众能够共同获利的事，除去天下民众共同的祸害，所以天下都归顺于他们。桀、纣不是丢失了天下，他们违背大禹、商汤那样美好的品德，扰乱礼义的分别，做的事情都是禽兽之事，积累凶险,干尽了坏事,所以天下就离他们而去。天下归顺就叫作王,天下离弃就叫作灭亡。所以桀、纣是没有天下的,而汤、武王也不能叫作弑杀君王,从这儿就可以验证。汤和武王,是民众的父母;桀和纣,是民众所怨恨的贼人。当今世俗间立说的人,认为桀、纣是君王,而认为汤、武王是弑君者,那么,这就是口诛民众的父母,而推崇民众所怨恨的贼人,没有比这更不祥的事了。如果认为使天下统一的是君王,那么天下未曾统一在桀纣手中。这样说来,认为汤、武王是弑杀君王的人,则更无从谈起,这完全是诋毁之言了。

故天子唯其人①。天下者,至重也,非至强莫之能任;至大也,非至辨莫之能分;至众也,非至明莫之能和。此三至者,非圣人莫之能尽。故非圣人莫之能王。圣人备道全美者也,是县天下之权称也②。桀、纣者,其志虑至险也,其志意至暗也,其行之为至乱也③;亲者疏之,贤者贱之,生民怨之,禹、汤之后也,而不得一人之与④;刳比干⑤,囚箕子,身死国亡,为天下之大僇,后世之言恶者必稽焉,是不容妻子之数也。故至贤畴四海⑥,汤、武是也;至罢不能容妻子,桀、纣是也。今世俗之为说者,以桀、纣为有天下而臣汤、武,岂不过甚矣哉!譬之是犹伛巫、跛匡大自以为有知也⑦。

〔注释〕

①唯其人:指汤、武王。
②权称:这里指标准。

③之:疑为衍文,当删。
④与:辅佐。
⑤刳(kū):剖心。
⑥畴:保有。
⑦伛(yǔ)巫:驼背的巫女。伛,弯曲。跛匡(wāng):残废的人。匡,通"尪",跛。

〔译文〕

所以天子应该是汤、武王这样的人。天下的事务,是最重要的,不是最强劲的人就没有能力担任;是最广博的,不是最能明辨的人就没有办法进行区分;是最众多的,不是最圣明的人就没有办法进行调和。这三种才能,不是圣人就没办法全部做到。所以不是圣人就不能够称王。圣人,是道德完备、十全十美的人,是权衡天下的标准。桀和纣,他们的智慧和谋略都是极其凶险,内心志意是极其阴暗的,行为是极其混乱的;亲人都会疏远他们,贤能的人都会轻看他们,生养的民众都会怨恨他们,虽然是大禹和汤王的后人,却没有一个人愿意辅佐他们;他们刳杀比干,囚禁箕子,身死国亡,成为天下最大的耻辱,后世之人谈论到恶人的时候一定会谈及他们,是连妻子和儿女都不能保全的必然道理。所以最贤能的人可以保有四海,汤和武王就是这样的人;最无能的人连妻子儿女也不能保全,桀和纣就是这样的人。当今世俗间立说的人,认为桀和纣有天下而把汤和武王当作臣子,这难道不是错误得太过分了吗?这就好比驼背的巫女和残废的人自夸自大,认为自己是有智慧的一样。

故可以有夺人国,不可以有夺人天下;可以有窃国,不可以有窃天下也。可以夺之者可以有国①,而不可以有天下,窃可以得国,而不可以得天下。是何也？曰：国,小具也②,可以小人有也,可以小道得也,可以小力持也；天下者,大具也,不可以小人有也,不可以小道得也,不可以小力持也。国者,小人可以有之,然而未必不亡也,天下者,至大也,非圣人莫之能有也。

〔注释〕

①据下文,疑此句应为"夺可以有国"。
②具：工具。

〔译文〕

所以可以夺取他人的诸侯国,但是不能够夺取他人的天下；可以窃取他人的诸侯国,但是不能够窃取他人的天下。夺取,可以获得诸侯国,但是不能持有天下；窃取,可以获得诸侯国,但是不可以得到天下。这是为什么呢？回答说：诸侯国,是小小的工具,可以让小人持有,可以用小的计谋获得,可以用小的力量去持守；天下,是最大的利器,不可以让小人持有,不可以用小的计谋来获得,不可以用弱小的力量去持有。诸侯国,小人可以持有它,然而不一定不会灭亡；天下,这是最大的利器,不是圣人就没有办法持有它。

子宋子曰："人之情,欲寡,而皆以己之情为欲多,是过也。"故率其群徒,辨其谈说,明其譬称,将使人知情欲之寡也①。

应之曰:"然则亦以人之情为目不欲綦色②,耳不欲綦声,口不欲綦味,鼻不欲綦臭,形不欲綦佚。此五綦者,亦以人之情为不欲乎?"

曰:"人之情欲是已。"

曰:"若是,则说必不行矣。以人之情为欲此五綦者而不欲多,譬之是犹以人之情为欲富贵而不欲货也,好美而恶西施也。古之人为之不然。以人之情为欲多而不欲寡,故赏以富厚而罚以杀损也③,是百王之所同也。故上贤禄天下,次贤禄一国,下贤禄田邑,愿悫之民完衣食。今子宋子以是之情为欲寡而不欲多也,然则先王以人之所不欲者赏,而以人之欲者罚邪?乱莫大焉。今子宋子严然而好说④,聚人徒,立师学,成文曲⑤,然而说不免于以至治为至乱也,岂不过甚矣哉!"

〔注释〕

①欲之:据上文,当为"之欲"。
②綦:最。
③杀(shài):减少,削减。
④严然:俨然。
⑤文曲:当为"文典"。

〔译文〕

宋钘说:"人的本性,欲望是很少的,但是大家都认为自己的本性是欲望多,这是不对的。"所以他带领着徒弟,到处辩说着自己的言论,论述着自己的比喻和称引,想要使人们知道人的本性中欲望是很少的。

回答他说："那么你也认为人的本性中,眼睛不想看到最好看的颜色,耳朵不想听到最美妙的声音,嘴巴不想尝到最可口的味道,鼻子不想闻到最好闻的气味,身体不想贪图最大的舒适。这五种最极致的享受,也是人本性中不想要得到的吗?"

宋钘回答说："人的本性中,最想要的正是这些。"

回答说："如果是这样,那么你的学说一定不能讲得通了。认为人的本性中想要得到这五种最极致的享受,但又不想多得,这就好比说人的本性是想要富贵但又不喜好财货,喜欢美人但是又厌恶西施。古时的人就不这样做。他们认为人的本性中欲望多而不是欲望少,所以就用丰厚的钱财来进行赏赐,用削减财物来进行惩罚,这是历代君王所共同执行的方法。所以最上等的贤才可以获得天下的俸禄,次等的贤才可以获得一个诸侯国的俸禄,下等的贤才可以获得食邑的俸禄,忠厚老实的民众可以保有基本的衣服和食物。今天宋子认为人的本性中欲望少而不是多,那么先王是用人所不想要的进行赏赐,而用人们所想要的作为惩罚吗?最混乱的事莫过于此了。今天宋子严肃庄重地宣扬自己的学说,聚集徒众,立师讲学,写作文章,然而这种学说不能免于把最大的安定变成最大的混乱,难道这样的错误不是太大了吗?"

礼论第十九

〔**题解**〕

《礼论》篇系统论述了礼的起源、形式、内容以及最终目的。文章认为,人生下来就会有欲望,先王为了使人的欲望得到满足而不会产生争夺、混乱,所以创造了礼来协调人的欲望和物品之间的关系,这就是礼的起源。礼的外在形式多种多样,文中介绍了大飨、飨、祭等的形式。礼的这些形式都是建立在重视三个根本,即"天地""先祖""君师"基础上的,重视根本的形式加上接近于实用的常理,"二者合而成文",就形成了礼的制度。礼应"谨于治生死者也""事死如事生",故文章详细介绍了丧礼的各项内容。礼的内容包含"养""别"两个方面:"礼者,养也。"礼是为了协调人对于物的满足而产生的,人作为一种客观存在的生物,目、耳、口、鼻、形体都需要从日常物品中获得满足。又因人的欲望是需要控制的,所以礼还需要有所"别"。在生产生活中获取的物品,需要按照等级制度来分配给社会中的每个成员,故需要礼来使"贵贱有等,长幼有差,贫富轻重皆有称者"。这也可以看作礼的作用。礼作为人用来治国之理的最高体现,起始于规范人的欲望和所欲之物之间的关系,落脚于人民得到安定,国家长治久安。本书选取文章前数段。

礼起于何也？曰：人生而有欲，欲而不得，则不能无求；求而无度量分界，则不能不争；争则乱，乱则穷。先王恶其乱也，故制礼义以分之，以养人之欲，给人之求，使欲必不穷于物，物必不屈于欲①，两者相持而长，是礼之所起也。

〔注释〕

①屈：竭尽。

〔译文〕

礼起源于什么呢？回答说：人生下来就会有欲望，欲望达不到满足，就不可能不去追求；追求而没有分寸没有界限，那么就不可能不争夺；发生争夺就会混乱，发生混乱就会陷入危机。先王厌恶这种混乱，所以制定了礼义来划分等级，用来协调人的欲望，给予人们所需求的东西，使人们的欲望一定不会因为物品不足而得不到满足，使物品一定不会因为人们的欲望过剩而竭尽。这两个方面相互支持，共同有所增长，这就是礼的起源。

故礼者，养也。刍豢稻粱，五味调香，所以养口也；椒兰芬苾①，所以养鼻也；雕琢、刻镂、黼黻、文章，所以养目也；钟鼓、管磬、琴瑟、竽笙，所以养耳也；疏房、檖䫉、越席、床笫、几筵②，所以养体也。故礼者，养也。

〔注释〕

①芬苾(bì)：芳香。

②疏房:敞亮的房间。檖(suì)貌:深邃的房屋。越席:用蒲草编成的席。笫(zǐ):床上竹编的席。几筵(yán):古人席地而坐,所垫坐为筵,所依靠为几。

〔译文〕

所以礼,就是"养"。肉食稻粱,五味调和,香气四溢,这是用来供养嘴的;椒兰芬芳,这是用来供养鼻子的;雕琢镂刻,华美纹饰,这是用来供养眼睛的;钟鼓管磬、琴瑟竽笙所演奏出的音乐,这是用来供养耳朵的;敞亮深广的房屋,身下的席垫,依靠的几案,这是用来供养身体的。所以礼,就是"养"。

君子既得其养,又好其别。曷谓别?曰:贵贱有等,长幼有差,贫富轻重皆有称者也。故天子大路越席①,所以养体也;侧载睪芷②,所以养鼻也;前有错衡③,所以养目也;和鸾之声,步中《武》《象》,趋中《韶》《护》④,所以养耳也;龙旗九斿⑤,所以养信也⑥;寝兕、持虎、蛟韅、丝末、弥龙⑦,所以养威也;故大路之马必倍至教顺,然后乘之,所以养安也。孰知夫出死要节之所以养生也!孰知夫出费用之所以养财也!孰知夫恭敬辞让之所以养安也!孰知夫礼义文理之所以养情也!故人苟生之为见,若者必死;苟利之为见,若者必害;苟怠惰偷懦之为安,若者必危;苟情说之为乐⑧,若者必灭。故人一之于礼义,则两得之矣;一之于情性,则两丧之矣。故儒者将使人两得之者也,墨者将使人两丧之者也,是儒、墨之分也。

〔注释〕

①大路:古时天子所乘之车。
②睪(zé)芷:香草名。睪,通"泽"。
③错衡:画有花纹的车辕横木。
④《武》《象》《韶》《护》:古乐名。
⑤斿(liú):同"旒",古时旗帜下的垂饰物。
⑥信:通"神"。一说为古时徽号。
⑦寝兕(sì):伏卧着的犀牛,常画于帝王车轮上以壮威。持虎:蹲着的老虎。持,跱。蛟韅(xiǎn):鲛鱼皮做的马肚带。丝末:古代覆盖在车上的丝织帷席。末,通"幭"。弥龙:车两旁人倚靠处画的龙。
⑧说:同"悦"。

〔译文〕

　　君子明白了礼即为"养",又应当明白礼中的"别"。什么叫作"别"呢？回答说:尊贵贫贱有等分,年长年幼有差别,贫富轻重都有所对应的供给。所以天子乘坐大车,铺着蒲草编成的席,这是用来供养天子身体的;车旁插着的香草,这是用来供养天子鼻子的;车前画有花纹的车辕横木,这是用来供养天子眼睛的;车上的铃铛声声作响,马车缓行时符合《武》《象》,趋跑时符合《韶》《护》,这是用来供养天子耳朵的;天子龙旗上飘着的九条飘带,这是用来供养天子神气的;车轮上画着伏卧着的犀牛、蹲着的老虎,马肚上鲛鱼皮做的带子,覆盖在车上的丝席,车厢中两旁倚靠处画的龙,这都是用来供养天子威严的。所以天子大车所用的马一定要加倍调教使之安顺,然后再乘坐,这是用来保证天子平安的。谁知道舍生忘死追求名节是为了达到生存下去的目的呢！谁知道花费钱财是为了求得财物呢！谁知道做人恭敬辞让是为了保证安稳呢！谁知道遵循礼义制度是为了养护性情呢！所以人如果只能看到生，那么这样的人一定会死；人如果只能看到利益，那么这样的人一定会受到损害；人如果只认为怠慢懒惰就是安逸，那么这样的人一定会遭遇危险；人如果只认为纵情欢愉就是快乐，那么这样的人一定会灭亡。所以人用礼义来统一礼义与情性，那么二者都可以得到满足；用情性来统一礼义与情性，那么二者都会丧失。所以儒者会使人在礼义与情性上都获得满足，墨者会使人把礼义与情性都丧失，这就是儒家和墨家的分别。

礼有三本：天地者，生之本也；先祖者，类之本也；君师者，治之本也。无天地恶生？无先祖恶出？无君师恶治？三者偏亡焉①，无安人②。故礼上事天，下事地，尊先祖而隆君师，是礼之三本也。故王者天太祖③，诸侯不敢坏，大夫士有常宗④，所以别贵始。贵始，得之本也⑤。郊止乎天子⑥，而社止于诸侯⑦，道及士大夫⑧，所以别尊者事尊，卑者事卑，宜大者巨，宜小者小也。故有天下者事十世⑨，有一国者事五世，有五乘之地者事三世⑩，有三乘之地者事二世，持手而食者不得立宗庙⑪，所以别积厚⑫，积厚者流泽广⑬，积薄者流泽狭也。

〔注释〕

①亡(wú)：无。焉：则。
②安：安定，安乐。
③太祖：始祖。

④常宗:百世不得迁的大宗。嫡长子所传之宗,祖庙永不迁。
⑤得:通"德"。
⑥郊:祭天。
⑦社:祭地。
⑧道:祭名。古代诸侯外出时先祭路神。
⑨事十世:疑为"事七世",即祭祀七代祖先。
⑩五乘之地:五十里的封地。十里一成,一成出车一乘。
⑪持手而食:指劳动人民。
⑫积厚:疑为衍文,当删。
⑬积厚:功绩深厚。积,通"绩"。

〔译文〕

　　礼有三个根本:天地,是生命的根本;先祖,是氏族的根本;君王与老师,是治理的根本。没有天地,怎么会有生命?没有先祖,怎么会有氏族?没有君王和老师,怎么会有天下大治?三者缺一,则没有百姓的安定。所以,对上祭祀天,对下祭祀地,尊重先祖同时推崇君王和老师,这是礼的三个根本。所以天子把太祖和上天一起祭祀,那么诸侯王就不敢毁坏太祖的宗庙,士大夫有自己百世不迁的大宗,这用来各自尊崇祭拜祖先。尊崇自己的祖先,这就是道德的根本。天子可以祭天,天子和诸侯可以祭地,天子、诸侯、士大夫都可以举行道祭,这就是为了有所区别,尊贵的人可以祭祀尊贵的,卑下的人可以祭祀卑下的,应该大的就大,应该小的就小。所以天子祭祀七代祖宗,有一个诸侯国的可以祭祀五代祖宗,有五十里封地的可以祭祀三代祖宗,有三十里封地的可以祭祀两代祖宗,老百姓不可以建立宗庙祭祀祖宗。这就是为了有所区别,功业积累深厚的,流传给后世的恩泽就广大,功业积累浅薄的,流传给后世的恩泽就狭小。

凡礼,始乎梲①,成乎文,终乎悦校②。故至备,情文俱尽;其次,情文代胜;其下,复情以归大一也。天地以合,日月以明,四时以序,星辰以行,江河以流,万物以昌,好恶以节,喜怒以当,以为下则顺,以为上则明,万物变而不乱③,贰之则丧也。礼岂不至矣哉!立隆以为极,而天下莫之能损益也。本末相顺,终始相应,至文以有别,至察以有说④。天下从之者治,不从者乱;从之者安,不从者危;从之者存,不从者亡。小人不能测也。

〔注释〕

①梲:疑为"脱",疏略,简略。
②悦校:愉快。校,疑为"恔(xiào)"。
③万物变而不乱:本句有版本作"万变不乱"。
④有说:有道理。

〔译文〕

但凡是礼,刚开始都是简略的,仪式和内容逐渐完备,最终达到令人愉快。所以当礼十分完备的时候,人的感情和礼仪都可以达到充分的表现;其次,就是人的感情表达超过了礼仪,或者礼仪的表现超过了人的感情;最后,就是人的感情回归于太古时候的质朴纯一。天地凭借着礼达到和谐,日月凭借着礼而光明,四时凭借着礼来更替,星辰凭借着礼来运行,江河凭借着礼来流动,世间万物凭借着礼来昌盛,喜好与厌恶凭借着礼来节制,喜怒凭借着礼来得当,用礼来统率民众就可以使之顺服,用礼来规范君王就会使之圣明,万物发生变化而不会混乱,一旦不恪守礼就会万物尽丧。礼难道不是最重要的吗！把最完备的礼制当作世间的最高标准，那么天下没有人能够指出它的不足或者是多余。礼的根本原则和其中的各项规定有相应的顺序，礼的结尾和开始可以相互照应，十分完备又有等级之分，十分精细而且很有道理。天下顺从它的就会得到安定治理，不顺从它的就会混乱；顺从它的就会平安，不顺从它的就会危险；顺从它的就会存活，不顺从它的就会天亡。小人是不能懂得其中的道理的。

　　礼之理诚深矣，"坚白""同异"之察入焉而溺①；其理诚大矣，擅作典制辟陋之说入焉而丧；其理诚高矣，暴慢、恣睢、轻俗以为高之属入焉而队②。故绳墨诚陈矣，则不可欺以曲直；衡诚县矣③，则不可欺以轻重；规矩诚设矣，则不可欺以方圆；君子审于礼，则不可欺以诈伪。故绳者，直之至；衡者，平之至；规矩者，方圆之至；礼者，人道之极也。然而不法礼，不足礼，谓之无方之民④；法礼足礼，谓之有方之士。礼之中焉能思索，谓之能虑；礼之中焉能勿易，谓之能固。能虑能固，加好者焉⑤，斯圣人矣。故天者，高之极也；地者，下之极也；无穷者，广之极也；圣人者，道之极也。故学者固学为圣人也，非特学无方之民也⑥。

[注释]

　　①坚白、同异：指战国时名家公孙龙的"离坚白"和惠施的"合同异"两个命题。公孙龙认为"坚""白"是离开石头而独立存在的，惠施的"合同

异"认为一切事物的差别、对立是相对的,强调差异之中有同一,如认为"天与地卑,山与泽平"。两个命题都只强调事物的一方面,而否定其他方面。

②暴慢:凶暴傲慢。恣睢:放纵暴戾。轻俗:轻视世俗。队:同"坠"。

③县(xuán):同"悬",挂。

④方:道。

⑤加好者焉:疑应为"加好之者焉"。

⑥非特学无方之民也:有版本"非特学"后有"为"字,亦通。

[译文]

　　礼的道理确实是很深的,"坚白""同异"这样至察的说法,进入礼的道理中就会沉溺不见;礼的道理的确是很大的,擅自制作典章制度、邪僻鄙陋学说,进入礼中就会丧失;礼的道理的确是很高的,那些凶暴傲慢、放纵暴戾、轻视世俗自以为高明的人,进入礼中就会失败。所以绳墨真的摆在面前,那么就不可以用东西弯曲或是笔直来进行欺骗;秤真的悬挂起来,那么就不可以用东西轻或者重来进行欺骗;规和矩真的摆在面前,就不可以用东西方或者圆来进行欺骗;君子审察礼,熟稔在心,那么就不可能用欺诈造假来欺骗他。所以绳子是最笔直的,秤是最公平的,规和矩是方或者圆的最高标准,礼是世间之道的最高点。然而不效法礼,不实行礼,就叫作无道之民;效法并实行礼,就叫作有道之人。在礼中可以进行思考,这就叫作有所思虑;在礼中坚守如一,这就叫作有所坚持。在礼中有所思虑,有所坚持,又能在礼上达到最为完善的地步,这就叫作圣人了。所以天,就是高到了极点;地,就是低到了极点;无穷,就是广阔到了极点;圣人,就是道德的最高点了。所以说学习的人,一定要学做圣人,不是要学做不守正道的民众。

乐论第二十

〔题解〕

《乐论》篇系统论述了对音乐的产生、表现形式、社会作用等方面的认识。文章认为，音乐由发出的声音作为载体，表现在人的动静之间。其属于"人情所必不免"，故人不能没有音乐。同时，音乐的表现形式多样，鼓、钟、磬、竽笙、管籥、埙箎、瑟、琴等乐器都可以演奏出不同风格的音乐，人的歌声和舞蹈也能表现出音乐之美。音乐有着可以深入人心、感化世人的作用，所以圣明的君王会制定有关音乐的原则，来使其可以"善民心""移风易俗"，达到民众和睦，天下大治。文章指出君王的"立乐之术"有两条：第一，利用音乐可以统率民众、调整人的情感变化的特点，故先王审定基本的音律，配合乐器合奏，用来和睦百姓，治理国家；第二，利用音乐是"天下之大齐"，可以使天下民众整齐划一，也可以要求人们性情符合礼法的特点，故先王用音乐对外带领民众征讨诛杀，对内教化民众，使之相互礼让。

此外，文章还记录了荀子对墨子有关"乐者，圣王之所非也，而儒者为之"观点的反驳。荀子认为音乐作为情感的表达，有益于民众纯洁心志、修养德行，亦有益于君王治理民众，并告诫弟子不要被墨子的学说迷惑。文章最后还记载了一段关于孔子观乡饮酒礼的记录以及有关乱世的象征。本章部分内容与

《礼记·乐记》相同。选文有删节。

夫乐者①,乐也②,人情之所必不免也,故人不能无乐。乐则必发于声音,形于动静。而人之道,声音、动静,性术之变尽是矣③。故人不能不乐,乐则不能无形,形而不为道④,则不能无乱。先王恶其乱也,故制雅、颂之声以道之⑤,使其声足以乐而不流⑥,使其文足以辨而不䚦⑦,使其曲直、繁省、廉肉、节奏⑧,足以感动人之善心,使夫邪污之气无由得接焉。是先王立乐之方也,而墨子非之,奈何!

〔注释〕

①乐:音乐。
②乐:喜悦。
③性术:指人的思想感情。
④道(dǎo):同"导",引导。下"形而不为道""制雅、颂之声以道之"之"道",意与此同。
⑤雅、颂:此处指雅乐、颂乐。
⑥流:淫放。
⑦䚦(xǐ):指繁杂。
⑧廉肉:刚柔。

〔译文〕

音乐,就是人们情感欢悦的表现,这是人情感中不能够缺少的,所以人生活不能没有音乐。人们喜悦就会发出声音,就会表现在行动或者静止的状态中。而人之为人,其外在发出的声音和动静,内在心理情感的变化,都表现在音乐里面了。所以人不能没有喜悦,喜悦则不能没有表现形式,表现形式如果没有引导的话,那么就不可能不产生混乱。先王厌恶这样的混乱,所以制作了雅乐、颂乐来引导人们,使人们的声音足以表达喜悦之情而不至于过于奔放,使音乐的辞章足以清晰而不至于繁杂,使其节奏婉曲或平直,复杂或简单,清亮有力或柔嫩饱满,足以感动人的善心,使得奸邪污秽之气无法触碰到人们。这是先王确定乐章制度的原则,但是墨子不认同音乐,拿他奈何!

故乐在宗庙之中,君臣上下同听之,则莫不和敬;闺门之内①,父子兄弟同听之,则莫不和亲;乡旦族长之中,长少同听之,则莫不和顺。故乐者,审一以定和者也,比物以饰节者也②,合奏以成文者也,足以率一道,足以治万变。是先王立乐之术也,而墨子非之,奈何!

〔注释〕

①闺门:内室的门,指家庭。
②比物:配合乐器。饰:通"饬",整治。

〔译文〕

所以在宗庙中响起音乐,那么君臣上下都会一起聆听,没有人不和顺恭敬的;家中响起音乐,父子兄弟都会一起聆听,没有不相互亲近的;在乡里的族人中响起音乐,年长者和年幼者一起聆听,没有不和睦融洽的。所以制定音乐,要审核基本的音律来确定音乐的和谐,要配合乐器来调整节奏,一起演奏成为和谐的音乐,这样的音乐足以统率根本的道理,足以满足人情感中各种各样的变化。这是先王确定乐章制度的原则,但是墨子不认同音乐,拿他奈何!

故听其雅、颂之声,而志意得广焉;执其干戚①,习其俯仰屈伸,而容貌得庄焉;行其缀兆②,要其节奏③,而行列得正焉,进退得齐焉。故乐者,出所以征诛也,入所以揖让也。征诛揖让,其义一也。出所以征诛,则莫不听从;入所以揖让,则莫不从服。故乐者,天下之大齐也,中和之纪也④,人情之所必不免也。是先王立乐之术也,而墨子非之,奈何!

〔注释〕

①干戚:盾与斧,此处指武舞拿在手中的舞具。
②缀兆:指古代乐舞中舞者的行列位置。
③要(yāo):符合。
④纪:总要。

〔译文〕

所以听雅乐和颂乐,人的思想感情就会得到舒广;拿着跳武舞时所持的盾与斧,练习身子的低俯或者扬起、蜷曲或者舒展,脸上的表情就会显得庄重;舞蹈时行走在该在的行列位置,符合乐舞的节奏,行列就会端正整齐,前进和后退都会步调统一。所以音乐,对外就可以用在征讨诛杀上,对内就可以用在教化人们互相礼让上。征讨诛杀和互相礼让,它们的道理是一样的。使用音乐在外进行征讨诛杀,那么没有人不言听计从;使用音乐对内进行教化,使民众相互礼让,那么没有人不遵从顺服。所以音乐是天下最大的统一,可以使人的感情符合礼的总要,这是人情感中不能够缺少的。这是先王确定乐章制度的原则,但是墨子不认同音乐,拿他奈何!

且乐者,先王之所以饰喜也;军旅鈇钺者^①,先王之所以饰怒也。先王喜怒皆得其齐焉^②,是故喜而天下和之,怒而暴乱畏之。先王之道,礼乐正其盛者也。而墨子非之。故曰:墨子之于道也,犹瞽之于白黑也^③,犹聋之于清浊也,犹欲之楚而北求之也。

〔注释〕

①军旅:军事。鈇钺:斫刀和大斧,指刑戮。
②齐:指适当的表现。
③瞽(gǔ):盲人。

〔译文〕

而且音乐,是先王用来表现喜悦之情的;军事和刑戮,是先王用来表达愤怒的。先王的喜悦和愤怒都得到了适当的表现,所以他喜悦,那么天下民众就应和他;他愤怒,那么天下民众就会畏惧他。先王的治国之道中,礼和乐是最重要的。但是墨子却不认同音乐。所以说:墨子对于治国之道,就像是盲人分不清黑色和白色,就像是聋人对于声音听不出来清亮或是混浊,就像是想要南去楚国而往北走了一样。

夫声乐之入人也深,其化人也速,故先王谨为之文。乐中平则民和而不流,乐肃庄则民齐而不乱。民和齐则兵劲城固，敌国不敢婴也①。如是，则百姓莫不安其处，乐其乡，以至足其上矣。然后名声于是白，光辉于是大，四海之民莫不愿得以为师②。是王者之始也。乐姚冶以险③，则民流僈鄙贱矣。流僈则乱，鄙贱则争。乱争则兵弱城犯④，敌国危之。如是，则百姓不安其处，不乐其乡，不足其上矣。故礼乐废而邪音起者，危削侮辱之本也。故先王贵礼乐而贱邪音。其在序官也⑤，曰："修宪命，审诗商⑥，禁淫声，以时顺修，使夷俗邪音不敢乱雅，太师之事也⑦。"

〔注释〕

①婴：同"撄"，侵犯。
②师：君长。
③姚冶：轻浮。
④犯：破坏。
⑤序官：序说官员的职责。一说为篇名。
⑥诗商：诗章。原作"诛赏"。
⑦太师：古时乐官之长。

〔译文〕

音乐对于人的影响极为深远，对于人的感化也极为迅速，所以先王谨慎地对音乐进行修饰。音乐中正平和，那么民众就会和顺而不淫放，音乐严肃庄重，那么民众就会整肃而不混乱。民众和顺那么国家就会兵力强劲，城池坚固，敌国就不敢来冒犯。这样的话，民众没有不安居乐业、和睦乡里的，进而就会充分地去满足君王的要求。然后君王的名声就会显著，光辉就会盛大，天下的民众没有谁不愿意让这样的君王来做自己的君长。这就是王道天下的开始。音乐轻浮邪僻，那么民众就会放荡卑贱，放荡就会发生混乱，卑贱就会互相争斗。混乱争斗那么兵力就会变得衰弱，城池遭到破坏，敌国就可能大举进犯。如果是这样，那么老百姓就不能安居乐业，无法和睦乡里，更别提满足君王的要求。所以礼乐废除，那么邪僻的音乐就会兴起，这是遭到削弱、陷入危险、受人侮辱的根本原因。所以先王重视礼乐而鄙夷邪僻的音乐。他在序说各个官员职责的时候说："制定法令，审核诗歌乐章，禁止淫邪的乐声，因时变化来对音乐加以修改，使得四夷的邪僻之音不敢扰乱雅乐，这就是太师的职责。"

墨子曰："乐者，圣王之所非也，而儒者为之，过也。"君子以为不然。乐者，圣王之所乐也，而可以善民心，其感人深，其移风易俗①，故先王导之以礼乐而民和睦。夫民有好恶之情而无喜怒之应则乱。先王恶其乱也，故修其行，正其乐，而天下顺焉。故齐衰之服②，哭泣之声，使人之心悲；带甲婴軸③，歌于行伍，使人之心伤④；姚冶之容，郑、卫之音⑤，使人之心淫；绅端章甫⑥，舞《韶》歌《武》，使人之心庄。故君子耳不听淫声，目不视女色，口不出恶言。此三者，君子慎之。

〔注释〕

①移风易俗：《史记》作"其风移俗易"。《汉书·礼乐志》作"其移风易俗易"。此处按上文，应为"其移风易俗"。
②齐衰（zīcuī）：丧服名。衰，同"缞"。
③婴：戴。軸：同"胄"，军帽。

④伤:当为"扬"。

⑤郑、卫之音:春秋战国时郑、卫两地的民间音乐。因异于雅乐,故被儒家称为"乱世之音"。

⑥绅:古时贵族束在腰间的大带。端章甫:礼服和礼帽。

〔译文〕

墨子说:"音乐,是圣明的君王所不认可的,而儒者倡导它,这是不对的。"君子不是这样认为的。音乐,是圣明君王所喜欢的,而且其可以使民心向善,其感人至深,其改变风俗也容易。所以先王用礼乐来引导民众,民众就可以和睦。民众有喜好或厌恶的感情,却没有开心或者生气与之对应,那么天下就混乱了。先王厌恶这样的混乱,所以修检自己的行为,订正音乐,而天下万物就和顺了。所以丧礼穿的衣服,哭泣的声音,这些都会使得人心伤悲;士兵身着铠甲,头戴军帽,在军队中放声歌唱,这些都使得人心飞扬;妖艳的面容,靡靡郑卫之音,这些都使得人心淫荡;腰间束着大带,身着礼服,头戴礼帽,舞着《韶》,唱着《武》,这些都使得人心庄重。所以君子耳朵不听淫荡的音乐,眼睛不看美女的面容,嘴里不说恶毒的话。这三者,君子是十分谨慎的。

凡奸声感人而逆气应之,逆气成象而乱生焉①;正声感人而顺气应之,顺气成象而治生焉。唱和有应,善恶相象,故君子慎其所去就也。君子以钟鼓道志,以琴瑟乐心,动以干戚,饰以羽旄②,从以磬管。故其清明象天,其广大象地,其俯仰周旋有似于四时。故乐行而志清,礼修而行成,耳目聪明,血气和平,移风易俗,天下皆宁,美善相乐。故曰:乐者,乐也。君子乐得其道,小人乐得其欲。以道制欲,则乐而不乱;以欲忘道,则惑而不乐。故乐者,所以道乐也③。金石丝竹④,所以道德也。乐行而民乡方矣⑤。故乐者,治人之盛者也,而墨子非之。

[注释]

①成象:表现在歌舞上。
②羽旄(máo):古乐舞时手中拿着的雉羽和牦牛尾。
③道(dǎo):同"导",引导。
④金石丝竹:指钟、磬、琴瑟、箫管四类乐器,亦泛指音乐。
⑤乡方:向着正确方向。乡,同"向"。

[译文]

淫邪的声音感动人,那么邪逆不顺之气就会来响应它,邪逆不顺之气表现在歌舞上就会乱象丛生;雅正的声音感动人,那么和顺正直之气就会来响应它,和顺正直之气表现在歌舞上,那么太平盛世就会出现。音乐的唱、和都是相互有响应的,善或者恶也就会随之表现出来,所以君子慎重对待自己对于音乐的取舍。君子用钟声、鼓声来引导自己的心志,用琴声、瑟声来愉悦自己的内心,手执盾斧,跳武舞来进行活动,用雉羽和牦牛尾来进行修饰,用磬管的声音来进行演奏,所以他的音乐清朗似天,广阔像地,他伴随着舞蹈的俯扬、周旋就像是四时的更替。所以好的音乐盛行,那么人们的心志就会清朗;礼义得到修饰完备,那么人们的德行就会有所成,人们耳聪目明,气血和顺平静,风俗得到变易,天下获得安宁,美和善都能相得益彰。所以说:音乐,就是人们情感欢悦的表现。君子喜悦于得到了自己的道德,小人喜悦于满足了自己的欲望。用道德来制约欲望,那么就可以欢悦而不惑乱;放纵欲望却忘记了道德,那么就会迷惑而不欢悦。所以说音乐是用来引导欢悦的;金石声、丝竹声,是用来引导道德的,好的音乐盛行,那么民众就向着正确的方向了。所以音乐就是用来治理国家最好的一个东西,但是墨子却不认可音乐。

且乐也者,和之不可变者也;礼也者,理之不可易者也。乐合同,礼别异。礼乐之统,管乎人心矣。穷本极变,乐之情也;著诚去伪,礼之经也。墨子非之,几遇刑也。明王已没①,莫之正也。愚者学之,危其身也。君子明乐,乃其德也②。乱世恶善,不此听也。於乎哀哉③!不得成也。弟子勉学,无所营也④。

〔注释〕

①没:通"殁"。
②其德:一说为"斯听"。
③於乎:同"呜呼"。
④营:迷惑。

〔译文〕

而且,音乐是和谐人关系不可改变的原则,礼是区分上下不可改变的原则。音乐聚合着天下的民众,礼区别着民众之间的等级。礼、乐二者的总和,管理着民众的内心。探求本源极尽人的情感变化,这是音乐的本质;昭显诚实去除虚假,这是礼的原则。墨子不认可音乐,这几乎是要遭遇刑罚的。圣明的君王已经死去,没有人能够纠正墨子。愚笨的人学习了他的这一学说,就会危害到自身。君子昭显音乐,这正是他的德行好的体现。乱世中的民众憎恨善的东西,不听君子的话。呜呼哀哉! 音乐不得发挥它的作用啊。弟子们勉力学习,不要被墨子这一邪说所迷惑。

乱世之征:其服组①,其容妇②,其俗淫,其志利,其行杂③,其声乐险,其文章匿而采④。其养生无度,其送死瘠墨⑤,贱礼义而贵勇力,贫则为盗,富则为贼。治世反是也。

[注释]

①组:华丽。
②容妇:指男子模仿妇人打扮。
③杂:污。
④匿:同"慝",恶。
⑤瘠墨:俭薄。

[译文]

乱世的特征:人们穿的衣服极为华丽,无论男女都打扮成妇人样貌,人们风俗淫乱,内心的志意唯利是图,行为杂污不堪,音乐邪僻不正,文章内容邪恶且文藻极度华丽。人们的生活荒淫无度,但是给亡者的葬礼却极为俭薄,人们看不起礼义而崇尚勇力,穷的人就以盗窃为生,富的人则喜好残害他人。天下大治的盛世与这种情况恰恰相反。

解蔽第二十一

〔题解〕

《解蔽》篇阐述了对于人认知问题的思考，并给出了解决认知片面的方法。本文认为人的认知往往是"蔽于一曲而暗于大理"，故需要纠正，从而使人的认知更为全面。文章指出万物相互不同，但是人片面地去看待事物，就会使得万物相互遮蔽，故文章前一部分论述了人在认知中种种被蒙蔽的情况，并且举出了实例。后一部分，文章着重强调了"心"在全面认识事物过程中的重要作用。文章指出，"道"作为人们衡量是非的标准，作为可以使人聪慧明智的最高体现，需要用"心"才能做到。"心"作为"形之君而神明之主"，如果可以做到"虚壹而静"，那么就可以在认知事物上达到"大清明"的境界，从而对事物有全面的认识而不存在任何蒙蔽。文章最后还教导学子要明白学习是有"至足"的，要学做圣人，学会执一驭万，明辨是非。本章选文有删节。

凡人之患，蔽于一曲而暗于大理①。治则复经②，两疑则惑矣③。天下无二道，圣人无两心。今诸侯异政，百家异说，则必或是或非，或治或乱。乱国之君，乱家之人④，此其诚心莫不求正而以自为也，妒缪于道而人诱其所迨也⑤。私其所积,唯恐闻其恶也;倚其所私,以观异术,唯恐闻其美也。是以与治虽走而是己不辍也⑥。岂不蔽于一曲而失正求也哉! 心不使焉⑦,则白黑在前而目不见,雷鼓在侧而耳不闻,况于使者乎⑧! 德道之人⑨,乱国之君非之上,乱家之人非之下,岂不哀哉!

〔注释〕

①一曲:认知的一个方面,偏见。大理:全面的道理。
②复经:复于正规。
③两疑则惑:据下文,此应为"两则疑惑"。
④乱家:指局限于片面认知的各种学派。
⑤妒缪:嫉恨迷惑。迨:同"怡",喜好。
⑥虽:当为"离"。是己:自以为是。
⑦使:指思考。
⑧使者:当为"蔽者"。
⑨德道:得道。德,通"得"。

〔译文〕

但凡是人都会有一个毛病,对事物的认知蒙蔽于一个方面,却看不到事物的全貌。通过纠正,人可以恢复对事物大道理的全面认知。如果对事物的大道理不能一心一意,那么人就会产生迷惑。天下没有两条"道",圣明的人对于天下至道也不会三心二意。当今,诸侯国各有各的政令,百家的学说也各不相同,那么不同学说一定会有对的或是错的,诸侯国的情况也一定有安定的或是混乱的。造成国家混乱的国君,造成学说混乱的各派学者,他们也是诚心地想要求得正确的道理来实现自己的想法,但是他们迷惑在了追求正确的道路上,而又有人用他们所喜爱的东西引诱他们。他们偏私于自己所积累的东西,唯恐听到别人对他们的非议;他们仗恃自己的方法,来看待与自己不同的说法,唯恐听到别人夸赞和他不同的说法。所以他们与正确方向背道而驰,但是却自以为是,从未停止。这难道不是蒙蔽于认知的一个方面,而失去了本来想要寻求正确道路的意图了吗?内心不去思考,那么黑色和白色即便是放在眼前,眼睛也无法辨认;雷声一般的鼓声即便在旁边响起,耳朵也无法听见,更何况是人被片面认知所蒙蔽呢?了解"道"的人、造成国家混乱的君王在他的上面为难他,造成学说混乱的学者在他的下面驳斥他,这难道不悲哀吗!

故为蔽①:欲为蔽,恶为蔽,始为蔽,终为蔽,远为蔽,近为蔽,博为蔽,浅为蔽,古为蔽,今为蔽。凡万物异则莫不相为蔽,此心术之公患也②。

〔注释〕

①故:可以作"胡"解,什么。
②公患:共有的毛病。

〔译文〕

什么情况是人被蒙蔽于片面认知的呢?在认识事物中,仅仅看到喜好这一个方面,会使得人蒙蔽于片面的认知;仅仅看到厌恶这一个方面,会使得人蒙蔽于片面的认知;仅仅看到开始这一个方面,会使得人蒙蔽于片面的认知;仅仅看到结尾这一个方面,会使得人蒙蔽于片面的认知;仅仅看到远这一个方面,会使得人蒙蔽于片面的认知;仅仅看到近这一个方面,会使得人蒙蔽于片面的认知;仅仅看到广博这一个方面,会使得人蒙蔽于片面的认知;仅仅看到肤浅这一个方面,会使得人蒙蔽于片面的认知;仅仅看到古代这一个方面,会使得人蒙蔽于片面的认知;仅仅看到当今这一个方面,会使得人蒙蔽于片面的认知。世间万物各自相异,如果只看到事物的一个方面,那么人所认识的万物没有不会被相互蒙蔽的,这就是人在认知事物时在思想上所共有的毛病。

圣人知心术之患,见蔽塞之祸,故无欲无恶,无始无终,无近无远,无博无浅,无古无今,兼陈万物而中县衡焉①。是故众异不得相蔽以乱其伦也②。

〔注释〕

①县(xuán)衡:指判断事物对错的标准。
②伦:指对错的道理。

〔译文〕

圣人了解人在认知事物上的毛病,看到了片面认知造成蒙蔽的危害,所以他在认知事物的时候,不只看到喜好,也不只看到厌恶;不只看到开始,也不只看到结束;不停留在近,也不止步于远;不只关注博大的一面,也不只去了解肤浅的一面;不拘泥于古代,也不会只看到今天,他会在心中把万物同时都陈列出来,去制定一个标准来判断事情的对错。因此,各种各样不相同的东西也不会相互蒙蔽而混乱了其对错的道理。

何谓衡?曰:道。故心不可以不知道。心不知道,则不可道而可非道①。人孰欲得恣而守其所不可②,以禁其所可？以其不可道之心取人,则必合于不道人,而不知合于道人③。以其不可道之心,与不道人论道人,乱之本也。夫何以知？曰④:心知道,然后可道;可道,然后守道以禁非道。以其可道之心取人,则合于道人,而不合于不道之人矣。以其可道之心,与道人论非道,治之要也。何患不知？故治之要在于知道。

〔注释〕

①可:认可。
②恣:放纵,随心所欲。
③知:疑为衍文,当删。
④曰:疑为衍文,当删。

〔译文〕

什么叫作判断事物对错的标准？回答说:道。所以一个人的内心不可以不明白道。内心不明白道,那么就会不认可正确的道而去认可错误的道。人怎么可能在放纵自己的情况下,去坚守自己所不认可的事情,而不去做自己所认可的事情？人用自己不认可道的内心去选取他人,那么他的内心一定会和不守道的人相符合,而一定不会和守道的人相符合。用他不认可道的内心,去和不守道的人谈论守道的人,这就是造成混乱的根本。这样怎么能懂得道啊？内心懂得道,然后就会认可道,认可道,然后就会坚守正道来禁止错误的道。用他认可道的内心来选取人,那么就会和守道的人相符合,而不会和不守道的人相符合。用他认可道的内心,和守道的人谈论错误的道,这就是治理的关键。哪里会害怕有什么不明智的呢?所以治理的关键在于要明白道。

　　人何以知道?曰:心。心何以知?曰:虚壹而静①。心未尝不臧也②,然而有所谓虚;心未尝不满也③,然而有所谓一;心未尝不动也,然而有所谓静。人生而有知,知而有志④。志也者,臧也,然而有所谓虚,不以所已臧害所将受谓之虚。心生而有知,知而有异,异也者,同时兼知之。同时兼知之,两也,然而有所谓一,不以夫一害此一谓之壹。心,卧则梦,偷则自行⑤,使之则谋。故心未尝不动也,然而有所谓静,不以梦剧乱知谓之静⑥。未得道而求道者,谓之虚壹而静。作之,则将须道者之虚则人⑦,将事道者之壹则尽,尽将思道者静则察。知道察,知道行,体道者也。虚壹而静,谓之大清明。

〔注释〕

　　①虚:虚心。壹:专一。静:镇静。
　　②臧:同"藏"。
　　③满:据下文文意,当为"两"。
　　④志:记忆。
　　⑤偷:苟且。
　　⑥剧:嚣烦,烦乱。
　　⑦须:求。之虚则人:应为"虚则入"。

〔译文〕

　　人怎么可以明白道?回答说:用心。心怎么可以懂得道?

回答说:虚心、专一、平静。人的内心未尝没有积藏的东西,然而却有所谓虚空的地方;人的内心未尝不会同时兼知二物,然而却有所谓专一;人的内心未尝不会有所运动,然而却有所谓平静。人生下来就会认知,会认知就会有记忆。记忆,就是内心所积藏的东西,然而内心却有所谓虚空的地方,不会因为有所积藏而损害将要接受的东西,这就叫作"虚"。人的心自从出生后就会有认知,对于不同事物就会产生不同的认知。差异,是同时认知不同的事物。同时认知不同的事物,这就是一心两用。然而有所谓专一,不会因为对一个事物的认知损害对另一个事物的认知,这就叫作"一"。人睡觉后就会做梦,做梦就会苟且放任自流地去想,而在日常使用的时候就又在思考。所以人的内心未尝不曾有所运动,然而内心却有所谓平静,不会因为做梦来烦扰人日常的认知,这就叫作"静"。没有得道的人来请求获得道,就要告诉他"虚心、专一、平静"。这样做了,那将要求道的人,虚心就可以进入道;将要掌握使用道的人,专一就可以全面了解道;将要思考道的人,平静就可以明察道。明白了道又可以用之明察万物,明白了道又可以用之付诸行动,这就是真正体悟了道的人。虚壹而静,就叫作在认知事物上进入了全面而无所遮蔽的状态。

万物莫形而不见①,莫见而不论②,莫论而失位。坐于室而见四海,处于今而论久远,疏观万物而知其情③,参稽治乱而通其度④,经纬天地而材官万物⑤,制割大理⑥,而宇宙里矣⑦。恢恢广广⑧,孰知其极! 睪睪广广⑨,孰知其德! 涫涫纷纷⑩,孰知其形⑪! 明参日月,大满八极⑫,夫是之谓大人。夫恶有蔽矣哉⑬!

〔注释〕

①见:同"现",表现,显现。
②论:通"伦",等级。下句"伦"同。
③疏观:洞察。
④参稽:对照查考。
⑤材官:指区别事物特性而加以利用。
⑥制割:掌握。
⑦里:当作"理"。
⑧恢恢:宽广的样子。广广:空旷的样子。
⑨罜罜:广大的样子。杨倞注:"罜读为睥。睥睥,广大貌。"
⑩涫涫(guàn):沸腾的样子。
⑪形:则,准则。
⑫八极:八方极远之地。
⑬恶(wū)有:怎么有。

〔译文〕

　　世间万物没有具有形态而不得以显现的,没有显现出来而不能够划分等级类别的,没有能够划分等级类别而失去合适位置的。坐在房间里面就可以看到四海,身处于今日而可以谈论久远以前的事,洞察万物而可以知道它们的情况,对照查考国家的安定或者混乱就可以通晓它的制度,规划治理了天地就可以区别利用万物,掌握世间至高至深的道理,那么宇宙也可以治理了。宽广空旷,谁知道他的极限!广大深远,谁知道他的功德!沸扬繁复,谁知道他的形象!他的光辉可以和日月一般明亮,他的广大可以充满天地八方,这就叫作"大人"。他怎么会有被蒙蔽的地方呢?

凡观物有疑,中心不定,则外物不清,吾虑不清,未可定然否也①。冥冥而行者,见寝石以为伏虎也②,见植林以为后人也③,冥冥蔽其明也。醉者越百步之沟,以为跬步之浍也④,俯而出城门,以为小之闺也⑤,酒乱其神也。厌目而视者⑥,视一为两;掩耳而听者,听漠漠而以为哅哅⑦,势乱其官也⑧。故从山上望牛者若羊,而求羊者不下牵也,远蔽其大也;从山下望木者,十仞之木若箸⑨,而求箸者不上折也,高蔽其长也。水动而景摇⑩,人不以定美恶,水势玄也⑪。瞽者仰视而不见星,人不以定有无,用精惑也⑫。有人焉,以此时定物,则世之愚者也。彼愚者之定物,以疑决疑,决必不当。夫苟不当,安能无过乎?

[注释]

　　①定然否:确定对或错。
　　②寝石:卧着的石头。
　　③植林:直立的树木。后人:当为"立人"。
　　④跬步:半步。浍(kuài):小沟。
　　⑤闺:上圆下方似圭样子的小门。
　　⑥厌目:指用手压按着眼睛。
　　⑦漠漠:寂静无声。哅哅(xiōng):喧扰的声音。
　　⑧势:指外力。
　　⑨仞:古代测量工具,八尺为一仞(一说七尺)。箸:筷子。
　　⑩景:同"影",影子。
　　⑪玄:通"眩",水波动荡导致目眩。
　　⑫精:视觉。

[译文]

　　凡是看到事物而有疑惑,心中有不确定的,那么就是对外物的认知不够清楚,我们思考不清楚,就不能够确定事物的对错。在光线昏暗处行走的人,看到卧着的石头,就以为是趴在地上的老虎;看到竖立着的树木,就以为是站立着的人,这是昏暗的光线遮蔽了他的视觉。喝醉酒的人跨越了百步宽的沟,还以为跨越的是半步宽的小沟;低俯下身子走出城门,还以为走出的是小门,这是因为酒迷乱了他的心神。压住眼睛看东西的人,就会把一件事物看成两件;捂住耳朵听声音的人,就会把耳旁的寂静无声听成喧哗扰攘的声音,这是因为外力扰乱了他们的感官。所以从山上望着远处的牛,牛好像和羊一样,但是寻求羊的人并不会下山去牵牛,因为这是距离远遮蔽了牛的体积之大;从山下望着山上的树木,十仞之高的树木就好像筷子一样,但是寻求筷子的人不会上山去折断树木做筷子,这是因为山高遮蔽了树木的长度。水面晃动,水中人的倒影就会摇晃,人不会以倒影的样子来判断人的好看或者丑陋,这是因为水势晃动会迷乱人的视觉。盲人抬头看不到星星,人不会以盲人的感知来判断天空中是否有星星,这是因为盲人是没有视觉的。有的人凭借着这些情况来判断事物,那么他就是世界上最愚昧的人了。那些最愚昧的人判断事物,是用自己疑惑的感觉判断使自己感到疑惑的事物,那么他们的判断绝对是不合适的。如果判断不合适的话,怎么可能不出现错误呢?

　　夏首之南有人焉①,曰涓蜀梁,其为人也,愚而善畏。明月而宵行,俯见其影,以为伏鬼也,仰视其发,以为立魅也②,背而走,比至其家,失气而死,岂不哀哉!凡人之有鬼也,必以其感忽之间、疑玄之时正之③。此人之所以无有而有无之时也,而己以正事。故伤于湿而击鼓鼓痹,则必有敝鼓丧豚之费矣④,而未有俞疾之福也⑤。故虽不在夏首之南,则无以异矣。

〔注释〕

①夏首:河名,夏水之首。
②立魅:站立着的鬼怪。
③正:当作"定"。下"正事"亦应为"定事"。
④此句应为"故伤于湿而痹,痹而击鼓烹豚,则必有敝鼓丧豚之费矣"。
⑤俞:通"愈",痊愈。

〔译文〕

夏水之首的南面有一个叫作涓蜀梁的人,这个人,愚蠢而经常心生畏惧。在有明月的晚上行走,低下头看到自己月光下的影子,以为是趴着的鬼怪;抬起头看到自己的头发,以为是站立着的鬼怪,转身就往家里跑,等他回到家,就因惊吓过度断气而死,这难道不可悲吗!凡是人感觉到有鬼,一定是在他恍惚之间、悬疑而迷惑的时候就做出了有鬼的判断。这就是人在自身认知把有当作没有,把没有当作有的时候,依靠认知去判断事物。所以人受了湿气而得了风湿病,得病就去击鼓杀猪来求神驱鬼,那么一定会白白使得鼓破猪亡,却没有疾病得到治愈的福气。所以这种行为虽然没有发生在夏水之南,但是这也和夏水之南的涓蜀梁怕鬼而自己吓死自己的行为没什么两样了。

正名第二十二

[题解]

《正名》篇主要阐述了对于事物名称问题的思考。文章认为世间万物都有与之相应的名称,因为人们不能清楚认知、分辨事物,所以要对事物命名。在理解清楚事物的本质时,人们可以通过体会、说明和论辩来达到更清晰的理解。而对事物正确地"期、命、辨、说",则会让国家正常地运转,故亦为"王业之始"。所以"王者之制名,名定而实辨,道行而志通,则慎率民而一焉",先王对事物的正确命名,其目的是能够统率民众,从而使国家能够长治久安。文章中讲到,确定事物名称与人本身的联系密切相关,这不仅表现在君王确定名称时除刑名、爵名、文名都有所遵循外,对于一般事物的命名则往往需要紧密结合人自身来进行,还表现在人们在区别事物异同的时候需要根据人的"天官"(目、耳、口、鼻、形体、心)的感受来作为判断依据。

对当今社会"圣王没,名守慢,奇辞起,名实乱,是非之形不明",而官吏和儒者对于对错的认知更为混乱的情况,文章义正词严地进行了批判。文中谈到当今的邪说辟言有"用名以乱名""用实以乱名""用名以乱实"三种,圣明的君王应当深知其中对与错的区别,而不去与之争辩。文中还提出了正确的"圣人之辨说""士君子之辨说"。值得注意的是,文中所论君子言说中当名、辞"足以相同则舍之",与《儒效》篇中的"君子言有坛宇",草蛇灰线般有所照应。文章最后还对欲望、治国、道之间的关系以及相关问题做了一番论述。本书选文有删节。

　　故王者之制名,名定而实辨,道行而志通,则慎率民而一焉①。故析辞擅作名以乱正名②,使民疑惑,人多辨讼,则谓之大奸,其罪犹为符节、度量之罪也③。故其民莫敢托为奇辞以乱正名。故其民悫,悫则易使,易使则公。其民莫敢托为奇辞以乱正名,故壹于道法而谨于循令矣。如是,则其迹长矣④。迹长功成,治之极也。是谨于守名约之功也。今圣王没,名守慢⑤,奇辞起,名实乱,是非之形不明,则虽守法之吏,诵数之儒,亦皆乱也。若有王者起,必将有循于旧名,有作于新名。然则所为有名⑥,与所缘以同异⑦,与制名之枢要,不可不察也。

〔注释〕

①慎率:谨慎地带领。
②析辞:玩弄辞句。
③为符节、度量之罪:指伪造契券尺秤之罪。为,通"伪"。
④迹:功绩。
⑤慢:怠慢。
⑥所为有名:所以要有名称。
⑦所缘以同异:指制名有异有同的根据。

〔译文〕

　　所以圣王制定天下万物名称,万物的名称一旦得到确定,那么各自的实质就可以得到分辨,用名称来表现事物实质的办法得到推行,那么人与人之间的思想意志就能得到沟通,君王就可以谨慎地率领民众来一致遵循所制定的名称。所以玩弄辞句,擅自制定事物名称来扰乱事物正确的名称,使得民众疑惑,造成更多的争论的人,就叫作大奸,他的罪行就如同是伪造契券尺秤。所以民众没有敢于伪造奇怪的言辞来扰乱事物正确的名称。这样的民众诚实,民众诚实就容易被使役,容易被使役就可以获得功绩。民众没有敢于伪造奇怪的言辞来扰乱事物正确的名称,所以就可以专一在法度上,同时也谨慎地遵循各项命令。这样的话,事业就可以长久,事业长久就会取得功绩,这就是治理国家的最高境界。所以要谨慎地坚守统一名称所带来的功效。当下,圣明的君王离世,坚守统一名称的事情也有所怠慢,奇怪的言辞四起,事物的名称和它所代表的实质混乱,对与错的分辨也不清晰,虽然是坚守法度的官吏,诵读经典的儒者,都是一片混乱。如果有王者此刻出现,一定将会探究事物以前的名称,来制定新事物的名称。那么事物之所以要有名称,制定名称根据什么来使之有同有异,以及制定名称的关键,不可以不做一番考察。

异形离心交喻①,异物名实玄纽②,贵贱不明,同异不别,如是则志必有不喻之患,而事必有困废之祸③。故知者为之分别,制名以指实,上以明贵贱,下以辨同异。贵贱明,同异别,如是则志无不喻之患,事无困废之祸,此所为有名也。

〔注释〕

①异形离心:不同的人,心智不同。
②玄:通"眩"。
③困废:陷入困顿而废止。

〔译文〕

不同的人心智不一样,而要使之相互能够晓谕,不同的事物名称和实质不一样,就会造成混乱不清,事物的高贵、低贱不清楚,相同相异没有分别,这样的话,人的思想一定会有不能说清楚的毛病,而事情一定会有陷入困境而废止的灾祸。所以智慧的人为世间万物分别制定名称来表明实质,上则可以使得高贵、低贱得以分明,下则可以辨别事物的相同相异。高贵、低贱得到了明确,相同相异得到了分别,这样的话,那么人的思想就不会有讲不清楚的担忧了,事情也就不会有陷入困境而废止的灾祸了,这就是事物为什么要有名称的原因。

然则何缘而以同异?曰:缘天官①。凡同类、同情者,其天官之意物也同。故比方之疑似而通②,是所以共其约名以相期也③。形、体、色、理以目异,声音清浊、调竽、奇声以耳异④,甘、苦、咸、淡、辛、酸、奇味以口异,香、臭、芬、郁、腥、臊、洒、酸、奇臭以鼻异⑤,疾、痒、沧、热、滑、铍、轻、重以形体异⑥,说、故、喜、怒、哀、乐、爱、恶、欲以心异⑦。心有征知。征知则缘耳而知声可也,缘目而知形可也,然而征知必将待天官之当簿其类然后可也⑧。五官簿之而不知,心征知而无说,则人莫不然谓之不知,此所缘而以同异也。然后随而命之,同则同之,异则异之;单足以喻则单,单不足以喻则兼,单与兼无所相避则共,虽共,不为害矣。

[注释]

①天官:自然的器官,指人的眼睛、耳朵、嘴巴、鼻子、形体。
②疑:通"拟"。
③相期:相互交流。
④调竽:应为"调节",指乐曲和谐。
⑤洒、酸:应为"漏、庮(yóu)",马和牛的膻气。
⑥钑:疑为"鈒",涩。
⑦说:同"悦",指心情舒畅。故:通"固",指心中有郁结。
⑧簿:同"薄",指接触。

[译文]

　　那么根据什么来使得制定名称有同有异?回答说:根据人自然的器官。但凡是同类,感情相同的,那么他们的器官有关于事物的感知也是相同的。所以只要比喻大概与事物相似,那么人们之间就可以相互沟通,这就是人们要共同约定确定世间万物的名称来相互交流的原因。形状、体态、颜色、纹理,都是眼睛可以辨别的;声音的清浊、乐曲的和谐以及奇怪的动静,这些都是耳朵可以分辨的;甜或者苦,咸或者淡,辣或者酸,以及其他奇怪的味道,这些都是嘴巴可以辨别的;香或者臭,腥臊的气味,马牛的膻味以及其他奇怪的味道,这些都是鼻子可以辨别的;疴或者痒,冷或者热,滑或者涩,轻或者重,这些都是身体能够感受分辨的;心情舒畅或心有郁结,喜或怒,哀或乐,喜爱或者讨厌以及其他欲望,这些都是心可以分辨出来的。心有感知。这种感知是因为凭借耳朵而知道声音,因为凭借眼睛而知道形态。但是,感知一定要等待自身的器官接触到那类事物,然后才可以得到认知。人的五官可以接触这些事物却无法得到认知,人的心可以有认知却没有办法说出来,那么人们都会觉得这种情况其实就是无知。这就是制定名称有同有异的根据。然后就接着给事物命名,相同的就起相同的名称,不同的就起不同的名称;单字足以说明就用单字作为事物名称,单字不足以说明就用两个或两个以上的字来作为事物名称,单字的名称和两个及两个以上的字的名称互不相违的话,还可以有一个共同的名称,虽然二者有一个共同的名称,却不会妨害彼此。

知异实者之异名也,故使异实者莫不异名也,不可乱也,犹使异实者莫不同名也[①]。故万物虽众,有时而欲遍举之,故谓之物。物也者,大共名也。推而共之,共则有共,至于无共然后止。有时而欲遍举之[②],故谓之鸟兽。鸟兽也者,大别名也。推而别之,别则有别,至于无别然后止。

〔注释〕

　　①异:据上文,当为"同"。
　　②遍:据上文,当为"偏"。

〔译文〕

　　清楚了不同实质的事物应该有不同的名称,所以就给不同实质的事物全部起了不同的名称,这是不可以混乱的,就像是给实质相同的事物全部起相同的名称一样。所以天下万物虽然众多,有时候想要有一个概念可以将它们全部囊括,所以就叫它们"物"。所谓"物",就是世间万物的一个大的统称。向上类推再加一个共有的名称,那么统称上还有更大的统称,可以一直向上类推,直到没有共有名称。有时想要有一个概念可以对世间万物的一部分加以概括,所以就有了"鸟兽"这一类名称。所谓"鸟兽",这也是一个大的统称。往下推,继续加以区别,那么这个统称下面还有更小的名称,可以一直向下推,直到没有可以区别的名称。

名无固宜,约之以命,约定俗成谓之宜,异于约则谓之不宜。名无固实①,约之以命实,约定俗成谓之实名。名有固善,径易而不拂,谓之善名。物有同状而异所者,有异状而同所者,可别也。状同而为异所者,虽可合,谓之二实。状变而实无别而为异者,谓之化。有化而无别,谓之一实。此事之所以稽实定数也,此制名之枢要也。后王之成名,不可不察也。

〔注释〕

①名无固实:指名称不能自然而然地代表事物实质。

〔译文〕

名称没有自然而然就和事物相适宜的,人们约定好来一起命名,名称确定后习用既久,成为社会公认,这就叫作适宜,不同于这个约定的名称叫作不适宜。名称不能自然而然去代表哪一类事物的实质,人们约定相同的名称来命名一类事物,相约命定后习用既久,成为社会公认,这就叫作这类事物的实名。名称本来很好,直接平易而不会违背事物的实质,这就叫作好名称。物体有相同的形状而实质不同的,有形状不同但是实质相同的,这是可以区别的。形状相同但是实质不同的事物,虽然可以合有一个统称,但这还是两种实质的事物。形状发生了变化,但是实质与之前没有区别,没有变成另一种实质的事物,这就叫作变化。形态上有变化但是没有产生实质上的区别,这还是应该叫作同一类的事物。这就是为什么要考察事物的实质来确定事物的名称有多少。这是制定事物名称的关键。现在的君王制定事物的名称,不可以不认真地做一番考察。

心也者,道之工宰也。道也者,治之经理也。心合于道,说合于心,辞合于说。正名而期①,质请而喻②。辨异而不过,推类而不悖,听则合文③,辨则尽故。以正道而辨奸,犹引绳以持曲直,是故邪说不能乱,百家无所窜。

〔注释〕

①期:指符合约定。
②请:通"情",指事物的真实情况。
③合文:符合礼法。

〔译文〕

人的内心,是道的主宰。道,是治理国家的原则。内心要合于道,说明要合于内心,使用的言辞合于说明。订正事物的名称要符合约定,根据事物的实情来进行说明。辨别事物间的区别不要产生过错,推论事物的种类而不违背实情,听言要合于礼法,论辨问题要穷尽道理。用正确的道来辨别奸邪,就像是拉直墨线来衡量事物的曲直一样,这样的话邪僻的说法就不会祸乱天下,百家中的邪僻学说也无处逃窜。

有兼听之明而无矜奋之容①,有兼覆之厚而无伐德之色②。说行则天下正,说不行则白道而冥穷③,是圣人之辨说也。《诗》曰④:"颙颙卬卬⑤,如珪如璋,令闻令望⑥。岂弟君子⑦,四方为纲⑧。"此之谓也。

〔注释〕

①矜奋:傲慢自大。
②兼覆:此处指无所不包,无所遗漏。伐德:自夸其德。
③白道:阐明正道。冥穷:隐退,一说为深穷其理。
④《诗》:指《诗经·大雅·卷阿》。
⑤颙颙(yóng):温和恭敬的样子。卬卬(áng):昂昂,指气宇轩昂的样子。
⑥令:好。闻:声誉。望:名望。
⑦岂弟:和乐平易。亦作"恺弟""凯弟"。
⑧纲:典范。

〔译文〕

有广泛听取各方意见的明智,却没有傲慢自大的神态;有无所不包的仁厚,却没有自夸其德的神色。他的说法得到执行,那么天下都走上正道;他的说法得不到执行,那么就阐明正道而后隐退,这是圣人的辨说。《诗经·大雅·卷阿》中说:"温和恭敬,气宇轩昂,纯洁高贵,如珪如璋,声名美扬,这样和乐平易的君子,是天下四方的榜样。"说的就是这种情况。

辞让之节得矣,长少之理顺矣,忌讳不称,袄辞不出①,以仁心说,以学心听,以公心辨。不动乎众人之非誉,不治观者之耳目②,不赂贵者之权势,不利传辟者之辞③。故能处道而不贰,吐而不夺④,利而不流,贵公正而贱鄙争,是士君子之辨说也。《诗》曰⑤:"长夜漫兮,永思骞兮⑥。大古之不慢兮⑦,礼义之不愆兮⑧,何恤人之言兮!"此之谓也。

〔注释〕

①袄辞:指怪异祸乱之辞。袄,古人称反常怪异的事物。
②治:当为"冶",蛊惑,迷惑。
③传辟:当为"便辟"。辟,通"嬖(bì)",指身旁宠爱的人。
④吐:发表言论。
⑤《诗》:此为《诗》中逸诗。
⑥骞:过错。
⑦慢:怠慢。
⑧愆:过失。

〔译文〕

辩说中辞让的礼节具备了,长幼的道理通顺了,有所禁忌的话不要去提及,怪异反常的话不要说出口,用仁爱之心去与人诉说,抱着学习的心去倾听,用公正的心去辨别言说中的对错。不被别人的诋毁或者赞誉所动,不蛊惑别人的耳朵和眼睛,不去巴结贿赂地位高贵之人的权势,不喜爱周围花言巧语者的奸言。所以能身处正道之中而不三心二意,发表言论而不会被旁人所左右,辩说流利而不至于放纵,看重公正而轻视粗鄙的争吵,这是士君子的辩说。《诗经》中说:"长夜漫漫,一直在思考着自己的过错。上古流传下来的正道并没有怠慢,对待礼义也没有过失,何必要顾虑别人的言论呢!"说的就是这种情况。

君子之言,涉然而精①,俛然而类②,差差然而齐。彼正其名,当其辞,以务白其志义者也。彼名辞也者,志义之使也,足以相通则舍之矣;苟之③,奸也。故名足以指实,辞足以见极,则舍之矣④。外是者谓之讱⑤,是君子之所弃,而愚者拾以为己宝。

〔注释〕

①涉:疑作"陟",高。
②俛:同"俯"。
③苟:指不合礼的言说。
④舍:止。
⑤讱(rèn):难,艰深。

〔译文〕

君子的言语,高远而精当,切实而有条理,言说可深可浅,参差不一却很整齐。他正确地制定事物的名称,得当地使用词语,把清楚表明自己的思想作为目的。他所制定的名称,使用的词语,都是他思想的表现,足够用来沟通世间,那么便不再过多过深地表达了;如果出现了不合礼的言说,那么就是奸邪之言了。所以事物的名称足以指出它的实质,词语足以描绘到最贴切,那么就可以停止了。超过这个界限的人就叫作故作艰深之语,这是为君子所摒弃的,而愚蠢的人却把它拾起来认为是自己的宝物。

故愚者之言,芴然而粗①,啧然而不类②,诶诶然而沸③。彼诱其名④,眩其辞,而无深于其志义者也。故穷藉而无极⑤,甚劳而无功,贪而无名。故知者之言也,虑之易知也,行之易安也,持之易立也,成则必得其所好而不遇其所恶焉。而愚者反是。《诗》曰⑥:"为鬼为蜮⑦,则不可得。有靦面目⑧,视人罔极⑨。作此好歌,以极反侧⑩。"此之谓也。

〔注释〕

①芴(wù)然:指没有根据的样子。芴,通"忽"。
②啧:通"赜",幽深,深奥。
③诶(tà):话多。
④诱:指迷惑使混淆。
⑤穷藉:无穷尽地借用。藉,同"借"。
⑥《诗》:指《诗经·小雅·何人斯》。
⑦蜮(yù):古妖怪名。古时传说能含沙射影使人得病的动物,一名短狐。
⑧靦(tiǎn):同"腼",指人的面容。
⑨罔极:没有准则。
⑩反侧:指反复无常。

〔译文〕

所以愚蠢之人的言说,没有根据而显得粗鄙,深奥艰涩到没有条理，言论嘈杂而无章。他们混淆名称使人迷惑，炫耀华丽的词语，却在思想上并不深奥。所以他们的言说借用他物而没有穷尽，甚是劳苦却没能取得功效，贪图太多而没有好的名声。所以智慧之人的言说，考虑起来容易使人明白，执行起来容易使人安定，坚持起来也容易成立，成功就会获得所喜好的东西，而不会遇到所厌恶的东西。但是愚蠢之人的言论却与之完全相反。《诗经·小雅·何人斯》中说："鬼蜮无形，不可得见。你是人的面容，展现出来却是言行没有准则的样子。我作了这一首好歌，用来深究你的反复无常。"说的就是这种情况。

性恶第二十三

[题解]

《性恶》篇系统阐述了荀子思想中关于人性的一个重要观点,即人性本恶。文章开篇即提出"人之性恶,其善者伪也"。荀子认为,人性并不是如孟子所论的"性本善",而是建立在"生而好利"的基础之上。人性中所好之利颇多,如"饥而欲饱,寒而欲暖,劳而欲休",凡人好此诸利就会欲得,而如果人的欲望不加以节制,势必会产生争夺,导致暴乱。所以荀子提出利用"师法之化,礼义之道"来规范世人的行为,从而使人与人之间"出于辞让,合于文理",达到天下"归于治"的最终目标。

文章对于孟子"人之性善"的相关观点分条进行了反驳。首先反驳"今之学者,其性善"是"不知人之性",荀子认为人可以学习本身就是一种后天的作为,而非本性好学。其次反驳了"今人之性善,将皆失丧其性故也"。荀子认为人性的根本是恶的,而不是原先善良但失去本性后才变得恶。最后荀子用假设的方法,指出如果人性是孟子所述的本为善,那么应该是不需要圣人和礼义来规范世人,就可以达到"正理平治"的情况,但事实并非如此,古代君王就已树立君威,建立礼义法度来治国,而这正是天下得治的必然要求。反之则人性之恶占据上风,天下就会大乱。

文章中，荀子还着重强调了人后天行为的重要性。文中提出人和人之间的本性是同样的，即"凡人之性者，尧、舜之与桀、跖，其性一也；君子之与小人，其性一也"。但是人后天的主观意志和行为会决定成为何种人。小人可以为君子，但是能不能成为君子则要另说。反之亦然。基于这一认识，荀子在文中提出"涂之人可以为禹"的观点，振聋发聩，引人深思。

人之性恶，其善者伪也①。今人之性，生而有好利焉，顺是，故争夺生而辞让亡焉；生而有疾恶焉②，顺是，故残贼生而忠信亡焉；生而有耳目之欲，有好声色焉，顺是，故淫乱生而礼义文理亡焉③。然则从人之性④，顺人之情，必出于争夺，合于犯分乱理而归于暴。故必将有师法之化，礼义之道⑤，然后出于辞让，合于文理，而归于治。用此观之，然则人之性恶明矣，其善者伪也。

〔注释〕

①伪：人为。
②疾：嫉妒。
③文理：指礼法条文。
④从：同"纵"，放纵。
⑤道(dǎo)：引导。

〔译文〕

人的本性是恶的，人性有善良的表现，是后天人为产生的。当今人的本性，生下来就是喜好有利于自己的东西，顺着这一本性的话，就会产生争夺之事，而相互谦让的行为就不存在了；人生下来就带有厌恶和嫉妒的本性,顺着这一本性的话,就会出现残害他人的事情,而忠诚守信的美好品质就会消失;人生下来就有满足耳朵和眼睛欲望的本性,喜好美妙的声色,顺着这一本性,那么就会产生荒淫无道的事情,而礼义法度的条文就会名存实亡。那么放纵人的本性,顺从人的情欲,就一定会出现争夺的事情,而这正好与违背等级名分的区分、混乱社会治理秩序相符合,最终导致暴乱。所以一定要有老师和法度的教化,要有礼义的引导,然后人们之间就会相互谦让,符合礼法制度,最终达到社会的安定。这样看来,那么人的本性是恶的,这是明摆着的,人性有善的表现,是后天人为产生的。

故枸木必将待檃栝、烝、矫然后直①,钝金必将待砻、厉然后利②。今人之性恶,必将待师法然后正,得礼义然后治。今人无师法则偏险而不正③,无礼义则悖乱而不治。古者圣王以人性恶,以为偏险而不正,悖乱而不治,是以为之起礼义,制法度,以矫饰人之情性而正之,以扰化人之情性而导之也④。始皆出于治,合于道者也。今之人,化师法,积文学,道礼义者为君子⑤;纵性情,安恣睢⑥,而违礼义者为小人。用此观之,然则人之性恶明矣,其善者,伪也。

〔注释〕

①枸:读为"钩",弯曲。檃栝(yǐnkuò):矫正竹木弯曲的工具。烝、矫:烝指蒸竹木使之柔软,矫指矫正竹木使之变直。

②砻、厉:磨石,亦作"砻、砺"。

③偏险:偏邪。

④扰化:指驯服教化。
⑤道:蹈,实行。
⑥恣睢(suī):指恣肆妄为。

〔译文〕

所以弯曲的木头一定要被檃栝纠正,被蒸柔软、矫正后才能够直,不锋利的兵器一定要被磨石磨过之后才能锋利。当今人本性中的恶,必须依靠老师的教导和法度的规范然后才能改正,得到礼义然后才能得到治理。当今的人没有老师的教导和法度的规范,就会偏邪而不正直;没有礼义,就会违背混乱世间秩序而得不到治理。古时候,圣明的君王认为人的本性是恶的,认为人会偏邪而不正直,会违背混乱秩序而得不到治理,所以为人拟定了礼义,制定了法度,用来矫正、修正人们的情感、本性来使之正直,用来驯服教化人的情感、本性而使之得到引导,方才使得人们的情感、本性都能得到治理,从而符合道的要求。当今的人如果被老师的教导和法度的规范所教化,积累了学识,实践礼义,那么他就是君子;如果放纵性情,安于肆意妄为,从而违背礼义,那么他就是小人。这样看来,那么人的本性是恶的,这是明摆着的,人性有善的表现,是后天人为产生的。

孟子曰:"今之学者,其性善。"

曰:是不然。是不及知人之性,而不察乎人之性、伪之分者也。凡性者,天之就也,不可学,不可事①;礼义者,圣人之所生也,人之所学而能,所事而成者也。不可学、不可事而在人者谓之性②,可学而能、可事而成之在人者谓之伪。是性、伪之分也。今人之性,目可以见,耳可以听。夫可以见之明不离目,可以听之聪不离耳,目明而耳聪,不可学明矣。

〔注释〕

①事:为。
②在人者:据上下文义,当为"在天者"。

〔译文〕

孟子说:"今天的人之所以要学习,是因为他的本性是善的。"

回答说:不是这样的。这种说法是尚未知道人的本性,而且辨别不出来人的本性和人后天行为之间的分别。凡是人的本性,是天生就带有的,这是不可以通过学习,不可以通过后天做什么事情来获得的;礼义,是圣人所制定的,这是人可以通过学习来获得,进而能够做到的,是做过之后就可以取得成功的。不能够通过学习来得到,不能够通过后天行为来获得,但是原本就在人身上的,叫作本性;可以通过学习得到做到,可以通过人的后天行为而完成的,这在人身上就叫作后天人为的活动。这就是人的本性和人的后天行为之间的区别。当今人的本性,眼睛可以看见事物,耳朵可以听到声音。可以看见光明的能力无法离开眼睛,可以听到声音的能力无法离开耳朵,眼睛明亮且耳朵灵敏,这是无法通过学习来得到的,是明摆着的。

孟子曰:"今人之性善,将皆失丧其性故也①。"
曰:若是,则过矣。今人之性,生而离其朴②,离其资③,必失而丧之。用此观之,然则人之性恶明矣。所谓性善者,不离其朴而美之,不离其资而利之也。使夫资朴之于美,心意之于善,若夫可以见之明不离目,可以听之聪不离耳,故曰目明而耳聪也。今人之性,饥而欲饱,寒而欲暖,劳而欲休,此人之情性也。今人饥,见长而不敢先食者,将有所让也;劳而不敢求息者,将有所代也。夫子之让乎父,弟之让乎兄,子之代乎父,弟之代乎兄,此二行者,皆反于性而悖于情也。然而孝子之道,礼义之文理也。故顺情性则不辞让矣,辞让则悖于情性矣。用此观之,然则人之性恶明矣,其善者伪也。

〔注释〕

①故也:据上下文义,当为"故恶也"。
②朴:资质。
③资:材料。

〔译文〕

孟子说:"当今的人,本性是善的,只是由于他们丧失了本性,所以变成了恶的。"

回答说:这么认为的话,就是错误的了。当今人的本性,生下来就已经离开了它所依靠的资质,离开了它所依靠的材料,这是一定会丧失的。这么看来的话,那么人的本性是恶的,这是明摆着的。如果说人的本性是善的,那么不离开它依靠的资质就应该是美好的,不离开它依靠的材料就应该是有利的。这就要求人的资质和材料对于美,人的内心志意对于善,就应该像可以看见光明的能力无法离开眼睛,可以听到声音的能力无法离开耳朵一样,所以说眼睛明亮且耳朵灵敏。人的本性,饥饿了就想要吃饱,寒冷了就想要得到温暖,劳累了就想要得到休息,这是人本真的情性。但是当今的人如果饿了,见到年长之人就不敢先吃饭了,将要把食物让给年长的人食用;劳累了而不敢求得休息,是因为需要人去代劳。儿子礼让父亲,弟弟礼让兄长,儿子为父亲代劳,弟弟为兄长代劳,这两种行为都是违反人的本性、违背人的情欲的,然而这正是儿子应该孝顺父亲的道理,是礼义所规范好的秩序。所以如果顺从人的情欲本性,那就不会礼让了,礼让则会违背人的情欲本性。这样看来,那么人的本性是恶的,这是明摆着的,人性有善的表现,是后天人为产生的。

问者曰:"人之性恶,则礼义恶生①?"

应之曰:凡礼义者,是生于圣人之伪,非故生于人之性也。故陶人埏埴而为器②,然则器生于工人之伪③,非故生于人之性也。故工人斵木而成器④,然则器生于工人之伪,非故生于人之性也。圣人积思虑,习伪故⑤,以生礼义而起法度,然则礼义法度者,是生于圣人之伪,非故生于人之性也。若夫目好色,耳好听,口好味,心好利,骨体肤理好愉佚⑥,是皆生于人之情性者也,感而自然,不待事而后生之者也。夫感而不能然,必且待事而后然者,谓之生于伪。是性、伪之所生,其不同之征也。故圣人化性而起伪,伪起而生礼义,礼义生而制法度。然则礼义法度者,是圣人之所生也。故圣人之所以同于众,其不异于众者,性也;所以异而过众者,伪也。夫好利而欲得者,此人之情性也。假之有弟兄资财而分者,且顺情性,好利而欲得,若是,则兄弟相拂夺矣;且化礼义之文理,若是则让乎国人矣⑦。故顺情性则弟兄争矣,化礼义则让乎国人矣。

〔注释〕

①恶(wū):何。
②陶人:烧制陶器的人。埏埴(shānzhí):埏指用水和泥,埴指黏土。
③工人:据上下文义,当为"陶人"。
④斲(zhuó)木:砍削木材。
⑤伪故:指人的行为。
⑥愉佚:快乐安逸。佚,安逸、安乐。
⑦国人:国内之人,指他人。

〔译文〕

问的人说:"人的本性如果是恶的话,那么礼义从何处所生?"

回答说:凡是礼义,都是圣人人为制定出来的,并非是人的本性所生。所以烧制陶器的匠人和泥、揉捏,最终烧制出陶器,然而做好的陶器属于烧制陶器的匠人人工制作出来的,而并非是出于匠人的本性。木匠砍斫木材,做成各种各样的木器,然而这些木器都是木匠人为制造出来的,而并非是出自木匠这个人的本性。圣明的人积累思考,熟悉人的行为,并用总结的思考和经验来制定人应遵循的礼义,起草规范秩序的法度,那么圣人制定的礼义和法度,也是圣人人为制定的,而不是出于人的本性。至于人的眼睛喜好美丽的色彩,耳朵喜好美妙的声音,嘴巴喜好美妙的味道,内心喜好利益,身体喜好欢愉安逸,这些都是出自人本身的情欲和本性,一旦感受到就会自然而然地这样,不需要做什么人为的事情就能发生。那些感受得到但不会自然而发生,一定需要做什么事情才能使之发生的,就叫作人为。这就是人的本性和人为之事各自是怎样产生的,以及它们之间不同的特征。所以圣人变化了本性而产生了后天的作为,通过后天的作为总结出了人应遵守的礼义,礼义产生后就可以制定出规范秩序的法度。那么世间的礼义法度,都是经由圣人之手而产生的。所以圣人和常人相同,而不和常人相异的地方,在于人的本性;圣人和常人区别大的地方,就在于后天的行为。喜好利益而想要得到,这是人的情欲本性。假如兄弟二人有财产需要分割,要是顺着人的情欲本性的话,那么二人都喜好利益,想要各自霸占,这样的话,兄弟二人就会相互违背,争夺财物;要是用礼义来教化二人,那么兄弟二人就会把财产礼让给他人。所以顺从人的情欲本性,那么兄弟也会产生争夺,用礼义教化他们,就会礼让给别人。

凡人之欲为善者,为性恶也。夫薄愿厚,恶愿美,狭愿广,贫愿富,贱愿贵,苟无之中者,必求于外;故富而不愿财,贵而不愿势,苟有之中者,必不及于外。用此观之,人之欲为善者,为性恶也。今人之性,固无礼义,故强学而求有之也;性不知礼义,故思虑而求知之也。然则生而已①,则人无礼义,不知礼义。人无礼义则乱,不知礼义则悖。然则生而已,则悖乱在己。用此观之,人之性恶明矣,其善者伪也。

〔注释〕

①生:性,本性。

〔译文〕

　　凡是人想要为善,都是因为人本性是恶的。所持之物单薄就想要它变得雄厚,相貌丑陋就想要它变得美好,心胸狭窄就想要它变得宽广,财力贫弱就想要它变得富足,地位低贱就想要它变得高贵,如果一个人自身中没有想要的事物,那么一定会在身外去寻求;所以钱财富足的人不渴求钱财,地位高贵的人不渴求势位。如果一个人自身已经具备德,他一定不会去从身外寻求。这样来看的话,人之所以想要为善,是因为人的本性是恶的。当今之人的本性,本来就是没有礼义的,所以需要强行学习而求得礼义;人的本性本来就是不知道礼义的,所以需要人思考琢磨从而求得明白礼义。那么就本性来说,人的本性中是没有礼义,而且不明白礼义的。人没有礼义就会陷入混乱,不明白礼义就会违背事理。那么就人的本性来说,违背常理,造成混乱的事都在于顺从人的本性。这样看来,人的本性是恶的,这是明摆着的,人性有善的表现,是后天人为产生的。

　　孟子曰:"人之性善。"
　　曰:是不然。凡古今天下之所谓善者,正理平治也;所谓恶者,偏险悖乱也。是善恶之分也已。今诚以人之性固正理平治邪？则有恶用圣王①,恶用礼义哉！虽有圣王礼义,将曷加于正理平治也哉！今不然,人之性恶。故古者圣人以人之性恶,以为偏险而不正,悖乱而不治。故为之立君上之势以临之,明礼义以化之,起法正以治之,重刑罚以禁之,使天下皆出于治,合于善也。是圣王之治,而礼义之化也。今当试去君上之势②,无礼义之化,去法正之治,无刑罚之禁,倚而观天下民人之相与也。若是,则夫强者害弱而夺之,众者暴寡而哗之③。天下悖乱而相亡不待顷矣。用此观之,然则人之性恶明矣,其善者伪也。

〔注释〕

①有:通"又"。
②当:倘若。一说为"尝"。
③哗:喧哗。此处指呵斥。

〔译文〕

孟子说:"人的本性是善的。"

回答说:不是这样的。凡是从古至今天下所说的善,即是做事符合正道的礼法规范,社会治理得安定有序;所说的恶,即是偏邪违背,造成社会混乱。这就是善和恶的分别。今天难道真的依靠人的本性就可以做事符合正道的礼法规范,社会治理得安定有序吗?那么又为什么要有圣明的君王来治理天下,要有礼义来规范世间秩序呢!虽然有圣明的君王和礼义,那么对于做事合于正道,社会治理安定有序,又有什么帮助呢?当今的现实却不是这样的,人的本性是恶的。所以古时候圣人认为人的本性为恶,认为如果顺从人的本性,那么世间就会偏邪而不合于正道,违背、混乱而得不到治理。所以为世人设立了拥有权力势位的君王来统治国家,明示礼义来教化天下之人,起草法度来治理天下之人,加重刑罚来约束天下之人,使天下四海都得到治理,符合善的要求。这就是圣明君王的治理产生了礼义教化的作用。倘若今天拿去天下君王的权势,不施行礼义教化,去掉合于法度的治理,取消刑罚对世人的约束,观察天下民众之间的相处。如果是这样的话,那么强大的人就会去残害弱小的人,并会夺去弱小的人所拥有的,人数多的就会去欺凌人数少的,并会厉声呵斥他们。天下之人违背事理、混乱世间秩序而一起灭亡,只不过是须臾之间的事情罢了。这样看来,那么人的本性是恶的,这是明摆着的,人性有善的表现,是后天人为产生的。

故善言古者必有节于今①,善言天者必有征于人。凡论者,贵其有辨合②,有符验。故坐而言之,起而可设,张而可施行。今孟子曰:"人之性善。"无辨合符验,坐而言之,起而不可设,张而不可施行,岂不过甚矣哉!故性善则去圣王,息礼义矣;性恶则与圣王,贵礼义矣。故檃栝之生,为枸木也;绳墨之起,为不直也;立君上,明礼义,为性恶也。用此观之,然则人之性恶明矣,其善者伪也。

〔注释〕

①节:验证。
②辨:通"别"。别和符,都是古代用于验证的凭证。分而为二,人各执一半,验时合一即可证。

〔译文〕

所以擅长说古时候事情的人,一定要和当今之事有所验证;善于谈论天道的人,一定要和人世的事情有所验证。凡是论说,贵在论说的内容可以像别和符一样,有所验证。这样的论说坐着可以言说，起身就可以安排布置，计划推广后就可以实行。今天孟子说："人的本性是善的。"这就像是没有办法得到验证的别和符一样，只可以坐着谈论，但是起身却无法去布置，推广而无法去施行，这难道不是大错特错了吗！所以如果人性本善的话，那么就应该为世人舍去圣王、舍去礼义；如果人性本恶的话，那么就应该为世人配以圣王，强调礼义。所以矫正木材的檃栝之所以存在，是因为存在弯曲的木材；纠正事物的墨线之所以存在，是因为存在不直的事物；为世人设立君王，彰明礼义，是因为人的本性是恶的。这样看来，人的本性是恶的，这是明摆着的，人性有善的表现，是后天人为产生的。

直木不待檃栝而直者，其性直也；枸木必将待檃栝、烝、矫然后直者，以其性不直也。今人之性恶，必将待圣王之治，礼义之化，然后始出于治，合于善也。用此观之，然则人之性恶明矣，其善者伪也。

〔译文〕
笔直的木材不用依靠檃栝就能够笔直，这是因为它的本性就是直的；弯曲的木材一定需要檃栝和加热矫正后才能够变直，这是因为它的本性就是不直的。当今之人的本性就是恶的，一定需要依靠圣明君王的治理、礼义的教化，然后才能得到安定，符合于善。这样看来，人的本性是恶的，这是明摆着的，人性有善的表现，是后天人为产生的。

问者曰："礼义积伪者①，是人之性，故圣人能生之也。"

应之曰:是不然。夫陶人埏埴而生瓦,然则瓦埴岂陶人之性也哉?工人斲木而生器,然则器木岂工人之性也哉?夫圣人之于礼义也,辟则陶埏而生之也②。然则礼义积伪者,岂人之本性也哉?凡人之性者,尧、舜之与桀、跖,其性一也;君子之与小人,其性一也。今将以礼义积伪为人之性邪?然则有曷贵尧、禹③,曷贵君子矣哉?凡所贵尧、禹、君子者,能化性,能起伪,伪起而生礼义。然则圣人之于礼义积伪也,亦犹陶埏而生之也。用此观之,然则礼义积伪者,岂人之性也哉?所贱于桀、跖、小人者,从其性④,顺其情,安恣睢,以出乎贪利争夺。故人之性恶明矣,其善者伪也。

天非私曾、骞、孝己而外众人也⑤,然而曾、骞、孝己独厚于孝之实,而全于孝之名者,何也?以綦于礼义故也。天非私齐、鲁之民而外秦人也,然而于父子之义⑥,夫妇之别,不如齐、鲁之孝具敬父者⑦,何也?以秦人从情性,安恣睢,慢于礼义故也。岂其性异矣哉?

〔注释〕

①伪:通"为"。
②辟:通"譬"。
③有:通"又"。
④从:同"纵"。后"以秦人从情性"之"从"与此同。
⑤曾、骞:指孔子学生曾参与闵子骞。孝己:相传为殷高宗武丁之子。本句所言三人皆以孝行著称。
⑥据上下文义,"然而"后当有"秦人"两字。

⑦孝具敬父:"父"当作"文"。一说具当为"共",即"恭"。

[译文]

问的人说:"礼义来自人后天行为的积累,这是人的本性,所以圣人能够制定出礼义。"

回答说:不是这样的。烧制陶器的匠人和泥、揉捏,最终烧制成瓦片,那么瓦片难道是烧制陶器匠人的本性吗?木匠砍斫木材,做成各种各样的木器,那么做好的木器难道是木匠的本性吗?圣人对于制定礼义,就好像是烧制陶器的匠人揉捏陶土制作陶器一样。这样的话,出自人后天行为积累而产生的礼义,难道也是人的本性吗?凡是人的本性,尧、舜和夏桀、盗跖是一样的;君子和小人,他们的本性是一样的。今天要把出自人后天行为积累而产生的礼义认为是人的本性吗?那么又为什么要推崇尧和禹,为什么要推崇君子呢?凡是推崇尧、禹和君子的,是因为他们能够改变人的本性,能够兴起人的后天行为,后天行为兴起,就可以从中产生礼义了。那么圣人对于人后天行为积累而产生的礼义,也就像是烧制陶器的匠人揉捏陶土制作器物一样。这样看的话,那么出自人后天行为积累而产生的礼义,难道会是人的本性?被人们所鄙视的夏桀、盗跖和小人,正是因为他们放纵本性,顺从情欲,安于肆意妄为,从而产生贪图利益、相互争夺的行为。所以人的本性是恶的,这是明摆着的,人性有善的表现,是后天人为产生的。

上天并非偏私于曾参、闵子骞以及孝己而排外其他人,但是曾参、闵子骞以及孝己各自在实践孝顺长辈方面做出了很大的努力,所以就能在孝顺这方面完全获得好名声,这是为什么呢?是因为他们尽其全力致力于实践礼义。上天并非偏私于齐国和鲁国的民众而排斥秦国的民众,但是秦国的民众对于父亲与儿子之间的情义、丈夫和妻子之间的差别,做得并不如齐国和鲁国孝道完备,恭敬礼义,这是为什么呢?是因为秦国的民众放纵情欲本性,安心于肆意妄为,怠慢礼义的缘故,难道是齐国、鲁国的民众与秦国的民众在人的本性上是有差异的吗?

"涂之人可以为禹①,"曷谓也?

曰:凡禹之所以为禹者,以其为仁义法正也。然则仁义法正有可知可能之理,然而涂之人也,皆有可以知仁义法正之质,皆有可以能仁义法正之具,然则其可以为禹明矣。今以仁义法正为固无可知可能之理邪?然则唯禹不知仁义法正②,不能仁义法正也。将使涂之人固无可以知仁义法正之质,而固无可以能仁义法正之具邪?然则涂之人也,且内不可以知父子之义,外不可以知君臣之正。不然。今涂之人者③,皆内可以知父子之义,外可以知君臣之正,然则其可以知之质,可以能之具,其在涂之人明矣。今使涂之人者以其可以知之质,可以能之具,本夫仁义之可知之理④,可能之具,然则其可以为禹明矣。今使涂之人伏术为学⑤,专心一志,思索孰察⑥,加日县久⑦,积善而不息,则通于神明,参于天地矣。故圣人者,人之所积而致矣。

〔注释〕

①涂之人:涂,道路。指常人。
②唯:当为"虽"。

③据上文,此句疑为"今不然,涂之人者"。
④据上文,"仁义"后缺"法正"二字。
⑤伏术:服术即"事道",指从事仁义法度。伏,通"服"。
⑥孰:同"熟"。
⑦县(xuán):同"悬",差距,远。

〔译文〕

"普通人也可以成为大禹。"为什么这么说呢?

回答说:大禹之所以可以成为大禹,是因为他做事的时候执行了仁义法度。那么仁义法度就有可以被人理解、可以被人所执行的道理,那么全天下的普通人,都有能够懂得礼义法度的资质,都有能够执行礼义法度的条件,所以,全天下的普通人都可以成为大禹,这是明摆着的了。今天要把仁义法度当作本来就不可以被人知晓、不可以被人执行的道理吗?这样的话,那么即使是大禹这样的圣人,也不能够知晓仁义法度的道理,从而不能够做事的时候执行仁义法度了。这样不就使得全天下的普通人都没有可以知晓仁义法度的资质,也就都没有执行仁义法度的条件了吗?那么全天下的普通人在家中不能够懂得父亲儿子之间应有的情义,在外面不能够懂得君王臣子之间的规矩。但是当今的现状却不是这样的。当今天下的普通人,都能够在家中懂得父亲儿子之间应有的情义,在外面可以知晓君王臣子之间的规矩,这样的话,天下的普通人可以有懂得仁义法度的资质,都有可以执行仁义法度的条件,这是再明显不过的了。今天使天下的普通人凭借着他们可以明白仁义法度的资质,可以行使礼义法度的条件,按照仁义法度可以被懂得的道理、可以被执行的条件去做事情,那么全天下的普通人都可以成为禹,这是很明显的道理。如果现在让全天下的普通人信服、从事仁义法度并努力学习，专心致志不偏移，思考成熟且细致，逐日地积累善且从不停歇，最终就会和神明相通，领悟天地之间的大道。所以，所谓圣人，就是普通人日常积累仁义法度从而成为的。

曰："圣可积而致，然而皆不可积，何也？"

曰：可以而不可使也。故小人可以为君子而不肯为君子，君子可以为小人而不肯为小人。小人、君子者，未尝不可以相为也，然而不相为者，可以而不可使也。故涂之人可以为禹则然，涂之人能为禹，则未必然也。虽不能为禹，无害可以为禹。足可以遍行天下，然而未尝有遍行天下者也。夫工、匠、农、贾，未尝不可以相为事也，然而未尝能相为事也。用此观之，然则可以为，未必能也；虽不能，无害可以为。然则能不能之与可不可，其不同远矣，其不可以相为明矣。

[译文]

有人说道："凭借着积累善行就可以成为圣人，但是人们都没有这样去积累，这是为什么呢？"

回答说：这是因为普通人可以积累善行成为圣人，但是不能够迫使他们去积累善行而成为圣人。所以小人可以成为君子，但是他不愿意成为君子；君子可以成为小人，然而他不愿意成为小人。小人和君子，二者之间未尝不可以相互转化，然而小人和君子二者没有相互转化，这是因为这种转化过程是可以做到，但是不能够迫使他们去做到。所以全天下的普通人都有可能成为禹，这是一定的；全天下的普通人都一定能成为禹，这就不一定了。虽然他们不一定全都成为禹,但是这并不妨害他们可能成为禹。人的脚可以走遍天下,但是并没有走遍天下的人。工人、匠人、农夫、商人,这几种人之间未尝不可以相互转变身份去从事对方的事情,然而他们并没有相互转变身份从事对方的事情。这样看来,可以去做,未必一定能做到;虽然不一定能做到,但是并不妨害他们有可能做到。那么,能做到和不能做到,与可以做到和不可以做到之间,它们的差距是很大的,它们之间不可以随意相互转换,也是明显可见的。

尧问于舜曰:"人情何如?"舜对曰:"人情甚不美,又何问焉?妻子具而孝衰于亲,嗜欲得而信衰于友,爵禄盈而忠衰于君。人之情乎!人之情乎!甚不美,又何问焉?"唯贤者为不然。

〔译文〕

尧向舜问道:"人情是怎么样的呢?"舜回答说:"人情十分不美好,又为什么要问呢?男子拥有了妻子和儿女,在尽孝父母这件事上投入的精力就少了;人们的嗜好和欲望得到了满足,在对朋友守信这件事情上投入的精力就少了;人们的爵位俸禄得到了满足,在对君王忠诚这件事情上投入的精力就少了。人情啊!人情啊!是十分不美好的,又为什么要问呢?"只有贤者不是这样做的。

有圣人之知者①,有士君子之知者,有小人之知者,有役夫之知者。多言则文而类②,终日议其所以,言之千举万变,其统类一也,是圣人之知也。少言则径而省③,论而法④,若佚之以绳⑤,是士君子之知也。其言也谄⑥,其行也悖,其举事多悔,是小人之知也。齐给、便敏而无类⑦,杂能、旁魄而无用⑧,析速、粹孰而不急⑨,不恤是非,不论曲直,以期胜人为意,是役夫之知也。

〔注释〕

①知:同"智"。
②文:文雅。类:符合礼义法度。
③径而省:简略。
④论:通"伦",有条理。
⑤佚:孙诒让认为当读"扶",辅助使之正。俞樾认为当读"秩",用为动词,事物的标准。
⑥谄:荒诞不经。
⑦齐给:敏捷。
⑧旁魄:同"磅礴",形容技能十分多。
⑨粹孰:精熟。孰,同"熟"。

〔译文〕

有圣人的智慧,有士君子的智慧,有小人的智慧,有劳役之人的智慧。言语多但是文雅且符合礼义法度,终日谈论的东西都是他所主张观点的理由,他的言语虽然千变万化,但是言语的总纲领是一致的,这就是圣人的智慧。言语少而且简略,有条理且有法度可循,如同被墨线定直过一样,这就是士君子的智慧。言语荒诞不经,行为违背常理,处理事情多错多悔,这是小人的智慧。语言敏捷但是不符合礼义法度,掌握的技能多却杂乱无用,分析问题迅速精熟却不能被用来应急,不顾及事情的对错,不论事情的曲直,只想把能够胜过他人当作主要目标,这就是劳役之人的智慧。

有上勇者,有中勇者,有下勇者。天下有中①,敢直其身②;先王有道,敢行其意;上不循于乱世之君,下不俗于乱世之民;仁之所在无贫穷,仁之所亡无富贵;天下知之,则欲与天下同苦乐之③,天下不知之,则傀然独立天地之间而不畏④,是上勇也。礼恭而意俭,大齐信焉而轻货财,贤者敢推而尚之,不肖者敢援而废之,是中勇也。轻身而重货,恬祸而广解⑤,苟免,不恤是非、然不然之情,以期胜人为意,是下勇也。

〔注释〕

①中:指正道。
②直其身:直立其身,指挺身而做。
③苦:疑为衍文,当删。
④傀(guī)然:独立的样子。
⑤恬(tián)祸:安于灾祸。指不提前预报灾祸。

〔译文〕

有上等的勇士,有中等的勇士,有下等的勇士。天下有正道,自己敢于挺身而出执行正道;先王有治世之道,自己敢于执行先王治世之道;对上不遵从扰乱世间的君王,对下不从俗于扰乱世间的民众;仁所在的地方就没有贫穷,仁所不在的地方就不能富贵;天下之人都理解他,那么就想要和天下之人共同快乐,天下之人不理解他,那么就独立在天地之间而无所畏惧,这是上等的勇士。礼貌恭敬而谦让,重视忠信但是看轻财物,对贤者敢于推举而崇尚之,对于奸人敢于将其拉下位置罢免他,这是中等的勇士。轻视生命而看重财货,有灾祸不提前预警却多方为自己解脱,苟且于脱罪,不顾及事情对还是错、是还是不是的情况,却一心把胜过他人当作目的,这就是下等的勇士。

繁弱、钜黍①,古之良弓也,然而不得排檠则不能自正②。桓公之葱,太公之阙,文王之录,庄君之曶,阖闾之干将、莫邪、钜阙、辟闾,此皆古之良剑也③,然而不加砥厉则不能利,不得人力则不能断。骅骝、骐骥、纤离、绿耳④,此皆古之良马也,然而前必有衔辔之制⑤,后有鞭策之威,加之以造父之驭,然后一日而致千里也。夫人虽有性质美而心辩知⑥,必将求贤师而事之,择良友而友之。得贤师而事之,则所闻者尧、舜、禹、汤之道也;得良友而友之,则所见者忠信敬让之行也。身日进于仁义而不自知也者,靡使然也⑦。今与不善人处,则所闻者欺诬诈伪也,所见者污漫、淫邪、贪利之行也,身且加于刑戮而不自知者,靡使然也。传曰:"不知其子视其友,不知其君视其左右。"靡而已矣,靡而已矣。

〔注释〕

①繁弱、钜黍:皆为古弓名称。

②排檠(qíng):矫正弓弩的器材。

③葱、阙、录、曶(hū)、干将、莫邪、钜阙、辟闾:皆为古宝剑名称。桓公:齐桓公。太公:姜太公。文王:周文王。庄君:楚庄王。阖闾:吴王

阖闾。
④骅骝(liú)、骐骥、纤离、绿耳:皆为古宝马名称。
⑤前必:据下文当为"必前"。衔辔:指马嚼子和缰绳。
⑥辩:通"辨"。
⑦靡:指潜在的影响。

[译文]

  繁弱、钜黍,这些都是古代的宝弓,但是如果得不到排檠的纠正也无法自行矫正。齐桓公的葱,姜太公的阙,周文王的录,楚庄王的曶,吴王阖闾的干将、莫邪、钜阙、辟闾,这些都是古代的宝剑,但是如果不经过磨石的磨砺就无法变得锋利,不借助于人的力量,那么它们就什么也切不断了。骅骝、骐骥、纤离、绿耳,这些都是古代的宝马,然而它们也必须前面套上马嚼子,配上缰绳,后面再加之鞭子抽打的威力,再让造父来驾驭,然后才能一天跑上千里。人虽然秉性美好且懂得辨知,也一定要寻求圣贤的老师去侍奉,一定要挑选德行美好的人来和他做朋友。得到贤明的老师去侍奉,那么自己所听到的就是尧、舜、禹、汤的正道;得到德行美好的人来做朋友,那么所见到的都是忠诚、守信、恭敬、谦让的行为。身处其中可以一天天地接近仁义而自己浑然不知,这是潜移默化形成的。今日和奸人处于一室,那么所听闻的都是欺骗、诬陷、狡诈、虚伪的东西,所见到的都是污秽放纵、淫荡奸邪、贪图利益的种种行为,这就好比是身体加于刑罚的残害而自己茫然不知,这也是因为潜移默化形成的。古书中说:"不了解一个人的儿子,就去看他的朋友都是什么人;不了解一个国家的君王,就去看他的左右大臣都是什么样的人。"这就是潜移默化的影响啊,这就是潜移默化的影响啊。

君子第二十四

〔题解〕

《君子》篇主要论述了君王在治理国家时应该遵守的一些原则。文章首先指出天子是天下权势之所在,没有人比其更尊贵。进而文章认为,天子治理国家应该做到以下几点:第一,要"分义行乎下",即按照等级关系的原则来治理臣子百姓,这样的话就可以刑赏得当,天下徯治;第二,要"论法圣王""以义制事",效法圣王,就可以明白"尚贤使能,等贵贱,分亲疏,序长幼"对于治国的重要性;而用义去分辨、执行这些事则会让国家长治久安。文章逻辑清晰,结构分明。其中有关刑赏问题的认识,或对韩非子《二柄》篇中的"刑德"思想有所启发。

天子无妻①,告人无匹也。四海之内无客礼②,告无适也③。足能行,待相者然后进④;口能言,待官人然后诏。不视而见,不听而聪,不言而信,不虑而知,不动而功,告至备也。天子也者,势至重,形至佚⑤,心至愈⑥,志无所诎,形无所劳,尊无上矣。《诗》曰⑦:"普天之下,莫非王土;率土之滨,莫非王臣。"此之谓也。

〔注释〕

①天子:虽篇名为《君子》,但文章主言天子之事。篇名为《君子》,是以篇首二字为名("天子"即指"君子"),此为诸子文章命名方法的一种。妻:齐。

②无客礼:无处行客人的礼节。因为天下皆为天子所有,故为天下之主。

③无适:指无所离家外出。

④相者:傧相,赞礼的人。

⑤佚:安逸。

⑥愈:通"愉",欢愉。

⑦《诗》:指《诗经·小雅·北山》。

〔译文〕

天子没有与之齐同的,就是说没有人的权势地位可以与之匹敌。四海之内不用行使客人的礼节,就是说他没有可以称为离家出行的地方。他的脚可以行走,但还要等待负责赞礼的傧相来引导他,他才能前进;他的嘴巴可以说话,但是要等待负责发布诏令的官员来到,他才可以发布命令。天子不用看就可以洞察天下万物,不用听就可以了解天下的情况,不用说话就可以拥有至高的信用,不用考虑就可以通晓万物,不用动就可以取得天下最高的功绩,这是因为他的臣子百官把一切都准备妥当了。天子,是全天下势位最贵重的人,是全天下形体最为安逸的人,是全天下内心最为欢愉的人,他的意志不会有所屈服,他的形体不会有所劳累,四海内没有尊贵高过他的人了。《诗经·小雅·北山》中说:"全天下没有不是天子领土的地方,四海之内居住的人,没有不是天子的臣民。"说的就是这个情况。

圣王在上,分义行乎下①,则士大夫无流淫之行,百吏官人无怠慢之事,众庶百姓无奸怪之俗,无盗贼之罪,莫敢犯上之大禁②。天下晓然皆知夫盗窃之人不可以为富也,皆知夫贼害之人不可以为寿也,皆知夫犯上之禁不可以为安也。由其道,则人得其所好焉;不由其道,则必遇其所恶焉。是故刑罚綦省而威行如流③。世晓然皆知夫为奸则虽隐窜逃亡之由不足以免也④,故莫不服罪而请。《书》曰⑤:"凡人自得罪。"此之谓也。

〔注释〕

①分义:指符合礼的等级制度。
②大:疑为衍文,当删。下句中的"盗窃之人""贼害之人"中的"人"亦当删。
③省:简略。
④由:通"犹"。
⑤《书》:指《尚书·康诰》。

〔译文〕

圣明的君王在上位,施行符合礼的等级制度于下,那么士大夫就不会有荒淫放纵的行为,臣子百官就不会有怠慢之事,天下百姓不会有奸邪怪僻的习俗,没有盗窃的罪行,没有人敢于违背君王所制定的禁令。天下之人都明白采用盗窃的办法是不能变成富人的,都明白伤害他人的奸人是不能够长寿的,都明白违背君王制定的禁令是不能够获取平安的。遵循君王所制定的治国之道,那么人们都会获得各自所喜爱的事物;不遵循君王所制定的治国之道,那么就一定会遭遇自己所厌恶的事物。所以,这样的话国家的刑罚就会极其简略,而刑罚的威力顺行于天下如同流水一般。天下的民众都明白,如果做了奸邪之事虽然隐藏逃窜流亡,都免不了受到惩罚,所以有罪过的人没有不投案自首的。《尚书·康诰》中说:"每一个人都承认自己的罪过。"说的就是这个情况。

故刑当罪则威,不当罪侮;爵当贤则贵,不当贤则贱。古者刑不过罪,爵不逾德。故杀其父而臣其子,杀其兄而臣其弟。刑罚不怒罪①,爵赏不逾德,分然各以其诚通。是以为善者劝,为不善者沮②,刑罚綦省而威行如流,政令致明而化易如神③。《传》曰④:"一人有庆⑤,兆民赖之。"此之谓也。

〔注释〕

①怒:超过。
②沮:阻,阻止。
③致:通"至"。
④《传》:指《尚书·吕刑》。
⑤庆:善,指福祥。

〔译文〕

所以刑罚和所犯的罪行相当就会展示出威力,刑罚和所犯的罪行不相当就会遭到轻视;赐封的爵位如果和人的贤能相符就会显得尊贵,赐封的爵位如果和人的贤能不相符就会显得低贱。古代的时候,刑罚不会超过这个人的罪行,赐封的爵位不会超过这个人的德行。所以诛杀了父亲而可以任用他的儿子,诛杀了他的兄长而可以任用他的弟弟。刑律的惩罚不会超过他所犯的罪行,赏赐的爵位也不会超过他的德行,惩罚和赏赐区分得很清楚,并且都在各自的范围内因为真实可信而起着很好的效果。所以做好事的人就应该鼓励,做坏事的人就应该阻止,这样刑罚就会极其简略,而刑罚的威力顺行于天下如同流水一般;政令极为清明,而政令的教化施行就如同神灵一样。《尚书·吕刑》中说:"天子有福祥,天下的民众都会靠着他来获得福祥。"说的就是这个情况。

乱世则不然:刑罚怒罪,爵赏逾德,以族论罪①,以世举贤②。故一人有罪而三族皆夷,德虽如舜,不免刑均③,是以族论罪也。先祖当贤,后子孙必显,行虽如桀、纣,列从必尊,此以世举贤也。以族论罪,以世举贤,虽欲无乱,得乎哉!《诗》曰④:"百川沸腾⑤,山冢崒崩⑥,高岸为谷,深谷为陵。哀今之人,胡憯莫惩⑦!"此之谓也。

〔注释〕

①族:宗族,指父、母、妻三族。
②世:世系,门第。
③刑均:同等受刑。
④《诗》:指《诗经·小雅·十月之交》。
⑤沸腾:指河水涌起溢出。
⑥冢:山顶。崒:通"碎"。
⑦胡憯(cǎn):怎么。莫惩:不停止。

〔译文〕

乱世就不是这样:一旦施以刑罚就一定会超过罪行,一旦赏赐爵位就一定会超过德行，商定罪行的时候就会牵及族人，推举贤才的时候就会按照门第。所以一个人有罪而父、母、妻三族都会被牵连诛杀，品德虽然如同舜，也不能免于同时遭受刑罚，这就是"以族论罪"。先祖曾经具有贤德，那么后世的子孙就一定会显耀，他们的品行虽然像桀、纣一样，但他们的地位也一定非常尊贵，这就是"以世举贤"。商定个人罪行就牵及族人，推举贤才就按照门第，想要国家不产生混乱，这能办到吗？《诗经·小雅·十月之交》中说："江河沸腾，山峦崩裂，高岸崩陷变为深谷，深谷隆起变为山陵。悲哀啊，今天的执政者，为什么不停止恶政！"说的就是这个情况。

论法圣王，则知所贵矣[①]；以义制事，则知所利矣。论知所贵，则知所养矣[②]；事知所利，则动知所出矣[③]。二者，是非之本，得失之原也。故成王之于周公也，无所往而不听，知所贵也。桓公之于管仲也，国事无所往而不用，知所利也。吴有伍子胥而不能用，国至于亡，倍道失贤也[④]。故尊圣者王，贵贤者霸，敬贤者存，慢贤者亡[⑤]，古今一也。

[注释]

①贵：此处指礼义。
②所养：所取法。
③所出：所从。
④倍：通"背"，违背。
⑤慢：怠慢。

〔译文〕

谈论效法圣明的君王,那么就知道什么是可贵的了;用义来治理国事,那么就知道什么是有利的了。谈论知道什么是可贵的,就知道了什么是可以采纳借鉴的;治理国事时知道什么是有利的,就知道了什么是所需要执行的。这二者,是对错的根本,是得到或失去的源头。所以周成王对于周公的话,没有什么不听从的,是因为他知道周公的话是可贵的。齐桓公对于管仲治国,没有什么意见是不采用的,这是因为他知道管仲的意见都是对国家有利的。吴国有伍子胥却不能好好地任用,最后国破人亡,这是因为违背了道而失去了治国的贤才。所以尊重圣人的君王就可以称王天下,看重贤者的君王就可以称霸天下,敬重贤者的君王就可以保有其国,怠慢轻视贤者的君王就会国破家亡,这个道理从古至今都是相同的。

故尚贤使能,等贵贱,分亲疏,序长幼,此先王之道也。故尚贤、使能,则主尊下安;贵贱有等,则令行而不流①;亲疏有分,则施行而不悖;长幼有序,则事业捷成而有所休②。故仁者,仁此者也③;义者,分此者也;节者,死生此者也;忠者,惇慎此者也④。兼此而能之,备矣。备而不矜,一自善也⑤,谓之圣。不矜矣,夫故天下不与争能而致善用其功。有而不有也,夫故为天下贵矣。《诗》曰⑥:"淑人君子,其仪不忒⑦。其仪不忒,正是四国⑧。"此之谓也。

〔注释〕

①流:通"留",滞留。
②休:休息,休憩。一说为完美。
③此者:指上面所述"先王之道"的四件事,以下三"此者"意思与此同。
④惇慎:敦厚谨慎。
⑤一:皆。
⑥《诗》:指《诗经·曹风·鸤鸠》。
⑦仪:言行。忒:过错。
⑧正:领导。

〔译文〕

　　所以推崇贤才任用能人,高贵低贱有等级,亲近疏远有区分,年长年幼排序得当,这就是先王的治国之道。推崇贤才任用能人,那么就会使君王尊贵,臣子庶民安定;高贵低贱有等级,那么君王的政令就会得到执行而不停滞;亲近疏远有区分,那么恩惠的施行就不会混乱;年长年幼排序得当,那么君王的事业就会迅速达成而民众得到休憩。所以,所谓仁,就是仁爱上面所述的四件事;所谓义,就是能够区分上面的四件事;所谓节,就是生和死都源于上面的四件事;所谓忠,就是能敦厚谨慎地执行上面的四件事。以上这些事都有能力做到,那么先王之道就具备了。具备了这些却不矜夸,全部都能尽力做到最好,这就叫作圣人了。不矜夸,所以天下没有人和他争才能的高低,而他就极能善用众力。自己虽然有圣人之才却不四处夸耀,就像是没有一样,所以受到全天下的尊重。《诗经·曹风·鸤鸠》中说:"善人君子,他的言行没有过错。他的言行没有过错,领导着天下各国。"说的就是这个情况。

成相第二十五

〔**题解**〕

《成相》篇由三段构成,每段开头以"请成相"作为标志。本文属于先秦时期的诗歌,"相"属于古代打击乐器的一种。今人研究认为"成相本春谷时按芌奏所诵,舂的声音相当于敲击乐器,则成相相当于依节奏诵说"(赵逵夫语)。文章第一段主要就贤才对于治国的重要性展开,认为君王没有贤才辅生,就像是盲人没有扶持的帮手一样,并告诫君王要辨认清楚贤良与奸佞;第二段引证尧、舜、禹及周幽王、周厉王的事例,意图使君王明白"观往事,以自戒,治乱是非亦可识"的道理;第三段就如何治理国家提出了五条原则,分别从君王如何对待臣子、如何实施法令、如何施行教化以及对刑罚的执行方面进行了阐述,并表明如此治国,除了可以"以治天下"外,还能"后世法之,成律贯"。

请成相①,世之殃,愚暗愚暗堕贤良②。人主无贤,如瞽无相③,何伥伥!

〔**注释**〕

①成:奏响。相:古代打击乐器的一种。
②堕:毁弃。

③矇:盲人。

〔译文〕

请允许我奏响相来唱歌一首,世间的灾祸就在于昏愚无知,毁弃贤良。君王没有贤才辅佐,就好比盲人没有了相,那是多么令人惆怅!

请布基①,慎圣人②,愚而自专事不治。主忌苟胜③,群臣莫谏,必逢灾。

〔注释〕

①布:陈述。基:治国的根本。
②圣人:疑应为"听之"。
③苟胜:指苟求胜过他人。

〔译文〕

请听我陈述治国的根本,您要谨慎地听啊,做事愚蠢而专横就无法达到目的。君王嫉妒且好胜,那么群臣就不敢进谏,国家必定要遭遇灾殃。

论臣过,反其施①,尊主安国尚贤义。拒谏饰非,愚而上同,国必祸。

〔注释〕

①施:指治国该做的事。

〔译文〕

　　肆意谈论臣子的过失,反行治国之正道,不尊主安国,不推崇贤良。拒绝劝谏掩饰过错,臣子愚昧附和赞同君王,国家一定会有祸殃。

　　曷谓"罢"①?国多私,比周还主党与施②。远贤近谗,忠臣蔽塞,主势移。

〔注释〕

　　①罢(pí):同"疲",不贤。
　　②还:同"营",惑乱。一说同"环",围绕,引申为蒙蔽之意。

〔译文〕

　　什么叫作"不贤"?国内多偏私之人,结党营私,惑乱君王。君王远离贤才,亲近谗人,忠臣遭屏蔽,无路进言,人主的权势终将失去。

　　曷谓"贤"?明君臣,上能尊主爱下民①。主诚听之,天下为一,海内宾②。

〔注释〕

　　①爱下民:当为"下爱民"。
　　②宾:顺服。

〔译文〕

　　什么叫作"贤"?君王、臣子的等级可以区分清楚,对上则能尊崇人主，对下则能爱护民众。君王诚恳倾听贤人的谏言，那么天下得以统一，四海得以顺服。

主之孽，谗人达，贤能遁逃国乃蹶①。愚以重愚②，暗以重暗，成为桀。

〔注释〕

①蹶：颠覆。
②重：更加。

〔译文〕

君王的罪孽，在于谗佞之人的志意通达，贤才能士纷纷逃往他国，国家遭到颠覆。愚昧的就会更加愚昧，黑暗的就会更加黑暗，君王也如同夏桀一般无道。

世之灾，妒贤能，飞廉知政任恶来①。卑其志意，大其园囿，高其台。

〔注释〕

①飞廉、恶来：二人为父子，皆为商纣王之臣。

〔译文〕

世间的灾祸啊，在于嫉妒贤能，飞廉掌握了朝政，任命了自己的儿子恶来。二人的志意是那样卑劣，肆意扩大园囿，高建楼台。

武王怒，师牧野①，纣卒易乡启乃下②。武王善之，封之于宋,立其祖。

〔注释〕

①牧野:地名,在今河南淇县。周武王于此同反纣大军打败商纣王。
②乡:通"向",方向。启:指微子启,纣王的庶兄,后归顺周。

〔译文〕

周武王大怒,会师于牧野之地,讨伐商纣王。纣王兵卒掉转武器方向,攻打纣王,微子启只得投降。武王善待启,封之于宋,并设立了商的祖庙。

世之衰,谗人归,比干见刳箕子累①。武王诛之,吕尚招麾②,殷民怀。

〔注释〕

①比干:纣王时人,曾多次劝谏纣王,不得听,后被剖心而死。刳(kū):从中间剖开再挖空。箕子:商末时人,曾屡谏纣王,不得听,遭囚。武王灭商后,率五千人避往朝鲜。累:通"缧(léi)",指遭到囚禁。
②吕尚:指姜太公。招麾:指挥。

〔译文〕

世道衰落,谗人归附纣王,比干被剖心,箕子被囚禁。武王诛杀纣王,姜太公挥师进攻,殷商民众纷纷归顺周朝。

世之祸,恶贤士,子胥见杀百里徙①。穆公任之②,强配五伯③,六卿施④。

〔注释〕

①子胥:指伍子胥,春秋时吴国大夫。忠心耿耿,后被夫差赐死。百里:指百里奚,春秋时虞国大夫,后辗转晋、秦、楚,终被秦穆公以五张黑公羊皮赎回,受重用。
②穆公:指秦穆公。
③伯(bà):通"霸",霸主。
④六卿:官制名。

〔译文〕

世间的灾祸,在于厌恶贤人。伍子胥忠心侍吴却遭杀害,百里奚不得已辗转多地。秦穆公重用百里奚,国力大增,足以匹敌春秋五霸,设立了六卿之制。

世之愚,恶大儒,逆斥不通孔子拘①。展禽三绌②,春申道缀③,基毕输。

〔注释〕

①孔子拘:指孔子被拘于匡地与陈、蔡之事。
②展禽:柳下惠,春秋时鲁国人。曾三次为官,三遭罢免。绌:通"黜",罢免。
③春申:春申君黄歇,战国时曾为楚相,为战国四公子之一。缀:通"辍",停止。

〔译文〕

世间的愚昧,在于厌恶大儒,天下大道堵塞不通,孔子被拘,展禽屡次遭黜,春申君治国大道终不得实现,国家的基业最终遭到毁弃。

请牧基①,贤者思,尧在万世如见之。谗人罔极②,险陂倾侧③,此之疑④。

〔注释〕

①牧:治理。
②罔极:无尽。
③陂(bì):同"诐",邪,不正。
④疑:畏。

〔译文〕

请听我说治理国家根基,必须思得贤者,尧虽在万世以前,但他的功业至今犹可见。谗妄小人心思险恶无穷尽,行为邪僻不正,这是应该畏惧的啊。

基必施①,辨贤罢,文武之道同伏戏②。由之者治,不由者乱,何疑为?

〔注释〕

①施:发展壮大。
②伏戏:即伏羲,三皇之一。

〔译文〕

国家的基业要发展壮大,就一定要把贤良和奸佞分辨清楚,这是文王、武王和伏羲治国都遵循的方法。遵循它国家就会得到治理，违背它国家就会遭受混乱，为什么要怀疑这一点呢？

凡成相，辨法方，至治之极复后王。复慎墨季惠①，百家之说，诚不祥。

〔注释〕

①慎：慎子，法家代表人物。墨：墨翟，即墨子。季：季真或季梁。一说为魏牟。惠：惠施，名家代表人物。

〔译文〕

我这一首歌中所唱，是辨别治理国家的方法，天下大治的标准就是取法后王。慎到、墨翟、季真、惠施这类的百家之言，的确不是祥瑞的学说。

治复一，修之吉，君子执之心如结①。众人贰之，谗夫弃之，形是诘②。

〔注释〕

①心如结：指意志坚定不移。
②形：通"刑"。诘：问责，问罪。

〔译文〕

治国的方法归于一，修正使用此法就会天下大吉，君子定会坚定不移地实行它。如果有民众违背这个方法，谗人放弃这种方法，就要用刑罚问罪。

水至平,端不倾,心术如此象圣人。而有势①,直而用枻②,必参天。

〔注释〕

①而有势:疑首脱一字,当为"人而有势"。
②枻:通"栧(yì)",短桨。

〔译文〕

碗中的水到最平时,端起来就不会倾斜,人的心术如此一般就像是圣人了。人有权势而且正直宽容,那么德行一定高如天。

世无王,穷贤良,暴人刍豢①,仁人糟糠。礼乐息灭,圣人隐伏,墨术行。

〔注释〕

①刍豢:指肉食。

〔译文〕

世间没有圣明的君王,贤良之才也潦倒在穷困之乡,暴虐的人餐餐食肉,仁德的人只能吞咽糟糠。礼乐早已销声匿迹,圣人也只能独自隐藏,墨家的学说却横行在各个地方。

治之经①,礼与刑,君子以修百姓宁。明德慎罚,国家既治,四海平。

〔注释〕

①经:总纲领。

〔译文〕

治理国家的总纲领,就在于礼义和刑罚,君子用它们来修养身心,百姓依靠它们得到安宁。昭明德行慎重刑罚,那么国家就可以得到治理,天下皆可太平。

治之志①,后势富,君子诚之好以待。处之敦固,有深藏之②,能远思。

〔注释〕

①志:原则。
②有:通"又"。

〔译文〕

治理国家的原则,是把自身的权势与财富放在身后,君子要真诚地对待这个原则。君子为人要敦厚沉稳,又可以深思于心,能深谋远虑。

思乃精,志之荣①,好而壹之神以成。精神相反②,一而不贰,为圣人。

〔注释〕

①荣:光明。
②反:当为"及"。

〔译文〕

思虑可以精深,那么志意就会光明,心志专一就可以与神相通。精神相及,专一而无杂念,就可成为圣人。

治之道,美不老①,君子由之佼以好②。下以教诲子弟,上以事祖考③。

〔注释〕

①老:腐朽,过时。
②佼:美好。
③祖考:祖先。

〔译文〕

治理天下的大道,美好且不会过时,君子遵循此道就可以变得美好,下可用来教育子弟,上可用来侍奉祖先。

成相竭,辞不蹶①,君子道之顺以达②。宗其贤良,辨其殃孽③。

〔注释〕

①不蹶:指还未完。
②道:遵循。
③据行文,此句后当缺三字。

〔译文〕

虽然我唱的歌到此就结束了,但是言辞的意蕴还未完,君子遵循此道就可通顺畅达。推崇贤才良士,辨别乱国奸邪之人……

请成相,道圣王,尧舜尚贤身辞让。许由、善卷①,重义轻利,行显明。

〔注释〕

①许由:传说中上古的隐士。相传尧要将天下让给许由,不受,隐居在颍水之阳箕山下。一作"许繇"。善卷:亦为传说中上古时的隐士,相传舜想要让天下给他,不受。

〔译文〕

请允许我奏响相来唱歌一首,说道说道天下圣明的君王。尧、舜推崇贤才辞让帝位,许由、善卷重义轻利,彰明德行,甚是光亮。

尧让贤,以为民,泛利兼爱德施均。辨治上下,贵贱有等,明君臣。

〔译文〕

尧让位于贤能,是为了天下民众。广施恩惠,兼爱百姓,德行惠施天下无不均。区别君臣上下,使尊贵低贱有等级,君臣关系分明。

尧授能,舜遇时,尚贤推德天下治。虽有圣贤,适不遇世,孰知之?

〔译文〕

尧把帝位传给贤能,舜也正遇良时,他崇尚贤才,推行美德,故天下大治。即使有圣贤之人,却未能恰逢其时,谁又能知道他呢?

尧不德,舜不辞,妻以二女任以事。大人哉舜,南面而立,万物备。

〔译文〕

尧不自夸其德,舜不推辞天下,尧又将自己的两个女儿嫁给了舜,并且托付以天下大事。舜啊,的确是圣人,面向南方称帝,万事万物都已完备。

舜授禹,以天下,尚得推贤不失序①。外不避仇,内不阿亲,贤者予。

〔注释〕

①得:通"德"。

〔译文〕

舜又将天下传给禹,崇尚德行推举贤才的行为没有失序。对外不避开仇人,对内不偏私亲属,只把官位授予贤能的人。

禹劳心力,尧有德,干戈不用三苗服①。举舜畎亩②,任之天下,身休息。

〔注释〕

①三苗:古代南方的少数民族。
②畎(quǎn)亩:田间。畎,同"甽"。

〔译文〕

　　禹为天下民众操劳费心,尧极有美德,兵不血刃就使得三苗臣服。禹从田间推举出舜,并把天下重任交付给他,自己得以休息。

　　得后稷,五谷殖,夔为乐正鸟兽服①。契为司徒②,民知孝弟,尊有德。

〔注释〕

　　①夔:人名,帝尧时的乐官。乐正:古乐官名,据史料记载应为乐官之长。
　　②契:相传为商民始祖,助禹治水有功,被封为司徒。司徒:古代官名,负责管理土地和民众。

〔译文〕

　　得到后稷掌管农事,五谷得到了种植;得到夔当乐官,鸟兽驯服;得到契当司徒,民众知道孝顺长辈,敬爱兄长,尊重有德行的人。

　　禹有功,抑下鸿①,辟除民害逐共工②。北决九河,通十二渚③,疏三江。

〔注释〕

　　①鸿:指洪水。
　　②共工:传说中的人物,四凶之一。
　　③渚:小洲。

〔译文〕

　　禹有伟大的功德,阻止了洪水的肆虐,驱除了民众的祸害,赶走了共工。在北方疏通了九条河流,打通了十二个洲的水道,三条江也得以畅通。

　　禹傅土①,平天下,躬亲为民行劳苦。得益、皋陶、横革、直成为辅②。

〔注释〕

　　①傅:通"敷",分布。
　　②益、皋陶(yáo)、横革、直成:均为辅佐禹治理天下的贤人名。

〔译文〕

　　禹将天下分布为九州,从此天下太平,他亲自为民众行劳苦之事,又得到了伯益、皋陶、横革、直成作为辅佐。

　　契玄王①,生昭明②,居于砥石迁于商。十有四世,乃有天乙,是成汤③。

〔注释〕

　　①契玄王:玄王即契,为商代始祖。相传契母简狄吞玄鸟卵而生契,故曰玄王。
　　②昭明:契之子。
　　③成汤:商汤,商代首任君王。

〔译文〕

　　玄王契,生下了昭明,刚开始居住在砥石,后来又迁往商地。一代代的,直到第十四世出生了天乙,这就是商汤。

　　天乙汤,论举当,身让卞随举牟光①。道古贤圣②,基必张。

〔注释〕

　　①卞随、牟光:二者都为古代贤能。据《庄子》记载,商汤让天下于二人,二人不受,皆投水而死。
　　②据行文,此句前当缺四字。

〔译文〕

　　天乙成汤,知人善任,推举得当,把帝位让给卞随和牟光。效法古代的圣贤,国家的基业一定得到壮大。

　　愿陈辞,世乱恶善不此治①。隐讳疾贤,良由奸诈②,鲜无灾。

〔注释〕

　　①据行文,此句前当缺三字。
　　②良由:疑当为"长用"。

〔译文〕

　　我愿意陈述自己的意见,世道混乱,善恶得不到治理。隐瞒过失,嫉妒贤良,却长时间地使用奸诈小人,那么国家很少没有灾祸的。

患难哉,阪为先^①,圣知不用愚者谋。前车已覆,后未知更^②,何觉时?

〔注释〕

①阪:通"反",指邪恶。
②更:改正。

〔译文〕

国家的灾祸啊,正道不用却先用奸邪之道,圣明的智者不用却让愚蠢的人来谋划国家大事。前面的车已经倾覆了,后面的车却还不知道改道而行,什么时候才能觉醒呢?

不觉悟,不知苦,迷惑失指易上下^①。中不上达^②,蒙掩耳目,塞门户。

〔注释〕

①指:指方向。
②中:衷,指真实的情况。

〔译文〕

不知道觉悟,不知道苦痛,迷惑其中失去了方向,上下也会颠倒。真实的情况传达不到上面,君王就如同被蒙住了眼睛和耳朵,获取消息的门路被堵得严严实实。

门户塞,大迷惑,悖乱昏莫不终极①。是非反易,比周欺上,恶正直。

〔注释〕

①莫:同"暮",昏暗。

〔译文〕

获取消息的门路被堵塞,君王就会有极大的迷惑,混乱昏暗,没有尽头。黑白颠倒,小人结党营私欺瞒君王,而正直之人却遭到排斥。

正直恶,心无度,邪枉辟回失道途①。已无邮人②,我独自美,岂独无故③?

〔注释〕

①辟:邪僻。
②邮:同"尤",埋怨。
③独:疑为衍文,当删。

〔译文〕

正直之人遭到排斥,民众心中全无法度,世间邪僻不正,民众失去了正确的道路。已经没有可以埋怨的人了,只认为自己是对的,现在陷入如此境地,难道就和自己没有缘故吗?

不知戒,后必有,恨后遂过不肯悔①。谗夫多进,反复言语,生诈态②。

〔注释〕

①恨后:指固执己见,不肯悔改。恨,通"很"。后,当为"复"字之误,同"愎",拒绝规劝。
②态:通"慝",奸邪。

〔译文〕

不知道引以为戒,以后一定还会犯错,这是刚愎自用而不肯悔改。谗人多得用,奸言邪语反反复复,终究会生出诸多邪恶。

人之态①,不如备②,争宠嫉贤利恶忌③。妒功毁贤,下敛党与,上蔽匿。

〔注释〕

①态:奸邪。
②如:疑为"知"。
③利:疑为"相"。

〔译文〕

对于人的奸邪,君王不知道如何去防备,奸臣争宠夺利,忌妒贤能,相互憎恨猜忌。奸臣嫉妒功劳诋毁贤人,结党营私,君王就会遭受蒙蔽。

上壅蔽,失辅势,任用谗夫不能制。孰公长父之难①,厉王流于彘②。

〔注释〕

①埶公长父:埶,当为"郭"。即虢公长父,周厉王臣子。
②彘(zhì):古地名,在今陕西霍县。

〔译文〕

君王遭到蒙蔽,失去了辅佐之才和权势,任用谗人却无法控制他们。郭公长父发动暴乱,周厉王最后被流放到了彘。

周幽厉,所以败,不听规谏忠是害。嗟我何人,独不遇时,当乱世!

〔译文〕

周幽王和周厉王,之所以遭遇失败,是因为不听忠臣的规劝和谏言,专门残害忠臣。唉,我这个人,偏偏生不逢时,正当乱世!

欲衷对①,言不从,恐为子胥身离凶②。进谏不听,到而独鹿③,弃之江。

〔注释〕

①衷对:疑应为"对衷"。
②离:同"罹",遭受。
③到:自刎。独鹿:同"属镂",相传为吴王夫差赐死伍子胥的剑。

〔译文〕

我想要说出心中的话,但是君王又不听从,害怕自己像伍子胥那样遭遇灾祸。苦口婆心地劝谏吴王夫差而不得听,最后落得受赐独鹿剑自刎、抛尸江中的下场。

观往事,以自戒,治乱是非亦可识。托于成相①,以喻意。

〔注释〕

①据行文,此句前当缺四字。

〔译文〕

纵观往事,引以自戒,治乱的对和错都清晰可见。都寄托在歌中,用来表达自己的心意。

请成相,言治方,君论有五约以明①。君谨守之,下皆平正,国乃昌。

〔注释〕

①论:通"伦",条理。

〔译文〕

请允许我奏响相来唱歌一首,说说那治国的良方。做君王当有五条原则,简约而明白。君王应当谨慎遵守,这样臣子民众都会公平端正,国运乃昌。

臣下职,莫游食①,务本节用财无极。事业听上,莫得相使②,一民力。

〔注释〕

①游食:指游手好闲,不劳而食。
②相使:指擅自相互使役。

〔译文〕

臣子恪尽职守,不能游手好闲吃白食,重视农业,节省财用,国库才能殷实富裕。政事要听从君王的吩咐,不可以擅自相互使役,民众的力量得以统一。

守其职,足衣食,厚薄有等明爵服。利往卬上①,莫得擅与,孰私得?

〔注释〕

①往:常。卬:同"仰",依靠。

〔译文〕

臣子民众尽职守责,衣物与食物都可以得到满足,俸禄薄厚有等分,爵位尊卑有区别。利益常仰仗君王才得以获取,没有人擅自给予,谁能够私自得利?

君法明,论有常,表仪既设民知方①。进退有律②,莫得贵贱,孰私王?

〔注释〕

①表仪:指法度。
②进退:指官员的升降和任免。

〔译文〕

君王的法度严明,言谈合乎礼义,法度制定后民众就能知道方向。官员的调动合乎制度,没有人可以随意变得尊贵或者贫贱,谁能够私自讨好君王?

君法仪,禁不为,莫不说教名不移①。修之者荣,离之者辱,孰它师②?

〔注释〕

①说:同"悦"。移:指政权旁落。
②它师:效法它法。指违背君王的法度。

〔译文〕

君王的法度就是准则,禁止那些不按照法度做事的,天下无人不心悦诚服于君王的教化,政权就不会旁落。遵循法度的行为会获得光荣,背离法度的行为会被羞辱,谁敢违背君王的法度?

刑称陈,守其银①,下不得用轻私门②。罪祸有律,莫得轻重,威不分。

〔注释〕

①银:通"垠",界限。
②轻私门:指减轻对私党的刑罚。

〔译文〕

刑罚要符合设定的标准,不能跨越界限,官员不得私自减轻对私党的刑罚。惩罚罪过要符合法度,不可以私自减轻或者加重,君王的威严就不会分裂。

请牧祺①,明有基②,主好论议必善谋。五听修领③,莫不理续④,主执持。

〔注释〕

①祺:当为"基"。
②基:当为"祺",吉祥。
③五听:指上面说的五种原则。修领:指贯彻执行。
④续:当为"绩"。

〔译文〕

请听我说治理国家之根基,明察世事是国之大吉,君王喜好议论政事必定善于谋略。贯彻执行上述的五种原则,臣子民众无不忠于职守,君王牢牢执掌着国家大权。

听之经,明其请①,参伍明谨施赏刑②。显者必得,隐者复显,民反诚③。

〔注释〕

①请:通"情",情况。
②参伍:"三五",指多次。参,通"三"。
③反:同"返"。

〔译文〕

听取事情的原则,在于清楚事情的真实情况,多次调查审核,谨慎地明确实情后再去进行赏赐,或是给予惩罚。要查清明显的事情,让隐藏的事情浮出水面,这样民众才能归于诚实。

言有节,稽其实,信诞以分赏刑必①。下不欺上,皆以情言,明若日。

〔注释〕

①信诞:真假。

〔译文〕

言语有法度,要考察言语中的实情,辨别真假后就一定要论功行赏,按罪处罚。臣子民众不欺骗君王,讲话都会按照实情,就像太阳一样明亮。

上通利①,隐远至,观法不法见不视②。耳目既显,吏敬法令,莫敢恣。

〔注释〕

①通利:指君王通达事理,不被壅蔽。
②法不法:合法与不合法的事。不视:看不见的事情。

〔译文〕

君王不被壅蔽,明晓事理,那么偏远地区的民众也会来归附,君王亦能看到合法和不合法之事,看到他人所不能看到的事。君王耳聪目明,官吏就会敬重法令,不敢恣肆妄为。

君教出①,行有律,吏谨将之无铍滑②。下不私请③,各以宜④,舍巧拙。

〔注释〕

①教:教令。
②将:执行。铍:通"披",纷乱。滑:狡诈,油滑。
③请:通"情"。
④疑此句应为"各以所宜"。

〔译文〕

君王的教令公布于天下,实行起来就有了律令可循,官吏谨慎地执行法令,没有人敢行纷乱狡诈之事。下属中不敢有以私人情分来行事的,各行其应做之事,舍弃投机取巧的拙行。

臣谨修,君制变,公察善思论不乱①。以治天下,后世法之,成律贯②。

〔注释〕

①论:通"伦"。
②律贯:指法度。

〔译文〕

臣子谨慎执行法令,君王掌握着改变法度的权力,公正、明察、善于思虑,治国条理不混乱。用这样的原则治理天下,后世君王也可继续效法,成为万世不变之法度。

赋第二十六

[题解]

《赋》篇由两种文体构成,一种是"谵",一种是"诡诗"。据学者考证,前五首是"谵",属于文字游戏,当属于荀子早年在齐国时所作;后两首"诡诗",当属于荀子后期在赵国时所作。前五首"谵"分别描写了"礼""智""云""蚕""针"。其中,荀子赞颂了"礼""智"在人的德行修养、国家治理方面的作用;对"蚕""针"在日常生活中的作用及其伴随着的教化意味给予了认可;有关"云"的描述细致入微,同时暗含着对君王美好品德的期待。

最后两首"诡诗",是荀子写给楚国春申君的作品。诗中写到"列星殒坠,旦暮晦盲。幽暗登昭,日月下藏",揭露了楚国朝廷黑暗、治国之才不得用的现状,饱含着作者的忧愁之思和愤懑之情。

爰有大物①,非丝非帛,文理成章;非日非月,为天下明。生者以寿,死者以葬,城郭以固,三军以强。粹而王②,驳而伯③,无一焉而亡。臣愚不识,敢请之王。

王曰:此夫文而不采者与④?简然易知而致有理者与⑤?君子所敬而小人所不者与⑥?性不得则若禽兽,

性得之则甚雅似者与⑦？匹夫隆之则为圣人，诸侯隆之则一四海者与？致明而约，甚顺而体⑧，请归之礼⑨。

礼。

〔注释〕

①爰：于此，在这里。
②粹：纯粹。
③驳：驳杂。伯：通"霸"，称霸。
④文：纹理。采：华彩。
⑤致：通"至"，极。
⑥不：同"否"，不认可。
⑦雅：雅正。
⑧顺：有条理。
⑨归：称为。

〔译文〕

这儿有一个大的东西，它既不是丝，也不是帛，但是它有纹理，足以织成章；它既不是太阳，也不是月亮，却可以给天下带来光明。活着的人因为它而可以长寿，死去的人因为它而可以得到安葬，城池因为它而可以变得坚固，三军因为它而可以变得强劲。治理国家凭借它就可以称王天下，驳杂地使用它就可以称霸天下，一点也不凭借它的话，国家就会灭亡。臣子愚笨，不知道此为何物，大胆地向君王请教。

王回答说：这东西应该是有纹理但是不华美的吧？是简单而容易被知晓，但是极为有道理的吧？是君子所尊崇，但是小人却极力否认的吧？如果人性中没有就如同禽兽，如果人性中具备就会极其雅正的吧？是庶民推崇它就可以成为圣人，诸侯推崇它就可以统一天下四海的吧？它极其明白又简约，有条理又容易实行，请把它称为礼。

这就是礼。

皇天隆物①，以示下民②，或厚或薄，帝不齐均③。桀、纣以乱，汤、武以贤。涽涽淑淑④，皇皇穆穆⑤，周流四海，曾不崇日⑥。君子以修，跖以穿室⑦。大参乎天，精微而无形。行义以正⑧，事业以成。可以禁暴足穷⑨，百姓待之而后宁泰。臣愚不识，愿问其名。

曰：此夫安宽平而危险隘者邪？修洁之为亲而杂污之为狄者邪⑩？甚深藏而外胜敌者邪？法禹、舜而能弇迹者邪⑪？行为动静，待之而后适者邪？血气之精也，志意之荣也。百姓待之而后宁也，天下待之而后平也。明达纯粹而无疵也⑫，夫是之谓君子之知⑬。

知。

〔注释〕

①隆：同"降"，降下。
②示：当为"施"。
③帝：当为"常"。
④涽涽：昏乱。淑淑：忧愁。
⑤皇皇：光明。穆穆：宁静。
⑥崇日：终日。崇，通"终"。
⑦跖：盗跖。穿室：指入室偷窃。
⑧义：同"仪"。
⑨足穷：使穷人富足。

⑩狄(tì):通"逖",远。
⑪弇(yǎn):承袭,沿袭。
⑫也:一说此字不与下"知"字叶韵,当删。
⑬知:同"智"。

[译文]

　　上天降下这个东西,把它施给天下的民众,它们有的厚有的薄,常常不是等齐均一的。夏桀、商纣凭借它来作乱天下,汤王、武王凭借它来使自身贤达。人们有的因为这个东西使自己昏乱忧愁,有的凭借这个东西而显得光明静谧。这个东西周游于天下四海,终日不曾停歇。君子用它来修养自己的德行,盗跖用它来入室偷窃。这个东西大的时候如同天一样,精细微小的时候又小到没有形状。人的行为仪表因为它而得以端正,事业因为它而得以成功。它可以使暴虐的事不再发生,可以使贫穷的人得以富足,天下百姓凭借着它而后得到太平。臣子愚笨,不知道此为何物,愿意向您请教它的名称。

　　回答说:这个东西是使得人们在宽稳平静的生活中安定,而远离艰险环境和危害的吧?是使得人们亲近德行美好洁净的人,而远离言行杂乱污秽的人的吧?是人们将之深藏在自己心中,但是拿出来就可以战胜敌人的吧?是使得人们效法圣人禹舜而能沿袭他们走过的路的吧?是使得人们的言行举止凭借它而后就可以得当的吧?它是人血气的精华,精神的荣耀,民众凭借着它来使自己生活安宁,天下凭借着它来得到太平,明白通达,纯粹而没有瑕疵,这就叫作君子的智慧。

　　这就是智慧。

有物于此,居则周静致下,动则綦高以钜①。圆者中规,方者中矩。大参天地,德厚尧、禹。精微乎毫毛,而大盈乎大宇②。忽兮其极之远也擽兮其相逐而反也③,卬卬兮天下之咸蹇②④。德厚而不捐⑤,五采备而成文。往来惽惫⑥,通于大神,出入甚极⑦,莫知其门。天下失之则灭,得之则存。弟子不敏,此之愿陈,君子设辞,请测意之。

曰:此夫大而不塞者与?充盈大宇而不窕⑧,入郄穴而不逼者与⑨?行远疾速而不可托讯者与?往来惽惫而不可为固塞者与?暴至杀伤而不亿忌者与⑩?功被天下而不私置者与?托地而游宇,友风而子雨。冬日作寒,夏日作暑。广大精神,请归之云。

云。

〔注释〕

①钜:巨大。
②大盈:当为"充盈"。大宇:天地之间。
③擽(lì):云气旋转。
④卬卬:昂昂。蹇(qiān):同"攓",取。指天下皆从云所生雨中有所取。
⑤捐:舍弃。
⑥惽惫:昏暗,晦暝。
⑦极:通"亟",迅速。
⑧窕(tiǎo):间隙。
⑨郄:通"隙"。
⑩亿忌:疑忌。亿,疑。

〔译文〕

  这儿有一个东西,它停滞不动的时候就会覆盖下面,运动的时候就会升至极高处,极其巨大。它有多种形态,圆的就符合圆规的法度,方的就符合矩的法度。大的时候如同天地,德行醇厚如同尧、禹。精细微小的时候就像是毫毛,而大的时候充盈在天地之间。倏然之间它就可以置身于极其远的地方,又相互追逐、旋转地返回,高高地行走在天地间,万物都能在它的恩泽中得到滋养。它的德行醇厚,对万物一视同仁,无所舍弃,具备五彩而形成美好的纹理。它来去晦暝不可测,与天上神灵相通,来去匆忙,不可预测。天下失去它就会灭亡,得到它就能够存在。弟子愚笨,愿意陈说此数语,请君子出言解惑,猜猜它是什么。

  回答说:这个东西是巨大的但是不会造成堵塞的吧?是充盈天地间而不会留下空隙,如果进入缝隙中而不会觉得逼迫的吧?是可以倏然之间行走到很远的地方去,但是不可以帮人带个信过去的吧?是往来晦暝不能知晓,但是不可以限制它充塞在一个地方的吧?是可以暴怒造成杀伤,然而却毫不迟疑的吧?它是功德泽被天下,而且没有任何偏私之心的吧?依靠着大地往游在天地之间,携风为友,生雨水而润万物。冬日就制造寒冷,夏日就制造酷热。广阔宏大,变化神奇,请把它称为云。

  这就是云。

  有物于此,裸裸兮其状①,屡化如神。功被天下,为万世文。礼乐以成,贵贱以分。养老长幼,待之而后存。名号不美,与暴为邻②。功立而身废,事成而家败。弃其耆老③,收其后世。人属所利④,飞鸟所害。臣愚不识,请占之五泰⑤。

五泰占之曰:此夫身女好而头马首者与⑥?屡化而不寿者与?善壮而拙老者与?有父母而无牝牡者与⑦?冬伏而夏游,食桑而吐丝,前乱而后治,夏生而恶暑,喜湿而恶雨。蛹以为母,蛾以为父,三俯三起⑧,事乃大已。夫是之谓蚕理。

蚕。

〔注释〕

①裸裸:没有羽毛的样子。
②"蚕""残"音近,"残""暴"意近,所以说"蚕"名称不美好,与"暴"相近。
③耆老:年老的人。
④人属:人类。
⑤五泰:指神巫的名字。
⑥女好:指身形柔婉。
⑦牝牡:雌性和雄性。
⑧俯:指蚕眠。

〔译文〕

这儿有一个东西,它的外表没有羽毛,看起来光秃秃的,它可以多次变化,像是神灵一般。它的功德泽被天下,为万世装饰纹彩。礼乐因为它才能够完成,人的尊贵卑贱因为它才能够有所区分。赡养老人,养育幼儿,都要凭借着它才能够存在。它的名声并不美好,和"暴"是友邻。功业完成后它的身体就会遭到毁弃,事情成功后它的家就会遭到破坏。人们抛弃它们中年纪大的,收留下那些年纪小的。人类利用它,飞鸟残害它。臣子愚笨无知,请五泰猜一下这是什么。

五泰回答说:这个东西是身形柔婉而头部像马头一样的吧?是多次变化但是不长寿的吧?是壮时就会被善待而年老时就会被丢弃的吧?是有父母但是没有雄雌之分的吧?它冬天蛰伏而夏天游动,它吃桑叶而可以吐出来丝,它的丝刚开始杂乱但是经过整理后就可以有条理,它夏天出生但是厌恶酷暑,喜欢潮湿但是厌恶下雨。它把蚕蛹当作它的母亲,把飞蛾作为父亲,三次蛰伏又三次醒来,吐丝成茧的事情终于得以完成。这就叫作蚕的道理啊。

这就是蚕。

有物于此,生于山阜①,处于室堂。无知无巧,善治衣裳。不盗不窃,穿窬而行②。日夜合离,以成文章③。以能合从④,又善连衡。下覆百姓,上饰帝王。功业甚博,不见贤良⑤。时用则存,不用则亡。臣愚不识,敢请之王。

王曰:此夫始生钜,其成功小者邪?长其尾而锐其剽者邪⑥?头銛达而尾赵缭者邪⑦?一往一来,结尾以为事。无羽无翼,反复甚极⑧。尾生而事起,尾遭而事已⑨。簪以为父,管以为母。既以缝表,又以连里。夫是之谓箴理⑩。

箴。

〔注释〕

①山阜:山岭。指制作针的铁矿石出自深山中。

②穿窬(yú):穿过小洞。窬,门旁像圭形的小洞。
③文章:指针织成的纹彩。
④以:通"已"。从:同"纵"。
⑤见:同"现"。
⑥剽:末梢。指针尖。
⑦铦(xiān)达:锋利。赵缭:很长的样子。赵,"掉"的借字。
⑧极:通"亟",迅速。
⑨遭(zhān):转变方向。此处指缝好物品后掉转针头,打结完事。
⑩箴:针。

[译文]

　　这儿有一个东西,生长在山岭当中,身处于屋室之内。它本身没有智慧也没有技巧,却善于缝制衣裳。它本身不会偷盗也不会窃取,却可以穿过小的洞而行走。它的工作是使分开的物体合在一起,不舍昼夜,制作出美丽的纹彩。它可以使得纵列的东西合在一起,又善于将横列的东西连在一起。向下可以覆盖百姓生活,向上可以装饰帝王服饰。它的功业极为博大,却不显现出自己的贤良。用的时候就存在,不用的时候就好像不存在一样。臣子愚笨,不知道此为何物,大胆地向君王请教。

　　王回答说:这个东西是刚开始巨大而做成之后就很细小的吧?是尾巴长长的,而头部极为尖锐的吧?是头部极为锋利而尾巴长且缭绕的吧?是一往一来,将尾巴上的线打结就开始做事的吧?是没有羽毛没有翅膀,却回环往复极为迅速的吧?是尾巴的线打结后就开始做事,尾巴上的线再次打结事情就做完了的吧?把簪当作它的父亲,把收纳它的管子当作母亲。既用来缝制东西的表面,又用来连缀东西的里面。这就叫作针的道理啊。

这就是针。

天下不治,请陈佹诗①:天地易位,四时易乡②。列星殒坠,旦暮晦盲。幽晦登昭③,日月下藏。公正无私,反见从横④,志爱公利,重楼疏堂⑤,无私罪人,憼革贰兵⑥。道德纯备,谗口将将⑦。仁人绌约⑧,敖暴擅强⑨,天下幽险,恐失世英。螭龙为蝘蜓⑩,鸱枭为凤皇⑪。比干见刳,孔子拘匡。昭昭乎其知之明也,郁郁乎其遇时之不祥也。拂乎其欲礼义之大行也⑫,暗乎天下之晦盲也。皓天不复⑬,忧无疆也。千岁必反,古之常也。弟子勉学,天不忘也。圣人共手⑭,时几将矣。与愚以疑,愿闻反辞⑮。

[注释]

①佹诗:诡异激切的诗。佹,同"诡"。
②乡:通"向"。
③幽晦:当为"幽暗"。
④反见:当为"见谓"。
⑤重楼疏堂:指豪华的家苑。
⑥憼:戒备。贰:当为"戒"之误。
⑦将将:同"锵锵",众口集声的样子。
⑧绌约:黜退穷困。
⑨敖:同"傲"。擅强:专横强暴。
⑩螭(chī)龙:传说中的一种龙。蝘蜓(yǎntíng):壁虎。
⑪鸱枭:猫头鹰。此处指贪恶之人。
⑫据上下文义,此句疑为"拂乎其遇时之不祥也,郁郁乎其欲礼义之

大行也"。

⑬皓:通"昊",广大。
⑭共手:即拱手。
⑮反辞:反复叙说之辞。

〔译文〕

　　天下没有得到治理,请允许我献上一首激切的诗:天和地调换了位置,四时更替颠倒了次序。天空中的群星纷纷陨落,白天和夜晚都是晦暗无光。阴暗的奸臣贼子居于显赫之位,光明的君子贤才却纷纷被埋没。有的人公平正直,没有私心,却被诬陷为反复无常;有的人内心喜爱为公众利益付出,却被人诬陷成假公济私营造自己华美的家苑;没有因为私人恩怨而结怨的人,却被诬陷为在准备兵器和甲胄来对付私敌;道德纯洁完备之人,却被谗人奸臣众口诬陷。仁善之人被黜退,身处困厄之境,倨傲残暴之人却专横强暴于天下。天下幽暗凶险,恐怕是要失去世间的英才豪杰了!把螭龙当作壁虎,把猫头鹰认作凤凰。比干被纣王剖心,孔圣人受困于匡地。他们的智慧之光,是多么的辉煌;他们的志愿和所处的时代相违背,是多么的不祥;他们想要施行的礼义,是多么的有文采,可惜天下世道混乱,是那么的黑暗。广大的上天不回来,留下了无尽的忧思。千年之后,上天一定会再次出现,这是自古以来的道理。弟子们要勉力学习,上天不会遗忘我们。圣人也在拱手等待,天下得治的时机就快接近了。我们愚笨,对您的话有所疑惑,愿意听您向我们反复叙说。

　　其小歌曰:念彼远方,何其塞矣①!仁人绌约,暴人衍矣②。忠臣危殆,谗人服矣③。琁、玉、瑶、珠④,不知佩也。杂布与帛，不知异也。闾娵、子奢⑤，莫之媒也⑥。嫫母、力父⑦，是之喜也。以盲为明，以聋为聪，以危为安，以吉为凶。呜呼上天，曷维其同！

〔注释〕

①塞：闭塞。
②衍：多。
③服：任用。一说"衍"不与"塞""服"叶韵，或改"服"为"般"，改"塞"为"蹇"。般，乐。蹇，难。
④琁(xuán)：同"璇"，赤玉。瑶：美玉。
⑤闾娵(lǘjū)：战国时魏国美女。子奢：子都，春秋时郑国美男子。
⑥媒：做媒。
⑦嫫(mó)母：传说为黄帝妃子，相貌十分丑陋。亦作"嫫姆"。力父：古代丑男子，生平事迹不详。

〔译文〕

　　这首短小的歌这样唱道：思念那远方的国家，现在的处境是那样的闭塞不通啊！仁善的人遭到黜退，身处困厄之中，暴虐的人却越来越多。忠心耿耿的臣子朝不保夕，奸佞的小人却被委以重用。美玉珠宝，不知道佩戴在身上；杂布和丝帛，不知道有什么不同。像闾娵这样的美女，子奢这样的美男，没有人为他们来做媒；像嫫母这样的丑女，力父这样的丑男，却大受欢迎。这是把盲人当作目力好的人，把聋人当作听觉灵敏的人，把危险当作安全，把吉祥当作凶险。上天啊，怎么能和这些人相同呢！